中央支持地方高校青藏高原环境与资源法学研究中心

光明社科文库
GUANGMING DAILY PRESS:
A SOCIAL SCIENCE SERIES

·法律与社会书系·

生态环境保护法治建设研究

以青藏高原为视角

马 芳 张 立 吕金鑫 | 主编

光明日报出版社

图书在版编目（CIP）数据

生态环境保护法治建设研究：以青藏高原为视角 /
马芳，张立，吕金鑫主编 . -- 北京：光明日报出版社，
2021.9

ISBN 978 - 7 - 5194 - 6293 - 2

Ⅰ.①生… Ⅱ.①马…②张…③吕… Ⅲ.①青藏高
原—生态环境保护—环境保护法—研究 Ⅳ.
①D922.680.4

中国版本图书馆 CIP 数据核字（2021）第 178353 号

生态环境保护法治建设研究：以青藏高原为视角
SHENGTAI HUANJING BAOHU FAZHI JIANSHE YANJIU:
YI QINGZANG GAOYUAN WEI SHIJIAO

主　　编：马　芳　张　立　吕金鑫

责任编辑：郭思齐　　　　　　　　　　责任校对：张晓璐
封面设计：中联华文　　　　　　　　　责任印制：曹　诤

出版发行：光明日报出版社
地　　址：北京市西城区永安路 106 号，100050
电　　话：010-63169890（咨询），010-63131930（邮购）
传　　真：010 - 63131930
网　　址：http：//book.gmw.cn
E - mail：gmrbcbs@ gmw.cn
法律顾问：北京市兰台律师事务所龚柳方律师

印　　刷：三河市华东印刷有限公司
装　　订：三河市华东印刷有限公司
本书如有破损、缺页、装订错误，请与本社联系调换，电话：010 - 63131930

开　　本：170mm×240mm
字　　数：230 千字　　　　　　　　　印　　张：15
版　　次：2022 年 6 月第 1 版　　　　印　　次：2022 年 6 月第 1 次印刷
书　　号：ISBN 978 - 7 - 5194 - 6293 - 2
定　　价：95.00 元

前　言

青海是个好地方！巍巍昆仑，万山之宗，巍峨雄浑；三江之水，中华水塔，滋润华夏；祁连山下，悠悠牧场，动物乐园；西海之地，矿产富饶，景色奇丽！除了不可复制的绝美景色，青藏高原更是中国生态安全的重要屏障区。三江源区黄河、长江、澜沧江三条江河每年向下游供水 600 多亿立方米，是我国淡水资源的主要补给线，也是中国社会经济可持续发展的命脉。祁连山孕育了黑河、湟水河、大通河、布哈河、托勒河、疏勒河、石羊河等重要水系，是青海河湟地区、青海湖流域、柴达木盆地以及甘肃河西走廊、内蒙古西部最重要的水源涵养地，也是丝绸之路经济带的重要供水生命线；祁连山由于其庞大山系形成的"湿岛"效应，阻挡了巴丹吉林沙漠、库木塔格沙漠、腾格里沙漠的南侵和汇合，是维持青藏高原生态平衡、维护河西走廊绿洲稳定、保障北方地区生态安全的天然屏障。自三江源自然保护区设立伊始，青海省便进入了全面的生态环境保护，把生态保护优先作为立省之要，出台"中华水塔"保护行动纲要，开展"极地保护"工作，构建"天空地"一体化生态网络监测体系。统筹山水林田湖草系统治理，加快实施三江源二期、祁连山等重点生态工程，着力推进天然林保护、湿地保护、退牧还草等专项工程，持续开展大气、水、土壤污染防治和农牧区人居环境整治。三江源头重现千湖美景，水源涵养量年均增幅达 6% 以上，长江、澜沧江干流水质稳定在 I 类，黄河干流水质稳定在 II 类以上，湟水河出省断面 IV 类水质达标率为 100%。国土绿化提速三年行动计划累计完成营造林 1242 万亩，涵盖水面、湿地、林草的蓝绿空间占比超过 70%，全省空气质量优良天数比例达 95%，生态环境质量保持全国领先水平。2016 年 8 月，习近平总书记在青海视察时强调："青海最大的价值在生态、最大的责任在生态、最大的潜力也在生态。"进入新时代，青海省委省政府牢牢把握"三个最大"省情定位，举全省之力筑牢国家生态安全屏障，在三江源和祁连山两个国家公园体制试点的基础上，率先开展以国家公园为主体的自然保护地体系示范省建设，基本建立生态保护红线制度，使国土空间得到优化和有效保护，生态功能保持稳定，国家生态安全格局更加完善。

为了更好地服务于青海省生态环境保护的大局，青海民族大学法学院师生以青藏高原环境资源法学研究中心为平台，近年来发表了一系列研究成果，现以《生态环境保护法治建设研究：以青藏高原为视角》为题结集出版。该文集聚焦青藏高原生态环境保护问题，稿件主要来源于青海民族大学法学院主办的"青藏高原法治论坛"的参会论文，经筛选，共收录了19 篇论文，主要针对生态习惯法、国家公园与自然保护地、环境司法实践、自然资源保护利用及其他相关内容展开论述，可以说这一文集汇集了青海民族大学法学院师生对青藏高原生态环境问题的研究成果。

青海省是个多民族聚居的省份，有藏族、回族、蒙古族、撒拉族、土族等世居少数民族。千百年来，他们在不断适应青藏高原恶劣自然环境的过程中，形成了许多与自然环境和谐共生的生活习俗和习惯法，这些蕴含着人的信仰和情感的生态文化恰恰为青藏高原生态保护提供了强有力的观念支持。法国学者卢梭深刻地指出，风俗、习惯和舆论是铭刻于公民们内心的法律，它每天都在获得新的力量。从这个意义上来说，研究、发掘、整合少数民族生态习惯法中的优良资源，理性地吸纳其合理成分，发挥其在青藏高原生态环境保护中的作用是我们应当重视的一个问题。从人类学视角观察藏族生态习惯法规则，分析这些生态习惯法中人与自然和谐共处的生态观念和生存法则，其中善待自然、保护自然、禁止杀生、爱生护生、众生平等的生态伦理和法则对于当下处理生态问题仍有很大的理论意义和现实价值。

自十八届三中全会决定提出"建立国家公园体制"以后，我国便进入了国家公园体制试点阶段。2015年12月9日，中央全面深化改革领导小组第19次会议审议通过了《三江源国家公园体制试点方案》，明确了试点工作的重大意义、区域范围、目标定位、主要任务和保障措施，由此，三江源成为我国首个国家公园体制试点，也是唯一由地方政府（青海省）为责任主体的国家公园。三江源地区开展全新体制的国家公园试点工作，要努力改变"九龙治水"，实现"两个统一行使"，要保护好冰川雪山、江源河流、湖泊湿地、高寒草甸等源头地区的生态系统，积累可复制可推广的保护管理经验，努力促进人与自然和谐发展。2017年9月，中共中央办公厅、国务院办公厅印发《祁连山国家公园体制试点方案》，按照试点方案的要求，青海省人民政府于2018年组织实施《祁连山国家公园体制试点（青海片区）实施方案》。由此可见，在国家公园体制试点中，青海省扮演着十分重要的角色。国家公园体制试点是推进生态文明制度建设，全面深化生态领域改革的具体体现，不单单是"管理体制"的创新，更是"治理模式"的创新。对祁连山国家公园（青海片区）脆弱生态环境保护与修复中存在的问题、三江源国家公园立法及维护社会稳定的问题进行研究，并提出相应的对策建议，旨在解决国家公园试点实践中突出的问题，对青海省国家公园的建设起到促进作用。虽然都是国家公园体制试点，但三江源和祁连山（青海片区）无论在自然人文条件、保护重点、保护模式等方面都存在较大的差异。在试点中，面临着中央与地方的事权划分、体制机制、社区参与、特许经营、志愿者管理、生态体验教育以及立法等诸多问题，涉及的问题千头万绪，错综复杂，需要进行进一步的系统性研究。

当前，我国面临资源约束趋紧、环境污染严重、生态系统退化的严峻形势，而通过司法手段保障人民群众的环境健康与安全，是加快生态文明制度建设，将环境资源保护纳入法治轨道的重要一环。为此，我国通过逐步设立专业的环保法庭、修法确立环境民事公益诉讼制度、出台《最高人民法院关于全面加强环境资源审判工作为推进生态文明建设提供有力司法保障的意见》等举措推进环境司法专门化建设。面对环境污染案件频发和生态文明建设的不断推进完善，生态环境与资源保护领域的公益诉讼案件逐步增多，检察机关办理案件过程中面临着调查取证缺少必要的法律授权、举证责任分担不清、管辖争议不明、诉讼程序不完善等困境。通过对青海省检察机关办理跨行政区域环境案件的实践进行展示，提出从确立法律地位、强化调查取证权、探索集中管辖、完善诉讼程序和增强实效性等方面完善检察机关跨行政区域环境公益诉讼制度。

在我们强调青藏高原生态脆弱、生态区位重要的同时，也要看到，在这片广袤的土地上有着非常富饶的自然资源。青藏高原旅游资源的丰富性、原始性、独特性、垄断性和地区分布差异性，构成了世界级的旅游资源，是青藏高原经济发展的优势所在。青海湖的湟鱼（裸鲤）具有无可替代的生态价值、旅游价值。"母亲河"黄河发源于青海省，其干流在青海省境内绵延近 1700 千米，黄河青海段从各个方面影响着整个黄河流域，此区域的水资源保护和治理成效从源头上决定着黄河及其流域的生态环境质量和高质量发展。在环境因素中，少数民族的历史文化遗产当数"独特环境"，也是留给本民族重要的环境资源，关注此权利的享有、使用和处理，是关注少数民族权利的重要视角；而柴达木盆地则被誉为我国的"聚宝盆"，是重要的矿产资源富集区。由于立法分散笼统，执法力度不强，司法效果不佳等原因，在自然资源开发利用的过程中不同程度地存在对生态环境的破坏，生态保护与资源开发利用之间的矛盾依然尖锐。在保护优先原则的指导下，如何处理好生态保护与经济发展、民生改善、文化保护的关系是一个必须回答的命题。本书通过实证研究，以青藏高原的水资源、旅游资源、矿产资源、文化资源等为研究对象，梳理出目前这些领域资源保护和治理工作中的问题和缺陷，并提出有针对性的、科学合理的对策建议，探讨和建立生态环境资源保护与利用的规则体系。我们认为，正确处理好保护与发展的关系，秉持"在发展中保护，在变化中发展"的理念，才能建立合理处理生态环境保护与资源开发利用关系的保护和管理模式，以较小范围的适度开发实现大范围的有效保护。

　　青藏高原是一方净土，守护这一方净土是我们的责任和担当。虽然我们的研究尚显浅薄，视野也不够开阔，文字也稍欠功力，但我们希望能守望初心，以自己的努力为青藏高原生态保护与法治建设尽一份绵薄之力。

张立

2020 年 12 月 25 日

古城西宁

目　录
CONTENTS

藏区宗教场所环境污染问题的人类学分析①

尕藏尼玛 索南旺杰②

内容摘要： 随着旅游经济快速发展，以及市场经济导向下宗教世俗化倾向加剧，藏区宗教场所环境污染成为一个日益突出的问题，现有研究对此鲜有探讨。本文尝试从人类学视角对此问题进行分析，指出社会结构变迁和市场经济机制影响下，宗教行为盲目化、庸俗化、过度化乃至异化③，以及对当前宗教消费市场缺乏监管等诸多因素是导致今日藏区宗教场所及周边环境污染严重局面的直接原因。此外，文章对此问题的讨论希望能够引起理论界和

① 本文系 2018 年度国家民委民族研究青年项目"新时代背景下藏区基层法律适用问题的社会学研究"（项目编号：2018-GMC-016）；青海民族大学 2018 年度人文社科类高层次人才项目"青海藏区基层法律使用问题调查研究"（项目编号：2018XJG05）阶段性研究成果。
② 作者简介：尕藏尼玛（1983— ），男，藏族，甘肃肃南人，博士，青海民族大学法学院副教授，研究方向：文化人类学、社会法学、民族法学。索南旺杰（1983— ），男，藏族，青海黄南人，博士，青海省委党校民族与宗教教研室教授，研究方向：文化人类学、藏学、宗教社会学。
③ "异化"概念源自 19 世纪的一些理论著述中，用以描述人"与神分离的状态"，后被引入哲学和社会学研究，基本含义指"某物或某人离异（或外在）于某物或某人的行为，或者这种行为的结果"。马克思在异化概念基础上提出劳动异化理论和"商品拜物教"的概念。文中"异化"概念指宗教消费行为方式、过程或结果偏离宗教文化内涵和信仰诉求的现象。参见 G. 彼特洛维奇，李慎之. 论异化 [J]. 哲学译丛，1979（02）：55-60；XUE L, MANUEL-NAVARRETE D, BUZINDE C N. Theorizing the Concept of Alienation in Tourism Studies [J]. *Annals of Tourism Research*，2014（44）：186-199；刘红梅. 论旅游消费的异化及其防范——基于消费主体的视角 [J]. 消费经济，2008（03）：53-55，52.

政府的持续关注，以收抛砖引玉之效。

关键词：藏区；宗教场所；环境污染

　　人类与生态的关系一直是不同学科关注的永恒话题，过往研究从不同侧面对青藏地区生态环境问题进行探讨，并形成诸多有益的理论研究和实践应用的成果。20 世纪 80 年代以来，随着我国宗教政策的全面落实，旅游经济的快速发展，以及市场经济导向下宗教世俗化倾向的加剧，宗教信众和普通游客的需求在不同层面得到满足的同时，宗教场所环境污染已然成为一个日益突出却长期被人们忽略的问题。无论是在人口较为集中的城镇，还是人迹罕至的山巅泉源，宗教场所及周边环境的污染已达到非常严重的程度，生态环境质量和前景令人担忧。宗教场所的环境污染不仅破坏和影响了局部空间内的生态平衡，而且通过自然介质（水、大气、土壤等）最终影响到人的生活和健康。十八大以来，国家把生态文明建设纳入中国特色社会主义事业总体布局，由于青藏高原特殊的生态地位，习近平总书记对藏区生态保护工作多次做出重要批示，此类环境污染问题应该成为学界和政府亟须面对的重要社会问题予以关注和解决。

一、宗教场所环境污染的类型及表现

　　就整个藏区而言，各地宗教场所存在的不同程度的环境破坏或污染问题，已经构成一种社会人类学意义上的"总体社会事实"，分析此类污染的类型及表现，具体包括下列几个方面。

（一）大气污染

　　"烟供"（藏语称 བསང་མཆོད，汉语或汉字文本中通常称为"煨桑"）是藏传佛教最具典型性的日常仪式活动。仪式中，焚烧柏树枝叶、糌粑、青稞、奶制品、茶叶、糖果和"色杰姆"（鲜奶、清水、茶水或酒水等液体祭品）①，意

---

① "色杰姆"即藏文གསེར་སྐྱེམས།的音译，字义直译为"金饮品"，意思是敬献神灵的饮料，牛津大学著名藏学家 Charles Ramble 等将该词翻译为 golden libation。

为通过烟气感通虚空法界，得到十方三宝加持，与佛界诸佛、菩萨进行沟通交流，进而表达对神灵的虔敬、供养和皈依。

"烟供"仪式导致的不利环境后果，首先是大气污染。"烟供"仪式按照行为主体可分为"盖尔桑"（ སྐྱེར་བསང་།，私人祭祀）和"集桑"（སྐྱེར་བསང་།，集体祭祀）两种，其中"盖尔桑"最为寻常和频繁。例如每天清晨，几乎每个藏族家庭都有一人负责在自家的祭台（བསང་ཁྲི། བསང་ཁུང་།）进行"煨桑"（ཁྱིམ་བསང་།，家庭祭祀）仪式①，当然，"盖尔桑"并不限于在家庭空间内举行，在寺院（通常在" བཙན་ཁང་། "或" མགོན་ཁང་། "等护法殿）、山峰（ རི་བསང་། སྤང་བསང་།）、湖畔（ མཚོ་བསང་།）等室内或户外宗教场所，任何个人都可以举行这种仪式。毫不夸张地说，藏族人的任何世俗和宗教仪式都是以"盖尔桑"作为重要先导活动开始的。"盖尔桑"对空气质量的影响由于个体行为的有限性、可控性和分散性并不容易被觉察。"集桑"是一种集体祭祀行为，通常是在一些确定的时间举行②，例如藏传佛教认为藏历（安多地区以农历为准）每月初一、初八、十五是殊胜日，信徒当日奉行宗教仪式积累的功德将是平时的数倍乃至千倍。因此，藏族信众前往寺院、拉泽（ ལ་རྩེ།）③等公共宗教场所的"盖尔桑"因事先约定性质转为群体性的祭祀行为"集桑"，短时间内集聚焚烧造成严重的大气污染。此外，焚烧产生的黑炭、挥发性有机物、一氧化碳等污染物危害民众身体健康。

需要注意的是，除焚烧对大气和民众健康的危害外，其露天性容易引发

---

① 无法每日煨桑的家庭在藏历（农历）初一、十五、三十和一些重大宗教节日也会举行此仪式。
② 藏文化圈中规模最大的集体祭祀活动当数每年藏历（安多等地以农历为准）五月五日的"瞻部洲集桑"（ འཛམ་གླིང་སྤྱི་བསང་།），即"世界公桑"日。据说这一时间早在吐蕃松赞干布时期就已确立，但个别地方因部落神话、历法制度、宗教派别、山神本生典故等原因时间略有差别，一些地方在藏历五月四日、五月十三日或六月十五日举行。
③ "拉泽"在一些藏语方言中又称为"拉托"（ ལ་ཐོ། 意为神迹），是藏族山神信仰的直观体现，"拉泽"被认为是山神驻锡的地点，因此也是祭祀山神仪式的场所（可理解为"山神祭场"）。"拉泽"的词源和词义目前尚无定论，藏文中则表现为莫衷一是的写法，例如"拉泽"有 ལ་རྩེ།、ལ་རྩེ།、ལ་རྩ།、ལབ་རྩེ།、ལ་བྱེ།、ལ་རྩེས། 等不同书写形式。

火灾和其他事故而成为财产和生态安全隐患。特别是"集桑"多在人迹罕至的山顶举行，仪式结束后，"烟供"祭台上的明火通常在无人看管的情况下任其自然熄灭，特别是在冬春季节，稍有不慎就容易引发火险。例如，2017 年"世界公桑"日当天，夏河县拉卜楞镇附近一座山顶因"集桑"引发火灾，祭台和小面积草原被烧毁。

（二）植被破坏

"烟供"仪式中使用的燃料依据不同地域的植物种类和分布情况可采用柏枝、松枝、杜松、杜鹃花枝、艾蒿、石楠、冬青子等。其中柏枝（ཤུག་པ།）是最为主要和普遍使用的仪式燃料。在藏区宗教场所周边随处可见向信众出售柏枝的商贩和摊位，由 20~30 枝不等的枝条捆合成的柏树枝束的售价通常为人民币 3 元左右。这些柏枝都是由当地商贩从附近柏树林采集，然后用农用三轮车运往各宗教场所售卖，因为价格低廉且市场需求巨大，每年焚烧损耗的柏树林木数量难以估计。罗绒战堆等人的研究结果表明，"中等程度以上农户用于此项的支出也相近，日支出在 0.5~1 元，年支出为 200~300 元。中下等农户，特别是贫困户难以做到每日煨桑，但在藏历初一、十五、三十和一些重大宗教节日也会有所举动，平均而言年支出很难超过 100 元"，按照这一数据，排除特殊和季节性宗教仪式，仅日常宗教活动中每个家庭的柏树枝年消费量就在 30~100 束，其结果是"随着人们长期的砍伐，上述植被已经越来越少"①。

上文提到山神祭祀仪式中一项重要的活动称为"插箭"（མདའ་བསྒྲུད།），其源于远古战争时代藏区群众的尚武精神和防卫诉求，在信仰层面则具化为遍布藏区的山神普遍是勇猛强悍的武将类神灵——"战神"（དགྲ་ལྷ།）。"插箭"的宗教象征意义乃是人为山神敬献降伏鬼怪妖魔的武器②。山神祭祀中的

---

① 罗绒战堆，邓梦静. 信仰的投入：西藏中部地区农户宗教消费支出研究报告［J］. 青海社会科学，2018（05）：20-27.

② 结合《山神祭祀文》《格萨尔王传》等藏语资料，战神的武器可归纳为包括头盔、铠甲、剑、弓、箭、矛、绳索、钩九种。

"箭"由一根长约 10 米的松树杆制成①，祭祀前几乎每家都会筹备制作，藏区除少数地区以外，按一户一杆计算，每年因此砍伐的森林面积十分巨大。

"风马"（ཀླུང་རྟ།）②又被称为"经幡""禄马""祭马"等，是藏区宗教仪式中普遍使用的物品，主要有两种形制，一种是印在小纸片上的纸质风马（ཀླུང་རྟ།），另一种是印在锦帛绸布上的布质风马（དར་ལྕོག）。在祭祀山神或湖神时，藏族信众会抛撒纸质风马，悬挂布质经幡，其宗教象征意义是提升个体运势，达成心愿。因为使用频繁且数量巨大，在藏区随处可见厚实的纸质风马完全覆盖高山、垭口、湖边、路口的情景，这些纸片经雨雪浸泡后变成一层厚厚的纸浆，阻隔地表与空气、阳光的接触，导致附着其上的草木全部腐烂坏死，加快草原荒漠化。笔者在果洛调研期间有当地牧民反映，在无数布质经幡悬挂形成的巨大幕帘下，因为终年不见光日，草木也有死亡的情况。此外，这些化纤类的布质经幡也是草原火灾的重要隐患。

（三）土壤污染

纸质风马都印在 2 至 3 寸大的正方形蓝、白、红、绿、黄五色纸上，但如今印刷和染色使用的颜料基本都属于化工产品，大量使用纸质风马除引起上述环境问题外，污染物还会在土壤中大量残留，直接影响土壤生态系统的结构和功能，对生态环境构成严重威胁。此外，目前尚缺乏对此类宗教用品的生产标准和质量安全监管，其中的重金属和有毒化学成分大都超标，其累积

---

① 这一仪式被称为"战神插箭"（དགྲ་ལྷའི་གཏགས）。首先选择笔直无畸的上好松树一株为"箭"的制作材料，伐后剥光树皮，将树根部位削成楔形，示为箭镞，树冠部分以手绘彩板或柏树枝装饰，示为箭羽。山神祭祀中"箭"是最重要而必不可少的供品。材质以松木为上，也有地方以柏树、竹或铁制作。

② "风马"是藏文ཀླུང་རྟ།的意译，"ཀླུང"是风的意思，"རྟ"是马的意思，有些汉文资料中音译为"隆达"。风马图案通常是一组中心为骏马（རྟ），四周由龙（འབྲུག）、琼鸟（བྱ་ཁྱུང）、虎（སྟག）、狮子（སེང་གེ）四种动物环绕的符号组成，中心骏马背上托有代表佛教佛、法、僧三宝的宝石。扎雅仁波且在其著作中认为"'ཀླུང་རྟ།'字面义为'风马'，但其实际的含义，风表示印在风马旗上的祈愿文环游世界所用的方式或工具，'风'是搭载祈愿文隐喻的马，而且常以马背上驮三宝表示这种观念"。

效应对宗教场所及周边区域土壤、地下水和动植物的污染总体形势相当严峻。

（四）水体污染

藏族宇宙观将世间分为天界、中界和地下界，"鲁"（ཀླུ）[1] 神作为掌管地下界的神灵而受人崇拜，并形成"鲁"神信仰及"鲁"神祭祀。在藏族人心目中，水不仅是主要的生产生活资源，还是"鲁"神生活的重要场域，祭江（河）、祭湖、祭泉、祭井等宗教仪式就是"鲁"神信仰的直接体现。例如在祭湖仪式上，祭品除上文中提到的经幡、哈达、"烟供"祭品外，还有一种叫"德尔"（གཏོར）的专门祭品，其用白布包裹各种谷类而成，祭湖时人们将"德尔"与哈达、松柏枝及"鲁则"（ཀླུ་རྫས）等一起投入湖中。[2] 因投放祭品数量过多，其中有机成分经物化反应后导致水体富营养化。此外，祭品材料本身的难降解性（比如化工纤维质地的哈达、瓷质的宝瓶[3]以及布质的"德尔"）以及包含其中的金银等重金属成分均会造成河流、湖泊严重污染，甚至危及饮用水源的安全。例如笔者在甘南夏河县境内的达尔宗湖及果洛年宝玉则湖调研时，上述原因导致这两处湖水污染严重，湖中漂浮各类宗教祭品，湖面发出阵阵刺鼻的气味。

（五）垃圾污染

在藏区近乎全民信教的背景下，藏区民众的宗教消费已成为其家庭消费

---

[1]　藏族文化中对"鲁"的崇拜一直可以上溯到吐蕃以前，甚至更早的时期。"鲁"存在于地下和江河湖泊之中，其形象多变，泛指河水、湖泊及地下的生物，尤其是水中的动物，诸如鱼、蛙、蛇、螃蟹、鳅蚌、蝎子等都被视为"鲁"的化身。藏族民间把人畜的所有病原都归于"鲁"的作用，冒犯"鲁"神会引发各类疾病。此外，"鲁"神还掌管气候和雨水变化，例如遇久旱天气，则需启动"鲁"神祭祀仪式。

[2]　出于祭祀目的的不同，仪式中使用的祭品亦有差别，"鲁"神祭祀中主要用到"鲁桑"（ཀླུ་བསང）、"鲁曼"（ཀླུ་སྨན）、"鲁朵"（ཀླུ་གཏོར）及"鲁则"（ཀླུ་རྫས）等，原料主要是牛奶、糌粑、白糖、酥油、各种香料，还有珠宝、金银等。祭祀时，先由宗教职业者念诵仪轨经文，将准备好的祭品装在容器中或直接投入水中。

[3]　宝瓶（ས་བཏབ་རྒྱམ་པ）主要用于祭祀土主、灶神、祭湖等仪式，在瓷瓶陶罐中装入特定仪轨祭品后将口封好，祭祀时根据不同用途埋入土中或沉入湖中。

中的重要组成部分，"藏区农牧民家庭消费呈现低水平特征，其消费结构中又以宗教消费最引人关注"，"藏区中农牧民群众有三分之一的现金都用于宗教方面的消费"①。同时，宗教用品市场已经形成较为稳定的运行模式，在市场体系中，宗教法器具有商品的性质，生产和经营者为提升商品价值，基于经济交换理性对宗教用品（法器）过度包装，本用于保护产品、方便储存运输的包装材料越来越繁复夸张。这些包装中许多材料无法降解，无人回收，严重污染了环境。加之藏区城镇化水平不高，垃圾分类及处理等公共卫生设施不健全，大多数宗教祭祀场所还处于人迹罕至的偏远地区，这类垃圾被随意丢弃和处置，日积月累，越堆越多，对藏区脆弱的生态环境和人畜健康已构成严重威胁。

（六）生态系统失衡

"放生"（ཚེ་ཐར་）是源自佛教不杀生教义及以积攒功德为目的的宗教行为②，藏区宗教信众的"放生"行为大多以从农贸市场购买活禽，特别是小鱼放归于自然为主③。但近年来人们盲目的放生行为造成了严重的生态问题，其主要体现在放生物种和时间选择随意化、放生数量的过度化，其会对原有的生态环境造成污染，更有甚者还会造成外来生物入侵，破坏原本的生态平衡。例如随着经济生活水平的不断提高，人们选择购买价格昂贵的鱼类品种进行放生，而这类鱼种通常难以适应高原的水域环境，一旦被放生野外基本都会死掉，进而影响当地水域环境。另外，例如龟、蛇及虾类等一些外来物

---

① 杨明洪，涂开均. 藏区农牧民宗教消费中不同利益主体的博弈行为分析 [J]. 西藏民族大学学报（哲学社会科学版），2018，39（05）：72-77，93，184；罗绒战堆，邓梦静. 信仰的投入：西藏中部地区农户宗教消费支出研究报告 [J]. 青海社会科学，2018（05）：20-27.

② 这是通常的解释，这种人类行为事实上也存在于道教、萨满教等原始信仰中。此外，藏传佛教的放生实践表明举行此仪式的动机也是十分多样的。详细参见新吉乐图. 家畜个体性再考——以河南蒙旗策塔尔实践为例 [J]. 付吉力根，尕藏尼玛，译. 青海民族大学学报，2018（02）.

③ 传统上，藏区放生的物种主要是高原家畜（出于特殊的宗教动机，放生鱼类的情况也是存在的），选择鱼类放生是近年来才逐渐普遍化的行为，特别是生活在城镇的藏族信众，通常会选择这一方式。

种被放生后，引发物种之间相互残杀的现象，对本地的水生物种、水域生态环境造成破坏，使原有生态系统失衡。

二、宗教场所环境污染问题的人类学解析

现有研究对藏区宗教场所环境污染问题鲜有关注和探讨，本文从人类学角度出发探讨社会转型背景下藏区出现的这类新型环境污染问题，尤其注意从文化和社会根源层面考察人与环境的互动关系，解析导致当前藏区宗教场所环境污染的原因。

（一）消费主义

消费主义思潮产生于 20 世纪初的美国①，其不仅是一种经济现象，也是享乐主义、拜金主义和个人主义等意识形态的具象反映。消费主义认为可以将世界上的任何事物都变成商品来出售，同时，消费目的从追求商品的使用价值转变为追求其所承载的诸如身份、地位、阶层等"符号"意义。消费主义导致当前社会出现两种主要的消费异化现象——炫耀性消费和符号性消费②。

宗教市场化③与 20 世纪 80 年代我国宗教政策全面贯彻落实、改革开放和市场经济发展同步，藏传佛教用品市场经过长期发展已经形成一个较为稳定的市场化模式，作为宗教内涵具象表达形式的宗教用品成为被消费的商品。在消费主义的影响下，宗教用品失去应有的神圣性及象征性意义，宗教行为和仪式逐渐被经济交换逻辑支配并导致异化。例如，前文提及的"烟供"（བསང་མཆོད）

① 让·鲍德里亚. 消费社会 [M]. 刘成富，全志钢，译. 南京：南京大学出版社，2014：238.
② 符号概念最主要用于语言学研究，索绪尔将符号分解为能指和所指，能指即语言文字的声音、形象；所指则是语言的意义本身。这一概念后被鲍德里亚引入消费领域，符号消费指商品本身成了"能指"，商品背后所隐含的含义则是"所指"，消费的对象是商品所表达的内涵或意义的消费行为。
③ 宗教市场化（Economics of Religion）理论由美国宗教社会学家罗德尼·斯达克提出，是将经济学的基本原理应用到对宗教现象的分析上，是西方宗教社会学研究在世俗化理论之后发展起来的"新范式"理论。罗德尼·斯达克，罗杰尔·芬克. 信仰的法则：解释宗教之人的方面 [M]. 谢远涛，译. 北京：中国人民大学出版社，2004.

仪式原本的宗教意义是清净和消除污染①，也就是说，使用柏树枝的目的在于利用其燃烧时产生的烟气净化仪式环境和供品②，因此，按照传统的仪式规范只要燃烧少量柏树枝产生烟气其仪式目的便已经达成。时至今日，"烟供"仪式中对柏树枝的需求被异化为多、大、贵，供品的数量和种类也越来越夸张，这一现象产生的根源除了以计算代价利益为主的理性选择行为，还有消费主义作用下为展示个人财力、身份、地位的符号价值追求。③此例中，对松柏枝和供品盲目化、过度化使用导致的植物资源破坏和空气污染问题日益严峻。

（二）功利主义

人类学功能主义理论认为宗教产生和存在的原因是人类无法凭借自身力量处理现实中的困难和挫折时，宗教有缓解个体焦虑，维系社会运行机制的功能，这也是宗教信仰的重要特征。青藏高原特殊的地理气候条件导致自然灾害和突发性灾难多发，古代人类在不可抗拒的灾难面前，试图创造并借助超自然的宗教力量来抗灾避险。在这种背景下产生的青藏高原原始宗教——苯教其教义和仪轨主要包括消灾去病、禳灾解祸、祈福求安等追求现实和今生利益的内容，具有很强的功利性色彩，这些内容后成为藏传佛教普遍接受的宗教仪式④。浓厚的宗教历史传统，加之全球化背景下激烈的社会竞争和难以预知的社会风险，信众的功利性宗教行为异化为对宗教文化内涵的漠视，

---

① "桑"（བསང）一词在《藏汉大辞典》中的解释是"清洗、消灭之意"，释其概念则是清净空气和消灭污染物的意思。关于桑的作用，《龙桑》中说："世界的一切污秽之事，通过燃祭熏香而消除干净"，"人的衣食住行或居住生活场所被秽物污染，都能通过煨桑而后变得如雪山一样洁净无垢"。

② 藏传佛教中的祭祀行为大都源自苯教仪式，苯教思想中认为世间神灵是无法直接享用人类供品的，必须利用"桑"产生的烟气才能实现对神灵的恭敬和供养。因此，除了净化作用外，"桑"还是感通和供养神灵的通道。

③ 这一观点也合理地解释了一份关于西藏宗教消费支出的经济学研究结论："但在当下，随着农牧民收入的增加，大多数中等收入阶层农户和少部分低等收入农户也加入其中。不仅如此，农户之间已开始相互攀比，导致了这一类支出的大幅度增加。"罗绒战堆，邓梦静. 信仰的投入：西藏中部地区农户宗教消费支出研究报告 [J]. 青海社会科学，2018（05）：20-27.

④ 才让太，顿珠拉杰. 苯教史纲要 [M]. 北京：中国藏学出版社，2015：53.

以依赖物象实现当下利益的盲目信仰行为屡见不鲜。例如，前文提到的"放生"仪式是藏区一项重要的非经常性宗教活动①，按照仪式的动机和目的，对选择放生物种的类别、样式、体形和数量都有相对稳定的要求。选择鱼作为放生对象主要是为治愈疾病，而在功利性思维的影响下，放生仪式因暗含了人们为换取现实利益与神灵交换筹码的意识，认为放生的代价越大，神灵能给予的回报就越多。这种意识具象化为偏离以鱼作为放生物种的宗教内涵，人们不考虑放生的水域环境和时节气候，而只追求物种数量多和价格高，最终导致"放生"变为"杀生"，还会出现外来物种破坏当地生态平衡的环境问题。

需要注意的是，一些宗教产品的生产者和销售者在经济利益的驱使下，通过提供低劣的宗教用品，更改宗教仪式的程序，歪曲宣传宗教文化的真实内涵和意义，诱导和刺激部分信众出于功利目的的异化消费行为，而对可能造成的宗教文化破坏和环境污染问题并不关心。例如，前文所述祭湖中使用的"德尔"，按照宗教理论其主要用于治愈疾病、祭祀"鲁"神、祈求雨水等非经常性仪式，对其制作仪轨、投放时间、投放程序因不同的仪式目的有严格要求。然而，很多出售者向民众鼓吹投放"德尔"可以升官发财②，被诱导的信众（特别是外来信众和游客）在功利心驱使下盲目购买并肆意投放，制作工艺和材质低劣的"德尔"在水中日积月累，加之很多地方都无专人负责清理，最终导致严重的水体污染。类似情况还有对纸质"风马"和布质"经幡"的随意和过度使用导致的藏区宗教场所及周边区域内土壤、植被和垃圾污染③。

---

① 包括供奉护法或地域神常规放生、治愈疾病放生、季节性放生、应对突发事件放生、喇嘛卜卦给予的放生、感恩性放生等。

② 藏族人的"鲁"神信仰中确实认为"鲁"是守护世间财富的神灵，"鲁"存栖的湖泊江河也被描绘成珍宝聚集的场所。详见谢热. 古代藏族的龙信仰文化 [J]. 青海社会科学, 1999（03）：100-104；华锐，东智. 藏族为何崇拜龙神 [J]. 丝绸之路, 1999（06）：40-41. 但需注意的是，即便出于提升财运宗教目的的"德尔"投放仪式，也需按照特定的宗教仪轨、投放程序和时间规定进行，这是藏地信众与外来信众或游客在此举动上的重要区别。

③ 值得注意的是，出售宗教用品的从业者多为非宗教人士，他们大多数对其所售商品不能给出清楚的解释和介绍。在经济利益、工具理性、市场逻辑等现代性力量的推动下，被商品化、庸俗化、迷信化的宗教文化与本真的宗教文化之间的冲突日趋严重。在藏区，很多宗教场所都写有"此处禁止放风马""此处禁止挂经幡"等劝诫性标语即是这种冲突的直观体现。

（三）社会结构变迁

传统藏族社会大都属于部落建制，"部落是指原始社会的一种社会组织，由两个以上血缘相近的胞族或氏族构成。部落通常有自己的地域、名称、方言和宗教习俗，以及管理公共事务的机构"①，"单独个体一旦脱离部落就很难生存下来，这就使得部落成员对部落有很大的依赖性，部落的组织形式一直成为当时当地社会政治经济的某种必需"②，民主改革以前大部分藏族社会仍然保留着这种部落建制。

按照涂尔干的社会团结理论③，传统藏族部落社会属于机械团结类型，其特点是社会成员具有类似的特质，情绪感受类似、价值观类似，由于成员之间差异甚小，社会呈现高度的一致性。机械团结社会还有一个明显的特征就是以强烈的"集体意识"为基础，集体意识湮没个体意识而处于支配地位，形成"镇压的权利"。部落社会的这一特征反映在宗教生活方面，即个体很难有能力和机会单独表达自己的信仰需求，必须依靠部落代表完成。例如，历史上对于部落山神和地域神的祭祀活动都是采取"合祭"的方式，由部落代表（部落头人）向部落成员抽取祭祀费用和物资，并负责主持和行使祭祀仪式。鉴于当时经济水平低下和物质资源匮乏（纸、丝绸、锦帛、瓷器等祭祀所需物品都属于稀缺资源）的现实，从客观上限制了祭祀的规模和频次，加之使用的宗教用品材质基本都是天然有机材料，这使得过去在藏区从未出现过宗教场所环境污染的问题。

民主改革以后，特别是改革开放以后藏区实行家庭联产承包责任制加速了社会分化，藏区社会随着传统部落制度逐渐解体转变为有机团结类型。在个人分化的有机社会里，集体意识对个人意识的控制力量被削弱，个人意识有自由发展的空间，个性、独立和自由在这种社会里被奉为终极价值追求。传统宗教仪式在个体主义、消费主义、功利主义、工具理性、市场逻辑等现

① 辞海编辑委员会. 辞海 [M]. 缩印本. 上海：上海辞书出版社，1980：453.
② 陈庆英. 中国藏族部落 [M]. 北京：中国藏学出版社，1991：2-3.
③ 埃米尔·涂尔干. 社会分工论 [M]. 渠东，译. 北京：生活·读书·新知三联书店，2013：42-134.

代性力量的影响下发生实质性变化。例如今日藏区山神或地域神等"合祭"仪式虽然在形式上仍具有集体性，即参加者以传统部落的成员为主，但过去由部落代表统一行使的注重仪式神圣性和象征性的宗教情感体验行为，变为个体行使的注重现实利益和符号价值的宗教消费行为，宗教用品使用数量呈几何倍增长本身对环境带来巨大压力的同时，非环境友好型用品材质使得宗教活动场所环境污染问题更是雪上加霜。

（四）宗教用品市场环境缺乏指导和监管

宗教用品市场经济是从宗教需求出发，通过宗教物化载体与社会环境产生交互的过程。国家宗教政策的全面落实及改革开放创造的宽松商业贸易环境促使宗教用品供需机制的市场转化①，对于几乎是全民信教的藏区而言，宗教用品市场发展的直接意义在于广大信教群众的宗教需求得到了前所未有的满足，此外，作为宗教和民族文化的重要载体，市场化为保护和传承藏传佛教和藏族文化起到了积极的推动作用。然而，时至今日对于宗教用品市场环境仍缺乏有效的监管机制，亦未出台相关行业标准，在宗教用品制造已实现规模化的今天，也就意味着更多粗制滥造的宗教用品进入市场流通，加之低廉的价格刺激和满足了功利主义与消费主义的异化宗教行为，导致实际消费量的增加，宗教用品过度使用造成严重的环境污染问题。

对旅游市场监管不到位是导致宗教用品盲目和过度使用的另一重要原因。长期以来，"文化（宗教）搭台，经济唱戏"成为藏区旅游的发展战略②，在这样的旅游发展和开发模式的指导下，只重视旅游产业所带来的经济效益，宗教文化臣服于市场逻辑，成为换取经济利益的工具③。此外，旅游行业中的

---

① 中国历史上，佛教文化用品的发展多是靠皇亲贵族的支持捐赠，主要通过寺院来流通。

② 2017年11月，国家宗教事务局等12个部门联合下发《国家宗教事务局关于进一步治理佛教道教商业化问题的若干意见》，其中明确指出：要辩证看待宗教的社会作用，规范佛教道教活动场所经营活动，不得支持参与"宗教搭台，经济唱戏"，不得以发展经济、促进旅游和繁荣文化名义助长"宗教热"。因此，官方文件及规划中已很难看到类似表述，而事实上，藏区很多地方的发展观念仍然停留于此，宗教商业化现象并未得到有效遏制。

③ 曹诗图. 哲学视野中的旅游研究 [M]. 北京：学苑出版社，2013：17-23.

符号性消费、炫耀性消费的消费环境已经形成，开发商为了迎合游客功利性思维，导致宗教旅游产品和宗教消费行为异化。例如，藏区一些旅游从业人员对宗教文化的认知水平不高，向游客兜售具有严格的教义教规、用于特定宗教目的的宗教用品，诱导和强迫游客进行消费，不但误导游客对藏传佛教文化的正确认知，扰乱正常的宗教活动秩序，损害藏传佛教的形象，盲目及过度消费行为还会导致宗教场所环境污染问题。

此外，对于自然资源类的宗教用品市场监管也需引起相关部门的注意，例如前文提到的诸如柏树、松木等自然植物资源的市场交易，据笔者了解其采集和售卖环节尚缺乏有效监管，在生长上述植被的地方，农牧户通过偷采或只需支付一些劳务费用即可将其砍伐运回。

三、藏区宗教场所环境污染防治的几点思考

通过前文分析可以看出，导致藏区宗教场所环境污染问题的原因涉及深刻的文化根源和社会根源，这些因素呈现连续、综合的影响路径，直接或间接影响宗教场所环境的方方面面，最终导致环境污染。防治藏区宗教场所环境污染是一项需要多方论证、复杂艰巨的课题，限于文章篇幅，拟另撰文进行展开，在此仅对这一问题做理论层面的探讨，以期抛砖引玉之效。

首先，引导信众正确认识宗教文化，具备宗教基本常识，分清宗教文化内涵与封建迷信活动之间的区别。对藏族信众而言，结合藏区特殊的历史文化环境，政府应积极联合宗教人士和基层权威（特别是高僧大德和有威望的老人），利用日常佛事活动教育引导信教群众正确认识佛教文化内涵，把规范使用宗教用品纳入村规民约、寺规僧约、居民公约中，不断规范僧俗信教群众祭祀行为；对外地游客，可通过现代网络媒体对宗教文化、宗教礼仪、生态保护等方面内容进行科学宣传，引导游客深度体验宗教文化，达到平衡身心、益智健身、放松精神的目的。

其次，树立科学的发展观，彻底转变过去"宗教搭台，经济唱戏"等唯经济利益是图的短视发展观念，挖掘宗教文化与时代发展相适应的价值观、伦理观、生态观，将促进社会和谐、经济发展、文化繁荣、环境保护作为发展的终极目标。

再次，加大培训力度，提高旅游从业人员素质，使其掌握专业全面的宗教文化知识，坚决打击肆意歪曲和践踏本真的宗教文化，以及为封建迷信张目的违法行为。适当吸纳德行高尚的宗教人士进入导游行业，讲解正统宗教文化知识。

从次，重视宗教传统工艺和文化的传承和保护，鼓励和扶持符合宗教教义、使用仪轨、环境友好的宗教用品生产企业发展，藏传佛教专家应参与对宗教用品市场监督和指导，保证宗教用品的"合法性"①。

最后，相关部门应该制定和出台宗教用品生产制造的行业标准，加强对宗教用品市场的指导和监管，对宗教用品的生产准入条件、审批流程等做出明确的法律规定，将宗教用品生产的管理纳入法制化管理。同时，进一步规范宗教用品经营主体资格，依法严厉打击无证经营、制作销售非法宗教用品等行为，加大宗教用品生产、经营和销售等环节监管力度，杜绝粗制滥造。

参考文献：

[1] G. 彼特洛维奇，李慎之. 论异化 [J]. 哲学译丛，1979 (02)：55-60.

[2] XUE L, MANUEL-NAVARRETE D, BUZINDE C N. Theorizing the Concept of Alienation in Tourism Studies [J]. *Annals of Tourism Research*，2014 (44)：186-199.

[3] 刘红梅. 论旅游消费的异化及其防范——基于消费主体的视角 [J]. 消费经济，2008 (03)：53-55，52.

[4] 罗绒战堆，邓梦静. 信仰的投入：西藏中部地区农户宗教消费支出研究报告 [J]. 青海社会科学，2018 (05)：20-27.

[5] 杨明洪，涂开均. 藏区农牧民宗教消费中不同利益主体的博弈行为分析 [J]. 西藏民族大学学报（哲学社会科学版），2018，39 (05)：72-77，93，184.

---

① 这种合法性旨在强调宗教用品作为商品必须保证其作为宗教象征的有效性，承担其在信仰系统中的神圣功能。这种有效性即要求宗教用品既来自藏传佛教教义的合法度，也来自与之相关的生产和使用仪轨的合法度。

[6] 新吉乐图，付吉力根，尕藏尼玛. 家畜个体性再考——以河南蒙旗策塔尔实践为例 [J]. 青海民族大学学报（社会科学版），2018，44（02）：22-36.

[7] 让·鲍德里亚. 消费社会 [M]. 刘成富，全志钢，译. 南京：南京大学出版社，2014.

[8] 罗德尼·斯达克，罗杰尔·芬克. 信仰的法则：解释宗教之人的方面 [M]. 谢远涛，译. 北京：中国人民大学出版社，2004.

[9] 才让太，顿珠拉杰. 苯教史纲要 [M]. 北京：中国藏学出版社，2015.

[10] 谢热. 古代藏族的龙信仰文化 [J]. 青海社会科学，1999（03）：100-104.

[11] 华锐，东智. 藏族为何崇拜龙神 [J]. 丝绸之路，1999（06）：40-41.

[12] 辞海编辑委员会. 辞海 [M]. 缩印本. 上海：上海辞书出版社，1980.

[13] 陈庆英. 中国藏族部落 [M]. 北京：中国藏学出版社，1991.

[14] 埃米尔·涂尔干. 社会分工论 [M]. 渠东，译. 北京：生活·读书·新知三联书店，2013.

[15] 曹诗图. 哲学视野中的旅游研究 [M]. 北京：学苑出版社，2013.

安多生态环境及习惯法认知的人类学素描

——以近现代西方旅行者游记为考察对象

内容摘要： 安多是青藏高原生态环境维系较好的地区，这与安多藏族的环保理念和习惯规则有着密不可分的联系。近现代以来，西方旅行者围绕生态环境和人文风俗对青藏高原安多藏族地区进行了生动的书写。本文以近现代西方旅行者对安多地区游记为考察对象，运用人类学方法探寻旅行家以"他者"身份感知的藏族生态环境保护理念和习惯，以比较视野来阐释藏族生态环境保护习惯法形成的渊源。

关键词： 安多；生态环境；西方旅行家；习惯法

19世纪末到20世纪中叶，西方旅行者与传教士进入青藏高原考察游历，可以说是近现代西方人开展藏族聚居区生态环境和人文风俗探索之旅的起点。② 在安多地区，也集中了一些旅行者，他们围绕生态空间和宗教圣地开展一系列的考察和游历，从人类学和民族志的角度进行了生动的书写。他们的字里行间展现出了历史上安多秀丽的自然风光和人与动物、植物等生态要素和睦相处的风景图。和谐环境的保有离不开西藏、蒙古等当地民族的意识和

---

① 作者简介：白佩君（1971— ），青海民族大学法学院，副教授、民族学博士研究生，研究方向：民族法学、文化人类学。

② 妥超群. 汉藏交界地带的徘徊者——近现代在安多（Amdo）的西方人及其旅行书写 [D]. 兰州：兰州大学，2012.

行为习惯，这种习惯产生的渊源可以说表现在宗教信仰、生计方式、村规民约等方方面面，这些生态环境保护习惯法形成的渊源在旅行者的考察和描述中也有着很好的诠释。

一、安多的界定与历史记述中的生态环境

（一）安多的地理界定

关于藏文化语境中"安多"（Amdo）的自然地理空间，智观巴·贡却乎丹巴绕吉在《安多政教史》中有如下记载：

"自通天河之色吾河谷（现青海玉树曲麻莱县），北遇巴颜喀拉山，其东麓有阿庆冈嘉（A myesgnyenchen，阿尼玛卿）雪山与多拉山（mdo la，祁连山），据说由于摘取这两座山峰之名的首字，合并起来把以下的区域称为安多云。此处之水，汇合起来流向玛云秀茂川称为玛曲（rmachu，黄河）。流经索罗玛（今果洛州扎陵湖之北地区）或称扎陵湖川，折向南流，自此河湾以下，才是安多区域。"①

色多·罗桑崔臣嘉措在《塔尔寺志》中讲："阿垛宗喀者，是说阿钦岗日伊甲日（意思为阿钦雪山的后面即积石山）和垛拉仁谟二者之名共合而起名阿垛。"②

《塔尔寺志》和《安多政教史》中所记载的"阿钦岗日伊甲日"和"垛拉仁谟"二者之名共合而起名为"安多"区域。兰州大学刘铁程博士对此进行了比较翔实的考述，也提出了考证的结果，认为《塔尔寺志》和《安多政教史》中所指的"阿卿"并不是指阿尼玛卿山，是阿庆冈嘉后面更广阔的雪山地区。"多"在藏文中应该是诸水汇聚的意思，在此是指河源地区的玛云秀茂川至两湖（扎陵湖、鄂陵湖）地区。③虽然对"安多"的立名学术界考证说法诸多，但就地理范围而言，许多学者普遍认为安多地区北部界线基本明

---

① 智观巴·贡却乎丹巴绕吉. 安多政教史 [M]. 吴均，毛继祖，马世林，译. 兰州：甘肃民族出版社，1989：5.
② 色多·罗桑崔臣嘉措. 塔尔寺志 [M]. 郭和卿，译. 西宁：青海人民出版社，1986：28.
③ 刘铁程. 多思麦历史地理研究 [D]. 兰州：兰州大学，2012.

确，范围从黄河上游以及青海湖以东的湟水流域扩大至青海湖以北和以西地区，形成了西起柴达木、北抵祁连山、南达阿尼玛卿山南路、东到四川阿坝黄河大转弯之间横跨甘青川三省的广袤地区。在行政区划之外的情况下，安多地区应该是 80°E—104°E 和 27°N—38°N 的区域，这一地理学概念正是包括了青海全部和甘肃西部、南部，四川西北的部分地区。

（二）历史记述中安多的生态环境

安多藏族聚居区地面平均海拔 3000 米左右，山脊高度为 4000~6000 米。总体地势西高东低，山脉大都由西北向东南伸展。这里雪山耸立、河流纵横，成为黄河、长江的发源地。安多南部的阿尼玛卿、北部多拉热毛（祁连山）主要为"雪山"，这使得安多成为"雪域"的一个重要标识。而在东部地区，也就是汉语语境中的河湟谷地，气候温和，适合农作物生长，也是智观巴·贡却乎丹巴绕吉所著《安多政教史》中称谓的幸福宗喀（Tsongkha）城。色多·罗桑崔臣嘉措在《塔尔寺志》中描述道："环顾'宗喀德康'外围的'安多'地境，南面为玛卿岗日神山，犹如雪山如同水晶塔，映衬着安多中心'宗喀德康'散发光彩。西面库库淖尔（青海湖）留有莲花生密宗降魔手印痕迹，镇服着此地魔怪不得作乱佛法，使此地得以祥和平安。北面垛拉仁谟神山护佑，使得这里免遭狂风飞沙，东有宗曲（tsongchu，湟水河）自北向东南蜿蜒流经多个大川，滋养着这里五谷丰登。"① 这里生长着柳、松、柏、桦、鞭麻灌木等，雪山附近开阔地带及高山草场，盛产药材冬虫夏草、雪莲、贝母、秦艽、大黄、黄芪、党参等近百种，食用菌类有蕨麻、黄蘑菇等。在林区、草原上栖息着野牦牛、藏羚羊雪豹、猞猁、旱獭、红狐、棕熊、岩羊、野驴等几十种动物。野生禽类有雪鸡、蓝马鸡、鹰、雕等数十种。每到夏季，斑头雁、黑颈鹤、棕头鸥、赤麻鸭等成群结队迁徙到高山湖泊和河流湿地，觅食并繁衍后代。雪山四周河流中花斑裸鲤畅游，藏水獭繁衍栖息水中。这些生机勃勃的景象，是安多历史上文字描述中的高山地貌奇异，怪石嶙峋，无数涓涓细流直泻而下，汇集成银河落地的细密织锦，各类珍禽异兽漫游于

---

① 色多·罗桑崔臣嘉措. 塔尔寺志 [M]. 郭和卿，译. 西宁：青海人民出版社，1986：29.

茂密林木、万顷草原和富饶农田。① 正是这样的自然生态环境，成为青藏高原人类繁衍生息的适宜家园。

二、西方旅行者的生态与人文环境考察

（一）西方旅行者对藏地生态环境的初次认知

从古希腊史学家希罗多德在他的《历史》一书中对伊莫顿斯山脉以北赛里斯国家犬状大小蚂蚁掘金的故事记述②，到中世纪欧洲旅行家鲁布鲁克等游记对藏地印象的描述，招引英国人沃伦·黑斯廷斯等人开展寻找"蚁金"的活动，藏族聚居区这一地理概念便进入西方人的眼帘。19 世纪中叶开始，西方旅行者与传教士进入青藏高原考察游历，他们对当地地理环境、动植物、族群、宗教人文进行了一定程度的描述。可以说，对藏族聚居区近现代的人类学书写比较集中地体现在一批西方人入藏探险的传记中。瑞士米歇尔·泰勒的《发现西藏》、印度萨拉特·钱德拉·达斯的《拉萨及西藏中部旅行记》、瑞典斯文·赫定的《失踪雪域 750 天》、法国邦瓦洛特的《勇闯无人区》、雅克玲·泰夫奈《西来的喇嘛》、奥地利勒内·德·内贝斯基·沃杰科维茨的《西藏的神灵和鬼怪》，以及意大利朱塞佩·图齐所著《西藏宗教之旅》等，这些探险家记述了身临其境于藏地自然生态与神圣空间中的奇遇，而且深描了寺院周围山清水秀、人杰地灵的自然与人文景观。需要特别指出的是，这些旅行者注意到寺院及宗教场所选址的地理环境以及藏地生态繁盛的成因，其中民间习俗与寺规中的保护理念发挥着巨大作用。旅行者亲历其境考察游历，甚至内心对于自然生态和人文景色产生了敬畏，就如邦瓦洛特在《勇闯无人区》"神灵的惩罚"一章中记述道："我再也不敢去摘下那些神树上有经文的布条了，这是触犯神灵的亵渎行为啊！"③

---

① 才贝. 阿尼玛卿山神研究［M］. 北京：民族出版社，2012：25.
② 托马斯·H. 霍尔迪楚. 神秘的西藏［M］. 纽约版，1906：2.（Thomas H. Holdich：*Tibet, The Mysterious*. New York, 1906：p. 2）
③ 邦瓦洛特. 勇闯无人区［M］. 简明，译. 乌鲁木齐：新疆人民出版社，2001：33.

（二）西方旅行者对安多生态环境的人类学描述

在美国藏学先驱柔克义考察认知安多的基础上，许多西方学者以朝圣者的姿态对安多藏族聚居区山川地貌、河流湖水等自然空间以及藏地风俗进行了考察，从"他者"的视角留下了大量的历史记录。如芬兰前总统曼妮海姆在安多地区旅行，对拉卜楞寺周围的生态环境描述道："这样的山谷许多地方长着灌木和调动乔木，我们行程的头十二俄里路，山的北坡都有针叶林，大多数还延伸到河边，在高山逐渐远离河流的时候，树林也远离而去，只有个别时候看到附近山坡上密密麻麻的针叶林山顶。"① 约瑟夫·洛克所著的《阿尼玛卿山及邻近地区的专题研究》②，以安多阿尼玛卿神山自然与人文环境为主线，同时也包含了对近代西方人探险阿尼玛卿山周围族群人类学的考述。保罗·涅图普斯基的《拉卜楞——处在四种文明十字路口的藏传佛教寺院》③一书中认为，安多地区特别是拉卜楞的周边自然与人文环境是"西藏型神圣和世俗互动型"社会。从近代后期探险家旅行传记如《在中国的边疆省份：植物学家探险家约瑟夫·洛克的颠沛生涯》中可以看出通过考察探险，安多地区自然环境与宗教空间给他们带来研究兴趣。另外，卡西亚·布福特里耶对安多神山阿尼玛卿前后考察两次，在她的论文《对于神圣圣湖修行岩洞"朝圣"的反思》中开篇就指出，在藏族的神圣自然空间概念中神山、圣湖和岩洞是一个整体。④ 她把神山更确定为自然景观和神圣领域。同时在论文《安多的蓝色湖泊和它周围的岛屿：传说和朝圣指南》一文中她强调了自然崇拜标的物对实际朝圣者行为的影响，尽量从藏族宗教信仰和生态保护的角度探讨神圣与世俗，深度理解藏族聚居区对自然环境的神圣性认知和供奉的心理。

学者妥超群在其文章《汉藏交界地带的徘徊者——近现代在安多（Amdo）的西方人及其旅行书写》中梳理出近现代以来西方旅行者入藏的路线分为东、

---

① 宗喀·漾正冈布. 西方旅行者眼中的拉卜楞 [M]. 兰州：甘肃民族出版社，2010：117.

② ROCK J F. *The Amnye Ma-Chhen Range and Adjacent Regions*：A Monographic Study [M]. Rome：Istituto Italiano per il Medio ed Estremo Oriente，1956.

③ KOCOTNIETUPSKI P. *Labrang*：A Tibetan Buddhist Monastery at The Crossroads of Four Civilizations [M]. New York：Snow Lion Publications，1999.

④ Pilgrmage in Tibet. pp. 18-34.

北、南三条，其中东线也就是 7 世纪开始形成的唐蕃古道主要线路，是从兰州经西宁或拉卜楞绕青海湖，道分两条，一条经柴达木翻越布尔汗布达山进入青南高原，一条经青海湖南岸前往河源再南下玉树结古多。从中看出安多地区是入藏东线的必经之地。此时，前来藏族聚居区考察的法国人古柏察在《鞑靼西藏旅行记》中描述了安多宗喀（河湟地区）的田园景色："一般来说，通往西宁府的道路都是平坦的，维护得也相当好，它蜿蜒地穿过一片肥沃的原野，田地被精心地耕耘，由于大树、丘陵和大量的小溪而被点缀得风景如画。"① 美国考察家芮哈特在《与西藏人同居记》中对安多的地貌地理和自然奇观有着生动的书写。俄国人崔比科夫的《佛教香客在圣地西藏》和科兹洛夫（Pyotr Kuzmich Kozlov）的《蒙古、安多和死城哈拉浩特》对安多的考察较为详细。科兹洛夫对贵德黄河的秋天景色进行了诗情画意般的记述："清澈的河水的温度在秋天来说是相对而言还算比较高，为 13 摄氏度，天气好的时候还可以见到蝴蝶、苍蝇和甲虫。只有发黄的秋叶和忙于南飞的候鸟让人想起现在已是天气渐凉的秋日了……"② 英国人威里璧在《穿越西藏无人区》第二十四章中记述游历安多时，对塔尔寺的神树、金瓦殿，与米纳佛爷会面以及回族起事对寺院周围森林的焚烧、山地的破坏有着较详细的描述。③ 美国人麦贝·卡布特在《消失的王国——一个女探险家在唐古特、汉地与蒙古》中采用大量的图片，记述了美国考察家珍妮特从河北出发，游历阿拉善和安多地区，其间记录当时安多的生态和人文情况。在前往拉卜楞的旅行中记述道："我们穿过了许多藏族村落，大草原上长满了野花，一直延伸到汉地边界的古城洮州。"④ 瑞典人斯文·赫定所著的《亚洲腹地旅行记》、法国人大卫·妮尔的《一个巴黎女子的拉萨历险记》，以及俄国人波塔宁，美国人安妮·泰勒、瑞德里、李纳、珀尔希尔夫妇等考察纪实中对寺院周边的山川、地景所构成的生态和人文空间进行了描述。尤其是对于安多地区河流湖

① 古柏察. 鞑靼西藏旅行记［M］. 耿昇，译. 北京：中国藏学出版社，2006：301.
② 科兹洛夫. 死城之旅［M］. 陈贵星，译. 乌鲁木齐：新疆人民出版社，2001：238.
③ 威里璧. 穿越西藏无人区［M］. 李金希，译. 拉萨：西藏人民出版社，2003：78.
④ Janet E Wulsin. Vanished Kingdoms A Woman Explorer In Tibet, China and Mongolia 1921-1925, by Mabel H. Cabot, Preface by Dr. Rubie Watson.

泊资源、野生动物、草场森林等生态环境，俄国探险家普尔热瓦尔斯基在《荒原的召唤》"从青海到柴达木"一章中进行过较详尽的记述，因他之名而命名的在柴达木和准噶尔栖息的濒临珍稀动物野驴为普氏野驴。从旅行者和考察家的描述中可以得知，在 20 世纪初期工业化尚未进入安多地区时，这里的社会生活依然保持着游牧和农耕生计方式下原生态的和谐图景。

三、西方旅行者游记中映射的藏族生态保护习惯法表现

古希腊哲学家柏拉图在他的《法律篇》中指出："在古代，人们当时尚未立法……最初连文字都没有，人们根据习惯和他们称之为他们祖先的法律而生活。"① 美国哈佛大学法学院罗伯特·昂格尔教授认为，习惯法只是"反复出现的个人和群体之间相互作用的模式，因而是一种自发形成的相互作用的法律"②。这就是我们所认知的人们在长期生产生活中总结出来并自觉遵循的社会规则。在广大藏族聚居区，由于特殊的生计方式和行为习惯，藏族逐渐形成了成文或不成文的行为习惯法，其中很大一部分是处于自己生存环境下自觉与不自觉地构建而成。一方面，环保习惯法往往存在于各种政治及宗教领袖颁布的官方命令当中。另一方面，藏传佛教在广大藏族聚居区广泛传播，其中许多佛教教义当中也包含了大量有关环保方面的内容。这些习惯法在近现代西方旅行者的考察和记录中有过深描，顺着这一线索，我们也能梳理出比较清晰的藏族生态环境保护习惯法的历史脉络。

（一）生活禁忌中的习惯法

在藏族生态保护习惯法中，生活禁忌是其重要的组成内容。藏族聚居区大部分为游牧民族，游牧民族逐水草而居的习性使得藏族民众视牲畜、动物及自然环境为生命，破坏生态环境的行为是被禁止的。同时藏民普遍信奉藏传佛教，在教义的约束下，产生了敬畏自然的观念和生活中恪守一些禁忌的习惯。这些禁忌经过长期演变，形成藏族地区普遍存在的保护生态环境方面

---

① 祖力亚提·司马义. 族群认同感建构的社会学分析：以新疆"民考汉"为例 [J]. 西北民族研究, 2009 (03)：65-75.

② 王希恩. 民族认同与民族意识 [J]. 民族研究, 1995 (06)：17-21, 92.

的习惯法内容。

1. 对神山的禁忌。山在藏民心目中有着神圣的地位，被认为是神灵在人间的化身，具有不可侵犯性，因此而产生了诸多禁忌。例如，禁止在神山上挖掘和采集花草树木、在神山上打猎和伤害鸟兽虫鱼，不准以污秽之物污染神山以及将神山上的任何物种带回家中。在西方旅行家的笔墨中，对阿尼玛卿雪山的描述丰富多彩。如法国探险家多隆在黄河上游游历时记述道："对于藏族聚居区的游牧民族来说，阿尼玛卿就是这片土地上最重要的标志。释迦牟尼只福荫有德行的人，而阿尼玛卿接受所有诚心向他祈祷的人。"① 从这些游记中看出阿尼玛卿等神山在藏族民众心目中的神圣地位。

2. 对水的禁忌。藏族原始苯教遗留而形成了对水的敬畏，保护水资源在藏民的日常生活中有约定俗成的规矩。安多地区湖泊众多，同样被当地藏民视为神灵的化身，为了保持湖水的纯净和神圣，就产生了神湖的禁忌。如不得将污秽之物扔到湖中，禁止在湖水中捕捞生物。他们认为江河湖泊之水中有主宰神叫作"鲁"，就像汉族崇拜的龙，不可冒犯。又如青海湖，被藏族等信仰藏传佛教的民族作为圣湖膜拜，每年农历七月十五举行隆重的"祭海"仪式。西方旅行者普尔热瓦尔斯基等人专门对库库淖尔（青海湖）进行考察，对藏、蒙民族的圣湖崇拜也进行过描述。美国传教士季维善（麦仑·格威特·格里布诺，藏文名喜饶丹贝）在拉卜楞游历时，由于听说达尔宗湖的盛名，他意图到那里游览，但当地部落头人警告他休想动湖底的一草一木，等到达那里他发现自己早已被尾随监视，他才知道达尔宗湖水下全是藏族人的敬奉。② 藏族遵守在泉水源头不能随意撒尿、不能随意游泳，在青苗出土直至收割之前不准在河里洗衣服的规矩，以防因污染水源招致神灵处罚，这在英国探险家 W. W. 福格森的《青康藏族聚居区的冒险生涯》中也有多处的记述。

3. 对土地的禁忌。藏族人认为土地草山是具有生命力的，养育着一切生灵，如果随意挖掘土地，就会破坏其中蕴含的生命力。因此，在藏族牧区都

---

① 宗喀·漾正冈布. 西方旅行者眼中的拉卜楞 [M]. 兰州：甘肃民族出版社，2010：151.
② 宗喀·漾正冈布. 西方旅行者眼中的拉卜楞 [M]. 兰州：甘肃民族出版社，2010：50.

有"不随意动土"的习俗，严禁在草地上胡乱挖掘。同时，藏族人认为春天是万物生长的季节，为了保护动植物的繁衍生息，农历三月有"禁春"习俗，当春暖花开之时，藏族人尽量做到足不出户，以防践踏生灵。夏季是牧草生长的季节，为了防止牲畜践踏草场，禁止在夏季举家搬迁、另觅草场。① 吐蕃时期，藏医药学已经掌握了冬虫夏草的药用功效，所以牧区形成了挖虫草的行当，藏民族在挖掘虫草之后，在原地留下的小坑中放一粒小麦或者青稞，来保护草场。在农区，人们形成了重视保护土地的风俗，如动土之前要先祈求土地神，进行严格的动土仪式，禁止随意挖掘土地，不能在土地中烧破布、骨头等发出恶臭气味的物体。

（二）村规民约和政令下的习惯法

村规民约是藏族环境保护习惯法的重要表现形式。游牧民族特性使其对草场特别看重和爱护，也特别注意对森林和树木的保护，很多村落和部族都做出了相关规定，强调村落或部落聚集地不许"过界砍树"，一方面是指本部落和村落内不许砍伐别人居住区域的树木；另一方面也不许砍伐其他家族区域的树木。不准在寺院周围砍伐森林，不准在林中拾捡柴火、挖取药材等，如果违反了这些规定，则会被处以罚款或者没收伐木工具。② 比如塔尔寺藏族六族部落都遵循的村规民约，不允许随意砍伐树木当柴烧，特别是在寺院周围砍柴，违反禁令和习惯将受到大吉哇（寺院行政管理会）执法僧人用鞭麻（高原一种带刺的植物）鞭打。一些地方的政令也成为习惯法的来源，如吐蕃遗留下来的《十善法》中规定禁止杀生等，松赞干布制定的《法律二十条》中规定要相信因果报应，杜绝杀生等恶行。又如青海果洛藏族自治州莫坝部落法明确规定引起草山失火者，罚其全部财产的二分之一。还有阿曲乎部落法的相关规定，失火者罚牛一头，以此保护当地的草场和草山。19世纪初，色达部落由阿握喇嘛丹增大吉制定《黄皮律书》，内容包括封山禁谷、严禁狩猎等，对这些禁令当地僧俗都必须严格遵守。

① 马晓琴，杨德亮. 地方性知识与区域生态环境保护——以青海藏区习惯法为例［J］. 青海社会科学，2006（02）：134-139.
② 多杰. 藏族古代法新论［M］. 北京：中国政法大学出版社，2010：101.

（三）宗教背景中形成的习惯法

佛陀曾经讲过这样一个故事：一条龙不听燃灯佛不能破坏一草一木的劝说，硬是去破坏草木，结果遭到了头上长树的恶报，每当风吹树摆的时候，龙就流血流脓不止，头痛难忍。① 从宗教故事里可以看出，破坏花草树木明显是要遭到报应的。而且在佛教看来，非常适宜人类居住的美妙生态环境就是极乐世界。藏传佛教的教义倡导人与自然和谐相处，引导藏族热爱赖以生存的土地以及山岭湖泊、草木生灵。因此，藏族的宗教习惯中蕴含了大量的环境习惯法内容。美国传教士季维善在甘南旅行期间，描述当地有数不清的野生动物与美妙的大自然相映成趣，那些狐狸、野牦牛、蓝马鸡等栖息在广阔的高原上，藏族人视这些动物为和人一样的有情众生，不随意猎杀。他讲道："藏区群众的生活虽然依赖牛羊肉，但他们从不以滥杀动物取乐，他们认为这样做是有罪的，如果是寺院这样做了，那么寺院在藏区群众中的威信就会一落千丈。"② 藏传佛教寺院及僧众大都有放生宗教仪轨，在每年特定的一天举行放生仪式，由僧侣念诵经文之后，将"神水"洒在牧民和僧人们事先准备好的牛羊等牲畜身上，并在牲畜的耳朵、触角上绑上毛线，再将这些牲畜拉到牧区放生。这样，被放生的牲畜就有了神圣化身，人们不许捕捉和随意伤害。除了放生制度以外，藏族聚集区寺院坐落之地大多森林茂密，寺院和僧侣都有植树和守护林木的习惯。寺院建造之后，僧人们每年都必须种草植树，同时，告诫进入寺院的人们禁止毁坏寺院周围草木。正因为存在着这样的宗教习惯，藏族聚居区寺院一般都拥有大片茂密的森林或丰美的草场。③

（四）生计方式繁衍的习惯法

藏族人在长期的生产和生活中对草原资源的可持续利用有较深的认识，游牧生计方式作为一种社会的行为，早就受到他们相应习惯法的调整，并发

---

① 多识. 爱心中爆发的智慧 ［M］. 兰州：甘肃民族出版社，1998：112.
② 宗喀·漾正冈布. 西方旅行者眼中的拉卜楞 ［M］. 兰州：甘肃民族出版社，2010：51.
③ 马连龙. 环境习惯法对少数民族地区环境法制建设的贡献——以青海果洛藏族自治州达日县和青海湟中县为例 ［J］. 江苏警官学院学报，2009（11）.

挥着积极作用。在牧区，草原是其赖以生存的重要资源，牛羊是重要的食物来源。因此，藏、蒙古等游牧民族格外重视对牧场的合理利用及保护。安多藏族将草场分为冬春、夏秋两季，叫作"冬窝子"和"夏窝子"，夏季驱赶牛羊到山里放牧，冬季到较温暖的山脚下或山谷里。即使在草场茂盛的夏秋季节，按照放牧习惯，在一定的时间内必须进行草场的转换，以便草场休养生息。牧民习惯上把草场分为三级，施行"以草定畜"的原则，以草场的优劣、面积来确定牲畜的数量，平均换算下来是"每七亩地养一只羊"，并且禁止采矿、随意挖掘等。

参考文献：

［1］妥超群. 汉藏交界地带的徘徊者——近现代在安多（Amdo）的西方人及其旅行书写［D］. 兰州：兰州大学，2012.

［2］智观巴·贡却乎丹巴绕吉. 安多政教史［M］. 吴均，毛继祖，马世林，译. 兰州：甘肃民族出版社，1989.

［3］色多·罗桑崔臣嘉措. 塔尔寺志［M］. 郭和卿，译. 西宁：青海人民出版社，1986.

［4］刘铁程. 多思麦历史地理研究［D］. 兰州：兰州大学，2012.

［5］才贝. 阿尼玛卿山神研究［M］. 北京：民族出版社，2012.

［6］HOLDICH T H. *Tibet*, *The Mysterious*［M］. New York：Frederick A. Stokes，1906.

［7］邦瓦洛特. 勇闯无人区［M］. 简明，译. 乌鲁木齐：新疆人民出版社，2001.

［8］宗喀·漾正冈布. 西方旅行者眼中的拉卜楞［M］. 兰州：甘肃民族出版社，2010.

［9］ROCK J F. *The Amnye Ma-Chhen Range and Adjacent Regions*：*A Monographic Study*［M］. Rome：Istituto Italiano per il Medio ed Estremo Oriente，1956.

［10］KOCOTNIETUPSKI P. *Labrang*：*A Tibetan Buddhist Monastery at The Crossroads of Four Civilizations*［M］. New York：Snow Lion Publications，1999.

［11］古柏察. 鞑靼西藏旅行记［M］. 耿昇，译. 北京：中国藏学出版

社，2006.

[12] 科兹洛夫.死城之旅 [M].陈贵星，译.乌鲁木齐：新疆人民出版社，2001.

[13] 戚里璧.穿越西藏无人区 [M].李金希，译.拉萨：西藏人民出版社，2003.

[14] 祖力亚提·司马义.族群认同感建构的社会学分析：以新疆"民考汉"为例 [J].西北民族研究，2009（03）：65-75.

[15] 王希恩.民族认同与民族意识 [J].民族研究，1995（06）：17-21，92.

[16] 马晓琴，杨德亮.地方性知识与区域生态环境保护——以青海藏区习惯法为例 [J].青海社会科学，2006（02）：134-139.

[17] 多杰.藏族古代法新论 [M].北京：中国政法大学出版社，2010.

[18] 多识.爱心中爆发的智慧 [M].兰州：甘肃民族出版社，1998.

[19] 马连龙.环境习惯法对少数民族地区环境法制建设的贡献——以青海果洛藏族自治州达日县和青海湟中县为例 [J].江苏警官学院学报，2009（11）.

论青海湖裸鲤的依法保护与合理利用

何　巍①

内容摘要：青海湖裸鲤俗称湟鱼，是唯一一种栖息于青海湖的大型野生经济鱼类，在青海湖生态环境保护体系中拥有无与伦比的地位。如果该物种消亡，将对青海湖乃至整个青藏高寒地区生态环境的保护和社会经济的发展带来不可估量与无法挽回的损失。进入20世纪70年代后，由于各种原因，裸鲤的蕴藏量明显下降。为此，国家及青海省政府和民间做了大量工作恢复保护裸鲤物种并合理利用裸鲤资源。目前，裸鲤保护成效显著，但仍任重道远。

关键词：青海湖裸鲤；生态环境体系；依法保护；合理利用

一、青海湖裸鲤在青海湖生态环境体系中的地位

裸鲤在青海湖生态环境体系中"牵一发而动全身"的地位主要体现在以下几方面：

（一）净化青海湖水质

青海湖中有大量俗称"海藻"的刚毛藻，其过量繁殖会产生"水华"现象，即水体中藻类大量繁殖的一种生态现象，是水体富营养化的一种特征。

---

① 作者简介：何巍（1979—　），青海省民和县人，法学硕士，青海民族大学法学院讲师，主要从事法理学及法史学的教学与研究。

其危害主要有：第一，破坏资源。水华现象后期，生物大量死亡，在细菌分解作用下会造成水体环境严重缺氧或产生硫化氢等有害物质，进而使水生生物因缺氧或中毒大量死亡。第二，破坏水环境。藻类和水生动物死亡、腐化、分解会消耗大量溶解氧，使水体产生恶臭，水质极度恶化。全球有30多个国家和地区经常发生水华现象，因而是一种世界性公害。

而青海湖容纳周边河川的汇入，之所以能够维持一个相对干净而贫营养的水体①，一个重要原因就在于有裸鲤以刚毛藻为食，将绝大部分能量转化在鱼体身上，使青海湖水环境得到一定的净化。

（二）稳定青海湖"鱼鸟共生"系统的基础

青海湖周边栖息着大量珍稀鸟类，形成了闻名中外的青海湖鸟岛—鱼鸟共生生态链，吸引着大量的游客及鸟类专家前往观光考察。而形成此现象主要是由于每年5—8月是青海湖裸鲤洄游产卵的季节，鸟类有稳定的食物供给。

青海湖生态系统是由高原湖泊水体、岛屿、河流和湿地构成的"水生生物鱼类鸟类草原"复合生态共生体系，裸鲤资源量的衰减会直接危及湖区鸟类的数量和组成结构。"鱼引来了鸟—鸟激活了湖—湖繁衍了鱼"，形成了一个良性循环。青海湖裸鲤在维系"湖—鱼—鸟"生态链安全上发挥着无法替代的作用。

据鸟类管理部门统计，在实施"封湖育鱼"前青海湖有鸟类约163种，15万只，到2008年年底则有鸟类约193种，19万只，增长明显。我们有理由相信，这一积极变化与这些年对青海湖裸鲤的有效保护直接相关。

（三）维护生物多样性的重要角色

"生物多样性"这一概念是美国野生生物学家和保育学家雷蒙德1968年在《一个不同类型的国度》一书中首先使用的。根据1993年生效的联合国

---

① 刁玉美. 青海湖流域水环境状况分析及保护对策 [J]. 人民长江, 2014, 45（18）: 33–36.

《生物多样性公约》的定义，生物多样性指"所有来源的活的生物体中的变异性，这些来源包括陆地、海洋和其他水生生态系统及其所构成的生态综合体；这包括物种内、物种之间和生态系统的多样性"。

生物多样性的意义主要体现在：一方面，对人类来说，生物多样性具有重要的生态功能。在生态系统中，野生生物之间具有相互依存和相互制约的关系，它们共同维系着生态系统的结构和功能，提供了人类生存的基本条件，保护人类免受自然灾害和疾病之苦。野生生物一旦剧减，生态系统的稳定性就要遭到破坏，人类生存环境也就要受到影响。另一方面，生物多样性还具有较大的潜在使用价值。野生生物种类繁多，人类已经充分研究的只是极少数，大量野生生物的价值目前还不清楚。但可以肯定，这些野生生物具有巨大的潜在价值。一种野生生物一旦消失就无法再生，其潜在价值也就不复存在。因此，对目前尚不清楚其潜在使用价值的野生生物，同样应当珍惜和保护。

青海湖典型而独特，孕育了珍贵的动植物资源，是为数不多被收入《水禽栖息地国际重要湿地公约》的国际湿地。而裸鲤是青海湖亿万年形成发展过程中物竞天择下的唯一性物种，其生物多样性价值无法估量。

二、青海湖裸鲤资源大幅衰减的主要原因

据报道，青海湖裸鲤原始蕴藏量为 32 万吨。1958 年人们开始在青海湖进行大规模渔业开发活动，1960 年裸鲤产量达 2.8 万吨，整个 20 世纪 60 年代裸鲤的年均产量为 1.0 万吨，渔获物平均体长为 28.8 厘米，平均年龄为 10 龄，每百斤渔获物为 108 尾。进入 20 世纪 70 年代，裸鲤的蕴藏量明显下降，年均产量逐渐下降到 4400 吨左右，渔获物平均体长为 26.9 厘米，平均年龄为 8 龄，每百斤渔获物为 136 尾。20 世纪 90 年代年均产量跌至 2263 吨，渔获物平均体长为 24.0 厘米，平均年龄为 5 龄，每百斤渔获物为 286 尾。当时，裸鲤作为一种资源几乎失去开发价值。究其原因，主要有以下几个方面：

（一）湖水持续减少并变咸变碱

青海湖主要补给水源为高山融雪和大气降水。据资料显示，三四万年前

青海湖的水位大约比现在高 80 米。由于自然原因，入湖河流从 20 世纪 50 年代的 108 条锐减至近年来的不足 10 条，适于裸鲤产卵的仅余 4 条。湖水补给量小、蒸发量大，年亏水量 4.45 亿立方米，加之截流灌溉等更分流了大量入湖水量，导致湖水入不敷出，水位不断下降，面积不断缩小。1908 年至 2003 年，水位下降了约 13 米，湖面缩减 700 多平方千米。

与此同时，青海湖湖水的含盐量和碱度却不断上升。其含盐量已由 1956 年的 12.49 克/升上升到目前的 16 克/升，平均 pH 值由 9.0 上升到 9.2 以上。湖水含盐量和碱度的升高会造成饵料生物种类减少，直接影响鱼类的生长速度和繁殖能力。

(二) 产卵场遭到严重破坏

20 世纪 50—60 年代的大开荒运动对河道两侧植被的砍挖导致许多河流改道，河岸侵蚀及湖区水土流失。环湖 30 余处沼泽面积不断缩小，沙漠日益扩大。据监测，布哈河泥沙含量平均达每立方米 7.57 千克，洪水期更高。每年有 35.77 万吨泥沙随河入湖，河口三角洲的泥沙堆积以每年 200 米的速度向湖中推进。这导致入口抬高，水流呈扇形分流，影响产卵亲鱼[1]的洄游。此外，由于几条河流的主河道上大多修建了河坝，致使大量顺河而上的裸鲤无法到淡水中产卵却在河口地带结束生命。[2] 由于青海湖裸鲤必须到淡水中产卵繁殖，因而产卵环境的恶化是其生存面临的突出问题。

(三) 过度开发和偷捕滥捞

青海湖裸鲤自 1958 年被大规模开发以来，已累计产鱼 30 余万吨。1960—1962 年三年国民经济困难时期产量最高，青海湖裸鲤发挥了"以鱼代粮"的作用，挽救了许多人的生命，青海人民对此怀有深深的情感。当时，随着"猎山渔水"号令的发出，数万人进入环湖地区日夜不停地疯狂捕鱼。3 年的捕捞量将近 7.3 万吨，日捕捞量最高达到 80 吨。20 世纪 80—90 年代，偷捕

---

① 亲鱼，指发育到性成熟阶段，有繁殖能力的雄鱼或雌鱼，也叫种鱼。
② 现今主要河流上还有几座水坝，但每个水坝上都有过鱼通道。

滥捞现象有增无减，尤其在产卵期间，大量亲鱼聚集在河口而被偷捕人员抢捕一空。导致种群后备补充群体急剧减少，给资源增殖恢复造成极大困难。

三、多措并举保护及利用青海湖裸鲤

可喜的是，20 世纪 90 年代以来，一方面，青海湖水位下降趋势得到初步遏制，水位海拔高程升高 0.6 米，湖区面积增大 60.1 平方千米。另一方面，由各级政府主导实施了诸如加大增殖放流，严厉打击非法捕捞贩卖裸鲤的行为等系统保护。多管齐下，青海湖裸鲤蕴藏量明显上升。2015 年 8 月，青海省政府第四十八次常务会议指出，青海省裸鲤资源保护已取得很大成效，青海湖复合生态功能正在修复，青海湖裸鲤已成为我省具有社会、生态等多重效应的品牌。① 裸鲤资源已经从保护初期的 2592 吨恢复到 3.5 万吨。据估算，2020 年封湖期结束后，裸鲤资源大概能恢复到约 16 万吨。②

目前裸鲤的保护形势虽不能过分乐观，但发展势头还是不错的。这个大好局面的出现关键在行之有效的保护理念与举措。

（一）民众的保护意识

青海湖流域面积为 29661 平方千米，涵盖海西州天峻县、海南州共和县、海北州刚察县与海晏县三州四县。如果裸鲤的保护完全依靠政府，既不现实也不经济，所以当地民众是青海湖裸鲤保护的绝对主力，他们保护意识的强弱直接关系到裸鲤的保护力度。

2004 年青海湖流域总人口数为 8.56 万，其中藏族人数最多，约占总数的 68.61%。据有关研究，基于对龙神的敬畏，古代藏族对河流、湖泊、雨水等赋予神性，看作龙神的意志力去崇拜祭祀。在甘肃、青海一带藏区，有一种献祭仪式，即在夏季的某一吉日，凡部落内年长的男子，都来到江、湖、泉、井边，在巫师主持下，共同念经、煨桑，然后把装满各种物品的陶瓶（宝瓶）投放水中，意为献宝。据说这有两层用意：一是祭祀龙神，求其保佑；二是

---

① 罗连军. 保护青海湖裸鲤还须重拳加码 [N]. 青海日报，2015-08-06（003）.
② 张雅宁. 2020 年湟鱼数量将达约 16 万吨，是现在的近五倍 [N]. 西海都市报，2013-01-27（A2）.

清洁湖水，充足水源，保障丰收。青藏高原的湖泊既为藏族民众提供饮用水，又为牲口、草地、农田提供丰富的水资源，对藏族人民的生产生活有着不可或缺的作用和影响。基于泛灵论的观念，湖泊中水生生物的繁盛使他们认为湖泊也是有灵魂的，因而生成了许多湖泊生人的神话，又由于原始思维的主客体不分，彼此相互转换，因而产生了许多湖泊变人，人变湖泊的神话。而禁忌食鱼的习俗，在藏区各地普遍存在，其原因也有各种不同的说法。在玉树藏族民间，有的说这是佛门戒律，信民必须遵行。有的认为，鱼乃"鱼龙"，食鱼会触怒"鱼龙"，招致天降暴雨，地遭水患，故忌食。"对于藏族来讲，有关对神山神水的禁忌和'不杀生'的禁忌，已不仅仅是一种外在的社会规范，而是心理上的坚定信念。这种禁忌被一种不可抗拒的力量控制着，成为一种内化了的观念和行为，一种道德规范。就是说，只要触犯它，就会导致灾难。因此，严守此类禁忌是自然的行为，成为人们一种自觉的习惯行为。"[①] 在青海，所谓"藏族不吃鱼"甚至成为一种"常识"。无论是牧区的牧民，还是城镇居民都对此深信不疑，更不用说食用有着"圣湖精灵"之称的青海湖裸鲤了。

自国家及青海省全面保护青海湖裸鲤以来，当地其他民族群众的裸鲤保护意识也"水涨船高"。例如，2013年，海北州刚察县就组织了"万人拒吃湟鱼"的签名活动。2015年1月28日，刚察县沙柳河镇红山村村民自发组织举行渔具销毁大会，现场销毁渔网约1300条，以实际行动保护青海湖湟鱼。这个村村民以汉族为主，过去是一个"捕鱼村"，主要以捕捞湟鱼贩卖贴补家用，非法捕捞湟鱼的现象时有发生。现在，为保护湟鱼，村民能主动销毁违法犯罪工具，从捕鱼者变为护鱼者，其意义重大。

(二) 保护规则体系

所谓保护规则，主要指从国家到地方，各级机关颁布的涉及裸鲤保护的法律、行政法规、地方性法规、自治条例和单行条例、规章等。按照规则的地位与效力不同，可以分为国家层面与地方层面两大体系，其中最主要的规

---

① 南文渊. 高原藏族生态文化 [M]. 兰州：甘肃民族出版社，2002：54.

则包括：

首先，国家层面，青海湖裸鲤 1964 年就被当时的水产部列为我国重要或名贵水生经济动物；1979 年又被国务院发布的《水产资源繁殖保护条例》收录为我国重要或名贵水生动物；1994 年被《中国生物多样性保护行动计划》纳入鱼类优先保护种二级名录，即国家二级保护动物名录；2004 年被中国环境发展国际合作委员会定为濒危物种；2008 年被纳入国务院公布的重点保护水生野生动物名录。

其次，地方层面，无论是 1980 年青海省人民政府颁布的《青海省〈水产资源繁殖保护条例〉实施细则》，还是 1982 年青海省人民政府制定的《青海湖渔业资源增殖保护实施办法》，抑或是 1992 年颁布的《青海省实施〈中华人民共和国渔业法〉办法》都与青海湖裸鲤的保护有关。2003 年裸鲤更被列入青海省人民政府发布的《青海省重点保护水生野生动物名录（第一批）》，成为明令禁止捕捞的鱼类。

2003 年 5 月 30 日，青海省第十届人民代表大会常务委员会第二次会议通过了《青海湖流域生态环境保护条例》。该条例中有许多条款涉及甚至直接指向青海湖裸鲤保护。例如条例第 14 条第 2 款规定："在青海湖流域河道新建水利工程，不得影响青海湖裸鲤洄游产卵。"第 25 条："禁止任何单位和个人破坏珍贵、濒危陆生野生动物和水生生物的生息繁衍场所。"第 27 条："省人民政府应当采取措施保护青海湖裸鲤资源。"第 28 条："对影响青海湖裸鲤洄游产卵的水利工程，影响普氏原羚种群交流的网围栏的处理办法，由省人民政府规定。"第 37 条："非法捕捞青海湖裸鲤等水生生物的，由县级以上人民政府渔业行政管理部门责令停止违法行为，没收捕捞工具、捕捞物和违法所得，处以捕捞物价值 5 倍以上 10 倍以下的罚款。"

2013 年 5 月 30 日，青海省第十二届人民代表大会常务委员会第四次会议通过了《青海省湿地保护条例》，该条例第 3 条明确了青海省湿地种类为"天然或者人工形成、常年或者季节性积水、适宜野生生物生存、具有较强生态功能并依法认定的潮湿地域，主要包括盐沼地、泥炭地、沼泽化草甸等沼泽湿地和湖泊湿地、河流湿地、库塘湿地"。显然，青海湖裸鲤的栖息地在该条例保护范围内。第 18 条规定"具备下列条件之一的湿地，应当依法建立湿地自然保护区"，其第 4 项指出应当依法建立湿地自然保护区的包括"对动物洄游、繁殖有典型或者重要意义的区域"。第 24 条"湿地内禁止行为"的第 7 项禁止"破坏野生动物重要繁殖区及栖息地，破坏鱼类等水生生物洄游通道，采用灭绝性方式捕捞鱼类及其他水生生物"。第 39 条第 5 项还规定了明确的罚则："破坏野生动物重要繁殖区及栖息地，破坏鱼类等水生生物洄游通道的，处以一千元以上五千元以下的罚款；情节严重的，处以五千元以上二万元以下的罚款。"

上述法律法规，形成了一个从国家到地方全面立体的裸鲤保护规则体系，是我们从事青海湖裸鲤保护与利用的依据和保障。

（三）长期坚持的"封湖育鱼"

为保护青海湖生态环境，有效增加青海湖裸鲤资源量，1980 年青海省政府颁布《青海水产资源繁殖保护条例实施细则》，部署停止青海湖冬季冰鱼生产的实施方案，由此拉开了在青海湖"封湖育鱼"的序幕。

所谓"封湖育鱼"，根据青海省人民政府 1994 年 11 月 10 日正式发布《关于封湖育鱼的通告》第 2 条是指"封湖期间，除国营青海湖渔场严格按照指定的区域、时间及限额，深水捕捞少量湟鱼用于调节水产品市场外，禁止其他任何单位和个人到青海湖及湖区主要河流布哈河、泉吉河、沙柳河、哈尔盖河、黑马河及其支流等湟鱼产卵场所捕捞鲜鱼和冰鱼。违者，没收鱼货、渔具和非法所得，赔偿资源损失并处以罚款；情节严重，造成重大损失的，依法追究法律责任"。2000 年 1 月 1 日起生效的《青海省人民政府关于继续对青海湖封湖育鱼的通告》第 2 条对封湖育鱼的总体要求修改为"封湖期间，禁止任何单位、集体和个人到青海湖及湖区主要河流布哈河、泉吉河、沙柳河、哈尔盖河、黑马河、甘子河及其支流湟鱼产卵场所捕捞湟鱼。禁止任何单位、集体和个人以任何方式收购、拉运、储存、贩卖湟鱼。禁止湟鱼及其制品在市场上销售；宾馆、饭店等不得加工销售湟鱼。违反上述规定，渔政管理部门、青海湖自然保护区水上公安部门、工商管理部门将依法扣留车辆（船只），没收鱼货、渔具和违法所得，并处以罚款；情节严重，构成犯罪的，依法追究刑事责任"。两相比较，我们可以看出，后者规定得更全面、细致、严厉了。

至今青海省政府在青海湖区已经实施了五次封湖育鱼，相关数据总结如下：

次序	时间	限产量
第一次	1982 年 11 月—1984 年 11 月	4000 吨
第二次	1986 年 11 月—1989 年 11 月	2000 吨
第三次	1994 年 12 月—2000 年 12 月	700 吨
第四次	2001 年 1 月—2010 年 12 月	0 吨
第五次	2011 年 1 月—2020 年 12 月	0 吨

限产量从 4000 吨减少到 0 吨！显而易见，这种"釜底抽薪"式的保护措施对青海湖裸鲤资源的有效恢复与保护厥功至伟。

此外，随着青海湖禁渔工作的深化，市场上又出现了以"青海湖湟鱼"为名，买卖分布于扎陵湖和鄂陵湖的花斑裸鲤等我省重点保护水生野生动物的行为，严重影响封湖育鱼工作的成效。为贯彻青海省政府《关于继续对青海湖封湖育鱼的通告》和《玛多县人民政府关于对扎陵湖和鄂陵湖继续实行封湖育鱼的通知》精神，青海省政府对扎陵湖和鄂陵湖也实施了全面的"封湖育鱼"措施。

（四）科学的人工增殖放流

人工增殖放流是能快速补充生物群体数量、稳定物种种群结构、增加水生生物多样性的重要途径。青海湖裸鲤的增殖放流就是在裸鲤洄游时现场采集受精卵，人工授精，并在人工条件下流水孵化，等淡水池塘的鱼苗适应野外生存条件时，放流到原产卵河流中。

为强化青海湖裸鲤的人工增殖放流，2003 年 7 月青海省组建了青海湖裸鲤救护中心，内设青海湖裸鲤重点研究实验室、国家级青海湖裸鲤原种场、青海湖裸鲤人工增殖放流站，肩负起青海湖裸鲤的原种保存、种质检测、资源救护、增殖放流、生态环境及渔业资源普查监测任务。经过几年试运行，自 2002 年以来，该中心开始大规模人工增殖放流青海湖裸鲤，十几年来，放流青海湖裸鲤原种 1+龄鱼种 7600 万尾，对青海湖裸鲤资源恢复的贡献率达 22.3%。

（五）建立在保护之上的合理利用

青海湖裸鲤的保护与其他生态环境保护工程一样，应该将保护建立在合理利用的基础之上，这样才能让保护主体更有动力，事半功倍。要想让青海湖裸鲤为青海的社会发展增辉，就要让裸鲤的生态价值、旅游价值得到充分发挥。

青海湖裸鲤浑身是宝。其内脏脱毒处理后是优质动物蛋白质的来源。裸鲤体内含有丰富的鱼油，占体重 3%~5%，且集中分布在内脏周围和头部，易于提取，其不饱和脂肪酸含量高，是制革与制药工业的重要原料；精制的鱼油还是高档润滑剂，可用于飞机和机床的润滑。裸鲤的性腺和内脏含有复合的生物毒素，是蛋白质和糖类复合体，可用于医疗。

研究表明，裸鲤角膜可替代稀缺的人眼角膜，是人类角膜移植的替代材料。例如，单纯疱疹性角膜溃疡症是一种难治的眼病。从 20 世纪 50 年代开始，人们用同种异体角膜移植治疗单纯疱疹性角膜溃疡，由于同种异体角膜移植彻底消除了病变的溃疡组织，恢复正常的角膜结构，目前来讲是治疗单纯疱疹性角膜溃疡的最佳方法。但人眼角膜材料来源困难，阻碍了该技术的发展，许多患者为此付出了失明或丧失眼球的代价，能否用其他组织材料替代是当今眼科工作者需要研究解决的重要课题。而青海湖裸鲤生活在高原湖泊，耐氧性好、成活率高，它同别的哺乳动物角膜同样具有组织系的各层特性，裸鲤角膜有希望成为板层角膜移植治疗单纯疱疹性角膜溃疡的代用材料，随着这项技术工作的展开，将开拓异种异体板层角膜移植的新前景。[1] 青海省武警医院用湟鱼角膜移植技术治疗白内障获得成功，已经开始用于临床，让数十名角膜溃疡患者重见光明。[2]

---

[1] 王元贵，黄新民，王佐祥，等. 湟鱼角膜移植治疗单孢病毒性角膜溃疡临床研究 [J]. 国际眼科杂志，2009，9 (10)：1984-1985.

[2] 黎昌政，钱荣，马娜. 重读青海湖："救命鱼"传奇 [EB/OL]. 中国水网，2001-10-25.

此外，笔者认为，青海海北州刚察县打造的"湟鱼家园"工程在这方面是个亮点与有益尝试。刚察县政府所在地的沙柳河地区每年夏季6—8月都有大量青海湖裸鲤逆流而上，在数十里的河道挤满排卵，形成"半河清水半河鱼"的奇特景观。同时，每年来这里观光旅游、转祥和塔、祈福放生的人们络绎不绝。为此，2010年，刚察县委、县政府实施了占地总面积23000平方米，总投资1759万元的"沙柳河景区湟鱼家园生态保护项目"，将裸鲤保护与经济发展巧妙结合。每逢裸鲤洄游产卵季节，刚察县都要在湟鱼家园举行"青海湖观鱼放生节"，游客不仅能观赏青海湖裸鲤洄游产卵的壮观景象，还可以亲手将裸鲤鱼苗放生，充分感受佛教禁止杀生、护生放生、普度众生、利乐有情的观念，取得了经济效益与社会效益的"双赢"。

以上这些例子都是"建立在保护之上的合理利用"的典范，值得我们总结经验并加以推广。

四、对青海湖裸鲤保护与利用举措的评估

多年来，青海省各地各有关部门积极坚持群防群治、齐抓共管、打防结合、综合治理，全省封湖育鱼工作取得了较好的成效。同时，强化制度建设，规范执法行为。建立健全了以规范办案程序为重点的办案制度、以公正执法为目标的内外监制度和以加强队伍建设为中心的执法工作考核制度，从源头上防止渔政执法人员滥用和误用行政处罚权。此外，还加强了对三江源地区渔业资源的保护工作，从源头和市场两头抓，遏制滥捕乱捞现象。得益于此，公开非法捕捞青海湖裸鲤的违法行为得到有效遏制。

当然，在青海湖裸鲤的保护方面，我们一刻也不能松懈，绝不能让历史重演。在这方面还有很多工作我们应该做、可以做。

第一，虽然作为一种资源，裸鲤应该被有限开发且开发利用前景很好，但目前距离恢复有限开发的底线尚有很大距离。按照国际通行标准，在一个渔业资源量曾经衰竭过的湖泊恢复商业性捕捞，其资源量要达到原始资源量的50%以上才行。青海湖裸鲤的原始资源量是32万吨6.9亿尾，也就是说，在青海湖要恢复有限开发，裸鲤的资源量必须达到16万吨3.5亿尾以上，而目前只有1.233亿尾左右。

第二，虽然青海湖水面有所上升，但目前青海湖周边生态环境还相当脆弱。所以，如何保住甚至扩容青海湖是最大也是最难的问题。因为这里涉及方方面面，不是光靠当地、靠青海省就能解决的。裸鲤的问题、青海湖的问题是全国人民的问题，甚至是全人类的问题。

首先，引调外部水源维持湖水平衡，重视水域环境规划，加强水域监测。青海湖地区是缺水区，而湖盆邻近地区有大通河水系、龙羊峡水库及布哈河上游大量的固体水源——冰川，水资源相对丰富。我们可以引调一部分水资源济湖，例如"引大（大通河）济湖（青海湖）"。同时，要重视水域规划，利用好现有资源，有计划地取水用水，实行水资源有偿使用，禁止任意截流，防止湖水水位下降。按渔业用水标准严格控制相关水系的环境功能标准，以达到保护青海湖裸鲤资源的目的。

其次，保护和扩大青海湖裸鲤产卵场。布哈河目前是湖区最好的一条产卵河道，必须采取强有力的保护措施。同时要对布哈河等河流进行人工改造，使其更适合裸鲤产卵。扩大产卵场，修整"坐水坑"，以防断流时亲鱼因干涸而死。同时，在裸鲤的主要产卵场改良和增设人工增殖放流站，改善裸鲤繁殖条件，建设过鱼道设施，提高青海湖裸鲤鱼苗成活率。

最后，治理河道，保持水土，恢复湖区植被。对布哈河等河道进行整治，以植草种树为主、修筑防冲防洪石坝为辅，保护河道，减轻河道侵蚀及河岸坡、阶地水土流失，减少河流输沙量，保持河道畅通。对严重水土流失区人工补插或飞播、封滩育草、营造护牧林、蓄水保土恢复植被，增加地下径流，减少蒸发，改善生态环境。①

第三，截至2015年8月，青海省各级渔业执法人员查处渔政案件1568起，销毁非法捕捞船只104艘，销毁网具2.7万盘，已有89人因偷捕、贩运、销售裸鲤受到刑事处罚。② 但非法捕捞、加工、运销裸鲤的活动仍时有发生。所以对非法捕捞裸鲤的行为仍然要"严厉打击"。

有观点认为，由于青海湖裸鲤只是国家二级保护动物暨青海省省级重点

---

① 史建全. 青海湖裸鲤研究现状与资源保护对策［J］. 青海科技，2008（05）：13-16.
② 罗连军. 保护青海湖裸鲤还须重拳加码［N］. 青海日报，2015-08-06（003）.

水生保护动物，所以，非法捕捞裸鲤，充其量只能按非法捕捞水产品罪定罪量刑，根据刑法，犯本罪，情节严重的，处三年以下有期徒刑、拘役、管制或者罚金。貌似打击、震慑力度不够大。对此观点，意大利法学家、近代资产阶级刑法学鼻祖贝卡利亚（1738—1794）早就有一个著名论断："对犯罪最强有力的约束力量不是刑罚的严酷性，而是刑罚的必定性……因为，即便是最小的恶果，一旦成了确定的，就总令人心悸。"① 对非法捕捞裸鲤的犯罪分子，刑罚不是越严厉越管用，而是"越管用越严厉"。何况"罪责刑相适应"是我国刑法的三大原则之一，我们切莫"病急乱投医"，当务之急是通过一个个具体案件的处理明白无误地告诉心存侥幸的人们"莫伸手，伸手必被捉"。与其寄希望于"严刑峻罚"，不如落实"有罪必罚"。

第四，虽说当地民众保护裸鲤的积极性很高，但某种意义上说，民众的积极性如果得不到官方的肯定与保护是比较容易被挫伤的。或许民众的法律认知不够全面与清晰，对某些具体问题要就事论事。但保护裸鲤的积极性难能可贵，作为社会管理者的相关部门是不是应该因势利导，保护并发挥呢？与此相关，单打独斗式地自发保护成效有限而且比较危险，容易产生一些副作用，目前在环境保护方面比较通行的做法是建立民间环保公益组织，在这方面我们比起发达国家和地区还有很大的距离。

据调研，个别政府官员对公众参与青海湖湿地生态环境保护（包括裸鲤的保护）在观念上还存在一定的误解，对环境保护公益组织的活动是不认可的甚至有一定的排斥心理。这些都是亟须改变的。

综上所述，笔者认为这些都属于正常现象，"法网恢恢疏而不漏"，非法捕捞、买卖裸鲤的行为不可能完全禁绝。我们既要关注细节更要看"大势"，目前大势总体向好是不争的事实。所以，对青海湖裸鲤的保护，笔者还是"谨慎乐观"的。作为一个曾经濒临灭绝的物种，经过近 20 年的全面保护，在人类可控的范围内，青海湖裸鲤的生存状况越来越好，至少是度过了最危险的时候。当下，保护裸鲤的观念已经深入许多人的内心，保护裸鲤的规章

---

① 切萨雷·贝卡利亚. 论犯罪与刑罚［M］. 黄风，译. 北京：中国大百科全书出版社，1993：59.

制度日益严密，保护裸鲤的科学措施正在稳步推进。

参考文献：

[1] 刁玉美. 青海湖流域水环境状况分析及保护对策 [J]. 人民长江，2014，45（18）：33-36.

[2] 王元贵，黄新民，王佐祥，等. 湟鱼角膜移植治疗单疱病毒性角膜溃疡临床研究 [J]. 国际眼科杂志，2009，9（10）：1984-1985.

[3] 史建全. 青海湖裸鲤研究现状与资源保护对策 [J]. 青海科技，2008（05）：13-16.

[4] 罗连军. 保护青海湖裸鲤还须重拳加码 [N]. 青海日报，2015-08-06（003）.

[5] 南文渊. 高原藏族生态文化 [M]. 兰州：甘肃民族出版社，2002.

[6] 切萨雷·贝卡利亚. 论犯罪与刑罚 [M]. 黄风，译. 北京：中国大百科全书出版社，1993.

[7] 黎昌政，钱荣，马娜. 重读青海湖："救命鱼"传奇 [EB/OL]. 中国水网，2001-10-25.

[8] 李维长. 国际生态旅游发展概况 [J]. 世界林业研究，2002（04）：7-14.

青藏高原生态旅游法制建设探讨

才让塔①

内容摘要：随着青藏高原旅游业的发展，旅游产业在青海省和西藏自治区所占比重不断加大，但同时旅游对环境带来的影响已成为一个不容忽视的问题，如何做好旅游经济与环境保护是我们面临的机遇与挑战，因而有必要加强对旅游产业规范化，实现与经济的双赢。本文对两省区的旅游现状及对环境的影响进行了分析，从法制角度提出如何解决问题与矛盾，更好地促进青藏高原旅游产业发展与生态保护。

关键词：青藏高原；旅游；生态；法制

自 20 世纪 50 年代以来，随着世界各国经济的发展，旅游活动越来越普及，旅游业改变了人类生活质量，推动着世界各国、各民族和地区的社会、经济、文化、法律、民俗等交流与交融，从而促进人类和谐文明的成长和飞跃。旅游经济国际化、旅游种类多样化以及对生态环境的保护凸显旅游法制的重要性，针对这一根本性问题，建设有中国特色的旅游法制显得尤为重要。加快旅游立法是中国旅游经济发展和旅游法制化建设的重要课题，也是中国经济社会建设的重要目标之一。青藏高原旅游资源的丰富性、原始性、独特性、垄断性和地区分布差异性，构成了世界级的旅游资源，是青藏高原经济发展的优势所在。

---

① 作者简介：才让塔（1968— ），男，藏族，青海省同仁县人。教授，主要研究方向：宪法、行政法。

青藏铁路的开通促进了青藏高原的旅游经济，也带动了青藏高原的旅游相关产业经济的快速发展，同时青藏旅游也成为西部旅游的重要品牌。随着西部大开发战略的实施和改革开放的不断深化，青藏高原旅游业遇到了一次空前的、绝好的发展机遇。2019 年青海省统计局统计信息显示，全年接待国内外游客 5080.17 万人次，比上年增长 20.8%。其中，国内游客 5072.86 万人次，实现旅游总收入 561.33 亿元①，而 2001 年全省累计旅游收入 13.45 亿元。西藏 2019 年全年接待国内外游客突破 4000 万人次，收入约达 560 亿元②，2015 年约 280 亿元，4 年后增长一倍。统计数据显示，2011 年至 2019 年，西藏自治区年接待游客数量从 869.76 万人次增加到 4012.15 万人次，年均增速超过 21.9%。2019 年，青海民航旅客年吞吐量突破 800 万人次，连续 4 年实现每年 "百万量级" 增长。③ 可见，两省区在西部开发和青藏铁路开通的良好环境下，旅游收入有了很大的提高，促进了地方经济的发展和小康社会的建设。

图 1 2014—2019 年青海省旅游总收入及增速

① 青海省统计局，国家统计局青海调查总队. 青海省 2019 年国民经济和社会发展统计公报 [N]. 青海日报，2020-02-28 (006).

② 鲜敢. 西藏 2019 全年接待游客超 4000 万人次旅游收入 560 亿元 [EB/OL]. 人民网，2020-01-08.

③ 王大千，张军. 青藏高原正成为中国热门旅游目的地 [EB/OL]. 新华社新媒体，2020-07-05.

图 2　2013—2019 年西藏自治区接待旅游者人数及旅游总收入

　　旅游业是依人文环境和自然环境进行经营的产业，旅游业发展的程度高低是由区域环境决定的，因而旅游环境直接影响着旅游业的发展。青藏高原旅游在旅游业开始初期，因其行业规模较小、游客数量较小，旅游活动与环境之间的矛盾并不突出。但随着我国经济的快速发展，青藏铁路开通，人们生活水平不断提高，青藏高原旅游的人数不断增加，使得旅游企业和相关行业不断增多，由于旅游业产业规模的不断扩大，旅游活动范围和强度的增加，旅游活动和旅游业对周围环境的影响明显增强，旅游活动对生态环境的污染和破坏日趋严重，青藏高原的旅游资源正遭受缓慢的侵蚀与破坏，使本来普遍脆弱的生态环境面临着新的危机与挑战，尤其是一些旅游企业不合理的开发经营，不但使原来的自然资源未得到合理开发与利用，而且使当地的生态环境更趋恶化。因此，旅游资源的开发经营与生态环境保护是在青藏高原经济发展中必须重视的问题，青藏高原生态环境直接影响中下游水资源的使用和人们的生存状态，同时青藏高原生态的退化导致世界珍稀野生动植物的消失，也影响区域经济的协调发展，乃至影响全球的气候变化。为此，有必要加强青藏高原旅游法制建设，规范旅游行业，防止无序的旅游业对自然环境的污染和破坏，同时规范政府行为，减少政府任意行为，更好地促进青藏高原旅游业的可持续发展。

一、旅游法制建设在青藏高原生态保护中的意义

(一) 旅游法制建设能够引导旅游产业向生态保护的方向发展

市场经济也是法制经济，法制必须引领和规范市场的行为，才能使市场向正确的方向发展。旅游行业也是如此，不进行科学合理的规范，有可能对社会、文化及生态环境带来负面的影响，只有通过法制才能更好地存在和发展。一些旅游行业发展得比较好、比较快，同时社会、经济、环境效益比较明显的国家和地区相应的旅游法制也较完善，能够有效地引导旅游向生态保护的方向发展。例如，1916 年，美国通过了关于成立国家公园管理局的法案，国家公园的管理纳入了法制化的轨道；1923 年芬兰颁布了《自然保护法》；英国 1993 年通过《国家公园保护法》，旨在加强对自然景观、生态环境的保护；自 1992 年里约会议以后，日本就制定了《环境基本法》；美国 1994 年制定了《国家生态旅游发展规划》，指导鼓励人们参加生态旅游，到 2000 年约有 4800 人参加生态旅游，1/5 的家庭收入用于森林游憩，总花费 3000 亿美元①。通过以上例证说明，以政策和立法的形式能够引导旅游向生态环保的方面发展，促进当地旅游业的可持续发展。

(二) 旅游法制建设能促进人们生态环保意识的树立和规范旅游行为

西方发达国家旅游业经过多年发展已形成较为成熟的旅游模式，规定并提倡：旅游交通以步行为主，旅游开发避免大兴土木，接待设施尽量简要，开展喜闻乐见的生态保护旅游活动，让旅客在愉悦中接受和增强生态环保意识，认知和保护天然的乐园。美国采取了轮歇式的旅游管理措施，保护旅游环境资源，保证了可持续发展。青藏高原旅游法制建设中通过借鉴这些经验，在旅游项目的批准和建设中，建立合理科学的旨在保护旅游环境的旅游立法和旅游项目，就能使旅客感知保护自然生态环境的重要性，从而树立环保意识和环保观念。

---

① 李维长. 国际生态旅游发展概况 [J]. 世界林业研究, 2002 (04): 7-14.

（三）旅游法制建设能够协调社会、经济、环境关系的平衡与发展

旅游是我国经济发展中新兴的产业，青藏高原的旅游业在西部开发战略实施和青藏铁路开通的大好环境下迅速发展，旅游对促进旅游经济乃至社会经济的发展作用巨大。但由于青藏高原生态环境的脆弱性，旅游对生态环境的影响也是显而易见的。如果开发与处理不当就会引发社会和环境问题。有些国家和地区由于在旅游开发阶段，没有进行科学合理的开发并以法制予以规范，一些著名自然风景区和人文景区出现资源遭到破坏、环境污染等现象。因而，以旅游为主的国家和地区以及国内旅游发达省份在充分考虑社会、经济、环境的基础上都纷纷制定和出台有关规范旅游行业的立法，对环境保护在旅游立法和规划上做了明确规定，注重效益与环境保护并举，较好地促进了旅游与经济、社会、环境的协调发展。

（四）国家《中华人民共和国旅游法》（简称《旅游法》）的出台在生态环境保护方面的规定及贡献

新出台的《旅游法》是对我国旅游发展30多年的经验总结，是促进旅游业健康、有序、科学发展的保障，为我国实现深化旅游业改革开放、加快转变旅游发展方式提供了法律支撑，标志着我国旅游业进入全面依法治旅、依法兴旅的时期。此次制定的《旅游法》很大的亮点就是明确规定了促进生态旅游的举措。在对旅游者的规定中要求"旅游者在旅游活动中应当爱护旅游资源，保护生态环境"，在对旅游规划与促进的规定中强调"旅游发展规划应当包括旅游资源保护和利用的要求和措施"。此外，在旅游经营中提出"有必要的环境保护设施和生态保护措施""景区接待旅游者不得超过景区主管部门核定的最大承载量"等，可以看出《旅游法》对于旅游资源与生态环境保护的重视。由于我国多数旅游资源对于生态环境的依赖，许多地方的旅游已将自然生态环境作为一种主导型旅游资源进行开发。旅游在拉动经济发展的同时对生态环境也构成了一定威胁，严重的有可能会破坏环境。所以，保护生态环境就是在保护旅游生产力。因此，从《旅游法》的规定可以看出，大力发展强调保护生态环境与谋富当地社区居民的生态旅游，是今后旅游经济发

展的重点。①

二、青藏高原旅游资源及旅游对生态环境的影响

青藏高原约占我国陆地面积的四分之一，约 230 万平方千米，是世界上海拔最高、地形最复杂的高原，也是地球上隆起最年轻的高原，平均海拔高度在 4000 米以上，有"世界第三极"之称。通过几千万年地球的地壳运动，形成独特的生物种群和丰富多样的自然景观。自从有人类活动以来，生活在这片高原上的人们用自己的智慧和勤劳的双手创造了独特的民族文化。青藏高原因其神奇壮美的自然景观和人文景观，成为当今世界人们最为关注的热点地区，同时也成为全球旅游者向往的神奇旅游处女地。随着西部大开发战略的实施和改革开放的不断深化，青藏高原旅游业遇到了一次空前的、绝好的发展机遇。青海省有独特的高原生态旅游优势。青海省拥有丰富的旅游资源，有塔尔寺、瞿坛寺、西海郡古城、马场垣遗址、热水吐蕃古墓群及隆务寺 6 处国家重点文化保护单位，三江源、可可西里、青海湖鸟岛、玉树隆宝滩、孟达天池 5 处国家自然保护区，以及北山和坎布拉 2 处国家森林公园。从资源的品位度来看，气候生物类、水文类、地理类以及历史遗产类占有较高的比重，是青海省独具魅力的旅游资源。西藏的自然旅游资源也非常丰富，已对外开放县市 5 个、山峰 43 座、国家级名胜风景区 4 个、国家级历史文化名城 2 座、国家级重点文物保护单位 13 个、自治区级文物保护单位 11 个、参观旅游点 40 多处。同时，1300 多年的悠久历史孕育了"雪域高原"深厚的文化底蕴，丰富多彩的人文旅游资源已成为西藏旅游发展的最大亮点。但这几年随着旅游经济的开发和旅游人数的增多，给两省区的生态环境带来较大的危害。

第一，在旅游景点（区）和基础设施项目建设中，由于环保意识不够，采取掠夺性开发和粗放式经营，大量砍伐森林，破坏植被、山川湖泊和动植物生存条件等。如 2004 年在青海湖建造的豪华游轮，被中科院院士向国务院提出会对青海湖的环境造成破坏，因此被停建。在景点开发过程中，由于没

---

① 钟林生.《旅游法》对生态旅游提出更高要求 [N]. 中国旅游报，2013-07-29 (007).

有意识到环境污染问题，排放废水、废气、废渣、生活垃圾，加剧了水体和空气的污染，以生态环境破坏为代价来发展旅游业。有的旅游景点进行无证经营或没有进行环境论证就进行开发经营。

第二，过度开发，一些重要景区游客容量超负荷经营，一些保护区已出现人满为患的现象。据中国人与生物圈国家委员会对保护区旅游现状调查显示：已有22%的自然保护区由于开展旅游而造成保护对象的破坏，11%出现旅游资源退化。① 如青藏铁路开通后到西藏旅游的人数过多导致旅馆、饭店和旅游景区爆满，同时在青海旅游景区旅游的人数也不断攀升，对高原城市和自然生态环境带来影响，如何处理好旅游发展对环境带来的影响也是我们要正视的问题。

第三，一些游客行为不规范，不遵守有关法律规定或任意污染环境，同时旅游景区和旅游运输部门对垃圾的回收不当，造成环境污染。这几年来青藏高原旅游的人成倍增长，而青藏高原的旅游项目以自然景观和人文景观为主，对旅游人数的增加给景区和环境带来的垃圾处理不当，造成污染。一些游客在旅途中随意丢弃垃圾，造成公路两边的垃圾增多，如在川藏线公路两边有很多白色垃圾。大量游客随身携带着各种塑料质的食品袋、一次性餐具等，用完之后就随地乱扔，对环境造成了极大污染。如在青海湖旅游乱扔的塑料食品袋造成湖边牛羊和野生动物的死亡。

第四，随着私家车的增多，到青藏高原的自驾游游客与日俱增，如在2014年10月底有61.23万辆自驾车驰骋畅游大美青海，自驾车游客量近260万人次②，而且大部分自驾游都会驱车到旅游景区，但有的车辆随意进入旅游生态核心重点保护区，对植被、草地都带来较大的危害，车辆的燃油、润滑油的泄漏也对环境造成破坏。

通过以上可以看出，如果生态环境被破坏了，旅游资源将不复存在，旅

---

① 洪贺. 论我国生态旅游的现状及其发展 [C] //国家林业局，中国法学会环境资源法学研究会，重庆大学. 林业、森林与野生动植物资源保护法制建设研究——2004年中国环境资源法学研讨会（年会）论文集（第三册）. 重庆：2004年中国环境资源法学研讨会（年会），2004：6.

② 张利峰. 青海高原自驾游今年驰骋市场10个月迎接自驾游车辆61.23万辆 [EB/OL]. 新华网，2014-11-30.

游业就成了无源之水、无本之木。那种把经济利益摆在首位，不惜以消耗生态资源和破坏环境为代价来获取利润的做法，必须予以摒弃。因此，必须通过法律来规制旅游行业对生态环境所带来的问题，对有关旅游企业和有关行业在旅游资源方面的权利、义务和责任做出规定，将人们的行为限制在法律政策允许的范围内，同时引导有关企业在旅游资源开发建设利用上的行动，以利于他们尽到相关的生态环境保护义务，促进旅游业的健康发展。

三、青藏高原旅游法制的现状

近年来，青藏高原的旅游法制建设随西部大开发的政策实施和全国旅游法制建设方针的指引，坚持开发和发展并重，逐步建立了旅游法规和执法体系，使旅游业走上了规范化和法制化的轨道。

第一，加强了地方旅游立法。青海省和西藏自治区借鉴内地各省市的旅游立法经验，结合本地区旅游业发展的实际情况和特色，相继颁布了地方旅游法规和相配套的规范性文件，出台了地方性行业法规。如《青海省旅游条例》《青海湖旅游区管理条例》《塔尔寺旅游服务地方标准》等；西藏自治区政府和旅游局根据西藏的实际情况制定了《西藏自治区旅游管理条例》《西藏自治区登山条例》《关于加强零散旅游管理工作若干问题的暂行规定》《关于进一步加强山岳旅游资源管理有关事宜的规定》等条例和政府规章。这些法规和规章的制定、实施有力地推动了青藏高原的旅游法制建设，促进了旅游业的全面发展。

第二，制订了旅游立法发展规划。如青海省制定的《2001—2020年青海省旅游业发展与布局总体规划》中就有关于加快旅游立法的规划，逐步制定规章和条例，将旅游业发展纳入法制建设轨道。西藏自治区在国家的高度重视下，在2005年国家旅游局和西藏自治区政府联合编制的中国第一部《西藏旅游规划》中制定了未来15年西藏旅游发展的具体目标。

第三，加强旅游法规的执法力度。2000年以来青海省认真实施《青海省旅游条例》和《导游人员管理条例》，加强对旅游行业和导游的管理，规范旅游市场秩序。西藏自治区各级旅游质监部门加大执法力度，着重对星级宾馆（饭店）、旅游景区（点）和旅游商场等相关旅游服务单位采取定期与不定期的方式进行专项检查，对旅游车辆、旅游团队、导游人员、旅游购物场所等进行检查和整顿；先后制订了《"五一"旅游黄金周行动方案》《旅游执法检查方案》，加大对旅游市场的整治，通过规范旅游经营行为和采取切实可行的措施，有效打击了西藏旅游业的违规、违法经营行为，减少了旅游投诉，净化了旅游市场环境。

第四，认真开展旅游法制的宣传教育，在一定程度上提高了旅游行业和有关人员的法律意识。两省区根据国家的普法宣传，有计划地组织旅游行业开展旅游法规的普法教育，以国家的旅游法律法规为重点，普及旅游法律知识，增强法律意识。根据不同地区的实际情况开展了法制宣传工作，增强了旅游行业的守法意识，为实现旅游行业法制化和规范化营造了良好的环境。

四、青藏高原旅游法制建设在生态保护中存在的问题

由于旅游业的发展对生态环境的影响是巨大的，因此，单靠发展初期制定的一些法规及规章已远远不能适应时代和社会发展的要求，只有结合国家的环境保护政策，不断制定和完善青藏高原旅游立法，全面规范和整顿旅游市场，消除市场开发和发展给旅游业和生态环境带来的负面影响，才能促进青藏高原旅游业朝着生态与经济、民族文化与社会文化共同发展的道路前进。青藏高原现行的旅游法律制度仍然存在一些问题，主要表现在以下几个方面：

第一，各个地方对于旅游发展和生态保护没有与国家颁布的《旅游法》进行很好的衔接，从而导致旅游发展和环境保护的无序状态。

在国家还没有出台《旅游法》前，也未有一部具有足够权威的法律或法规在章节中来规范旅游开发对生态环境影响的行为，也影响了地方的旅游生态立法。在现有的法律体系中，除了《风景名胜区管理暂行条例》有些针对旅游开发管理的规定外，我国《森林法》《草原法》《水法》《固体废物污染环境防治法》等环境法规对环境问题只是概括性规定，并没有涉及旅游生态保护。两省区对旅游立法也缺乏对生态保护的内容，地方出台的旅游立法中很少有触及生态保护的规定。

第二，规划不合理，未考虑环境影响，对旅游行业的主管部门和相关单位没有相应的专业人员管理，导致旅游项目缺乏对生态的保护和旅游效益

低下。

两省区在旅游景区开发过程中缺乏正确的总体规划，项目重复建设现象尤为突出。什么项目只要赚钱就一窝蜂而上，不考虑长远利益。从而使旅游的决策呈现主观性，规划设计呈现随意性，开发呈现混乱性，实施经济效益至上性。部分规划方旅游规划目标不明确，片面追求经济利益，只把独特的自然风光和施工的可行性纳入规划之中，将最大限度获得经济效益作为出发点，完全忽视对生态环境的影响。开办旅游的自然保护区环境污染问题日趋严重，目前已有44%存在垃圾公害，12%出现水污染，11%有噪声污染，3%有空气污染。① 同时在我国学历教育以及普及性大众教育中，生态保护教育几乎还是空白，无论是政府领导或是有关管理人员，还是导游和旅游区群众的生态保护意识都不强。许多地方旅游企业从本位主义出发，无视旅游业发展的客观规律及社会效益和环境效益，从而影响旅游对生态环境的保护和可持续发展。

第三，管理制度混乱，权责不清，监管不力。

目前旅游业的管理是由旅游局负责，但旅游资源开发、风景区的建设和管理由建设部门、林业部门负责，环境污染破坏问题由环保部门负责等，形成了多头管理的局面。在两省区也如此，各级部门平级，在管理上不具有权威性、一致性，各部门各自为政，不能协调。在一个旅游区的范围内，往往存在多个相对独立的管理机构，如国土、林业、文物、水利等不同部门，这些不同的部门往往有着不同的管理权限和管理重点。这就使得生态旅游区内部管理职权分散，无法实现系统管理。由于监管不力，不少地方政府、旅游开发商和旅游经营部门为了满足旅游需求，以经济利益为中心，热衷于在风景区内大兴土木，筑路修桥，兴建桑拿、舞厅之类一应俱全的星级宾馆和饭店，导致景区商业氛围浓重，极大破坏了景区的自然风光。同时没有专门的监管机构和监管人员，违法行为往往得不到及时处罚和纠正，导致旅游对生

① 洪贺. 论我国生态旅游的现状及其发展［C］//国家林业局，中国法学会环境资源法学研究会，重庆大学. 林业、森林与野生动植物资源保护法制建设研究——2004 年中国环境资源法学研讨会（年会）论文集（第三册）. 重庆：2004 年中国环境资源法学研讨会（年会），2004：6.

态环境的负面影响加大。

第四，经济利益至上导致思想观念错误，旅游环保意识不强。

长期以来，我国主要沿用以大量消耗资源和粗放型经营为特点的传统发展战略。片面追求国民生产总值的提高，忽视对资源的保护，旅游业也是沿用这种模式，对旅游资源开发利用存在一些错误的思想和观念。首先是以经济效益为中心的错误观念。"旅游业是低投入、高产出的劳动密集型产业，投资少、见效快"的指导思想，误导各级的旅游开发，走出了一条高投入、高消耗、高污染、低产出的粗放型路子。其次是"无烟工业"的误导。"旅游业是无烟工业，不像其他产业那样对环境造成污染"这种观念一度很流行，在一定程度上指导着中国各地各部门旅游资源的开发和利用，环境学家、生态学家微弱的呼吁没能产生实质的影响，其结果是旅游资源的开发超载，旅游业发展出现失控现象。①

五、青藏高原旅游法制建设对生态保护的措施和对策

理论和实践证明，青藏高原发展旅游必须加强旅游法制建设，保护生态环境，确保可持续发展，这是事关两省区经济与社会发展的重要课题。因此，笔者认为青藏高原旅游法制建设必须从以下几个方面进行：

第一，以国家《旅游法》为依据，对已有的地方旅游规范性文件进行修改，补充和完善旅游生态环境立法内容，规范旅游行为，保护生态环境。

依据《旅游法》中有关生态旅游的规定，结合两省区的实际和问题修改现有的旅游地方条例，确定有关生态旅游的立法。虽然青海和西藏两省区都已制定了地方的旅游条例，但在内容上看，涉及生态旅游方面的规定很少，如青海省2016年新修订的《青海省旅游条例》中规定"发展旅游业应当符合生态文明建设要求，突出青海地域特色，遵循政府引导、市场运作、社会参与、行业自律原则，实现社会、经济和生态效益相统一"，并没有突出生态旅游规范的要求，在法律责任当中也没有明确相关的责任。因此，依据《旅游

---

① 赵静，张树兴. 云南旅游资源不合理开发对生态环境的影响及其法律对策［C］//中国法学会，武汉大学. 2005年中国法学会环境资源法学研究会（年会）论文集. 武汉：2005年中国法学会环境资源法学研究会（年会），2005.

法》的相关规定，确定生态旅游的原则、内容，在法律规章中明确旅游企业、经营者对生态保护的责任，同时规定政府和旅游主管部门对生态保护的责任，对破坏生态环境的旅游企业坚决予以追究责任。要根据生态旅游业发展的需要，抓紧已经出台的规章制度的配套、完善工作，使其具有可操作性，能够真正落实对环境和资源的保护。笔者认为对相关内容进行修改或者制定政府规章将旅游生态保护的内容写入有关制度中，制定旅游资源开发利用的专项法规，规范旅游资源开发行为，加大对环境污染破坏的处罚力度，这样才能更好地保护高原的生态环境。

第二，科学规划，有序开发，防止不合理的旅游开发，确保旅游经济的可持续发展。

做好旅游开发规划，贯彻资源和环境保护的思想，这不仅是使开发取得成功的保障，也是预防资源和环境遭到破坏的重要措施。如《青海湖旅游规划》通过国家有关部门的审查和验收，并成立了青海湖管理局。但针对旅游景区的生态保护方面还是欠缺的，没有整体的规划旅游生态保护的措施和制度。因此，两省区在制订旅游区总体规划时，必须结合青藏高原环境的特点对旅游区的地质资源、生物资源和涉及环境质量的各类资源进行认真的调查，以便针对开展旅游活动所带来的环境损害进行评估，对在旅游景区经营和开发的旅游企业进行环保测评，并采取积极措施，消除或减少污染源，加强对环境质量的监测。为保证生态旅游的环境质量的高品位，旅游区的有关建设必须遵循适度的有序的分层次开发的原则，不允许任何形式的有损生态环境的开发行为。每个项目都必须进行环境影响评估，要从生态环境保护角度严格控制服务设施的规模、数量，对那些高投入、高污染、高消费等刺激经济增长的项目坚决制止。支持绿色企业的创办与经营，促进旅游经营者采纳生态旅游的原则，使其经营活动在环境、社会和文化方面更加负责任，使旅游景区能够以一种可持续的方式起步、增长与发展。

第三，在完善旅游法律保障体系的同时，还应建立健全以下旅游环境法律制度。

首先，建立旅游资源项目开发的环境影响评价制度和旅游项目的审批制度与监测制度。

每个旅游资源项目开发前，政府和开发商必须请有法定资质的环境评测机构对项目可能对生态环境造成的影响进行评估，风险评估应该是多方面的，包括对草原湿地的影响、对当地野生生物和生物多样性的威胁以及引起环境破坏或导致生态效益损失的风险等。在新建、扩建旅游资源开发项目时，严格执行环境影响报告制度，提交环境影响评价文件。只有经过评估的对当地的生态系统和景观不会造成危害的项目，并经行政机关许可后才能开发。同时建立监测和预警制度，定期地检查这些生态旅游资源的状况，以及评价监测控制的效果，一旦发现污染环境、破坏生物多样性的行为可以及时制止。

其次，建立限期治理制度与责任追究制度。

旅游区内禁止建设污染环境的工业设施和对环境有害的项目；建设其他设施或项目，其污染物的排放不得超过国家或地方规定的排放标准；对现有的上述项目或设施，其污染物排放超过国家或地方规定的排放标准的，限期治理，逾期达不到要求的，必须依法关闭；对进行违法违章建设的，依法追究责任。责任不明晰是盲目开发生态旅游项目破坏环境问题日益严重的另一个重要原因。有的政府部门和旅游项目开发商片面追求经济效益，自然资源遭到破坏时却无法追究当初"肇事者"的责任，由此所造成的损害最终由全社会或无辜者来承担，这显然是不公平的。因此，必须建立责任追究制度。我国要建立的责任追究制度应该是系统的、全面的，应该能规范所有类型的引进和各相关责任人。明确相关主体在预防中的法律责任，包括政府责任和旅游项目开发商责任。对于盲目开发造成生态环境严重损害的应该区别情况，追究民事责任、行政责任乃至刑事责任。

最后，制定旅游区的居民参与机制和实施生态补偿机制，实现经济与社会的和谐发展。

当地居民是景区旅游业发展的利益主体之一，旅游行为对当地居民的世代生活都有很大的影响，通过规划开展酒店、餐饮服务，当地特色产品开发，为当地居民提供就业机会，实现经济扶贫。只有这样才能使当地居民真正认识到资源与自身经济利益的关系，提高环境保护意识。同时旅游区的居民为了保护生态资源，牺牲了资源开发和工业生产的发展机会，也限制了生产资料的使用，对于他们的物质损失必须由生态资源的受益者进行生态补偿，当地政府应在经济政策上对他们给予优惠待遇。

第四，加强旅游环境监管，对旅游资源生态进行评估，确保环境保护措施达到国家相关标准。

旅游对生态环境的影响不同于工业企业对环境的影响，旅游对生态环境的影响是多方面的，对旅游环境监管具有复杂性和专业性，要加强对旅游景区的监管。对于重点景区确定科学的最大承载量，制订和实施旅游者流量控制方案，对景区接待旅游者的数量进行控制。为减少旅游与生态保护过程中发生的各种矛盾和失误，要建立旅游执法监管机构，规定其专门的职能、任务、权限、责任，实行独立的执法。在执法人员的配备上，不论是管理人员还是具体的执法人员，都要选择懂法律、懂旅游、懂管理的有高度责任感的人员。同时在草原、景区等部门和当地群众中聘任一批兼职旅游执法监管员，形成专职与兼职人员结合的旅游执法监管体系，及时发现和解决问题，有效地保护旅游资源和生态环境，实现青藏高原旅游的可持续发展。

第五，进行旅游环保的宣传，提高旅游环保意识，保护生态环境。

不合理开发根源于思想意识错误，人们未认识到人与自然统一的关系和环境污染破坏对人类社会以及子孙后代的影响。因此，有必要加强生态旅游的宣传工作，借助各种宣传手段和途径，提高全民的环保意识，使公众认识到，旅游资源的破坏是对自身生活、福利的危害，让公民自发行动起来，采取措施保护旅游资源环境。改变以往认为的生态旅游"认识自然、走进自然"的一面，而忽略了生态旅游"保护自然"的做法，提高旅游者的环保意识。但是，青藏高原地区历史、地理等因素，导致文化、知识、信息的闭塞，不同的知识水平和发展阶段制约了人们对其的认识。这就需要政府以及旅游企业制定一些措施提高公众的生态环境保护意识。政府应充分利用各新闻媒体普及环保知识，对旅游从业人员以及民众进行法制和环保教育，鼓励公众对旅游资源开发和景区生态状况进行监督，以提高公众的生态环境意识，形成对于生态环境保护的良好的社会舆论氛围和价值观念。

参考文献：

[1] 青海省统计局，国家统计局青海调查总队. 青海省 2019 年国民经济

和社会发展统计公报［N］.青海日报，2020-02-28（006）.

　　［2］鲜敢.西藏2019全年接待游客超4000万人次旅游收入560亿元［EB/OL］.人民网，2020-01-08.

　　［3］王大千，张军.青藏高原正成为中国热门旅游目的地［EB/OL］.新华社新媒体，2020-07-05.

　　［4］李维长.国际生态旅游发展概况［J］.世界林业研究，2002（04）：7-14.

　　［5］钟林生.《旅游法》对生态旅游提出更高要求［N］.中国旅游报，2013-07-29（007）.

　　［6］洪贺.论我国生态旅游的现状及其发展［C］//国家林业局，中国法学会环境资源法学研究会，重庆大学.林业、森林与野生动植物资源保护法制建设研究——2004年中国环境资源法学研讨会（年会）论文集（第三册）.重庆：2004年中国环境资源法学研讨会（年会），2004：6.

　　［7］张利峰.青海高原自驾游今年驰骋市场10个月迎接自驾游车辆61.23万辆［EB/OL］.新华网，2014-11-30.

　　［8］赵静，张树兴.云南旅游资源不合理开发对生态环境的影响及其法律对策［C］//中国法学会，武汉大学.2005年中国法学会环境资源法学研究会（年会）论文集.武汉：2005年中国法学会环境资源法学研究会（年会），2005.

柴达木盆地矿产资源开发中生态环境保护法律问题研究①

祁 敏②

内容摘要：柴达木盆地被誉为我国的"聚宝盆"，是重要的矿产资源富集区。伴随着对柴达木地区矿产资源的开发，该地区生态环境日趋恶劣，严重影响生态安全和社会稳定。由于立法分散笼统、执法力度不强、司法效果不佳等原因，该地区生态环保成效不明显。因此，必须对柴达木盆地生态资源的现状及法律保护现状进行全面、客观的分析，并以建立完善全面的保护体系为目标，运用法律手段保障区域经济可持续发展和生态安全。

关键词：柴达木盆地；矿产资源开发；生态安全；法律保障

一、柴达木盆地矿产资源的开发利用现状及生态环境现状

（一）柴达木盆地矿产资源的开发利用及现状

1. 柴达木盆地矿产资源种类及数量

柴达木盆地位处青藏高原北部、青海省西部，主要在青海海西蒙古族藏

---

① 本文系 2018 年国家级课题"青藏高原脆弱生态环境犯罪及其治理问题研究"（项目编号：18BFX103）的子课题研究项目，也是 2018 年 12 月青海民族大学校级智库项目"柴达木盆地矿产资源开发中生态保护法律问题研究"（项目编号：2018XJZK03）在研项目。
② 作者简介：祁敏（1989—　），女，青海西宁市人，青海民族大学法学院教师，助教，硕士研究生，研究方向：刑法学、犯罪学。

族自治州，面积 25.66 万平方公里。截至 2017 年年底，柴达木盆地共发现各类矿产 111 种，其中能源矿产 5 种，金属矿产 36 种，非金属矿产 67 种，水气矿产 3 种（见图 1）。① 在已探明的 778 处矿产地中，能源矿产 57 处，黑色金属矿产 62 处，有色金属矿产 212 处，贵金属矿产 94 处，稀有、稀散、分散元素矿产 26 处，冶金辅助原料非金属矿产 5 处，化工原料非金属矿产 238 处，建筑材料用非金属矿产 55 处，水气矿产 29 处，详见图 2②。

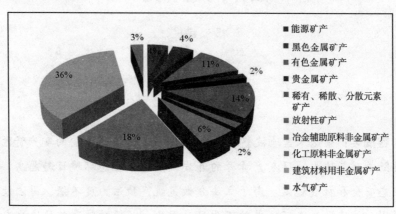

图 1　柴达木盆地发现矿产种类构成图

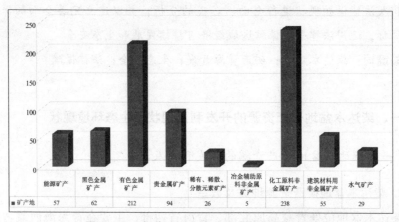

图 2　2017 年柴达木盆地分矿类矿产地结构图

---

① 康继祖. 海西蒙古族藏族自治州矿产资源年报（2017 年度）［R］. 德令哈：青海省海西州自然资源局，2018.

② 康继祖. 海西蒙古族藏族自治州矿产资源年报（2017 年度）［R］. 德令哈：青海省海西州自然资源局，2018.

2. 柴达木盆地矿产资源开发利用现状

改革开放以来，矿产资源勘查开发促进了柴达木盆地经济社会的发展，形成了以盐湖化工、有色冶金、能源化工、特色轻工、建材及新能源、新材料为主体的优势产业。截至 2017 年年底，柴达木盆地共有矿山企业 251 家，域内矿山企业规模结构合理，优于青海省平均水平，受勘查程度及市场需求的影响，各类矿产的开发利用规模不均衡，化工原料非金属矿的开发利用强度高，大中型矿山最多，而建筑材料用非金属矿因种种原因开发规模较小。①

（二）柴达木盆地矿产资源开发中的生态环境问题

柴达木盆地常年多风少雨，太阳辐射强，干燥、寒冷、蒸发量大，生态环境较为脆弱。而且受气候条件影响，柴达木盆地荒漠化、盐渍化较为严重，盆地内沙漠化土地总面积 946.67 万公顷。② 盆地内矿山企业众多，矿产资源的综合利用却较为有限，开发与保护之间仍旧存在一些矛盾。

1. 盐湖资源综合利用率不足，保护与开发相矛盾

目前柴达木盆地共有 60 家盐湖化工企业，部分企业环境管理水平较低。盐湖生产的氯化镁，生产时需要大量淡水回灌，以达到溶解固体贫钾矿层的效果。但柴达木盆地水资源匮乏，大量利用淡水灌溉会加剧土地荒漠化的风险。2014 年原环保部明确要求该地区要"以水定产"，严格"量水而行"，进一步提高水资源利用效率。但仍有部分企业没有采取有效的节水措施，导致水资源循环利用不到位。如个别纯碱生产企业长期将蒸氨废液排入晾晒池进行蒸发处理，年排放量高达 3000 万吨，水资源浪费严重。

柴达木盆地在盐湖资源的开发过程中，对采盐与旅游观光的协调发展与科学规划不够重视，使盐湖生态环境遭受了一定程度的污染。以茶卡盐湖为例，随着网络信息的广泛传播，茶卡盐湖逐渐成了全国热门景点。大量游客的拥入，不仅消耗了景区内的能源和水资源，也产生了不同种类的旅游垃圾

---

① 康继祖. 海西蒙古族藏族自治州矿产资源年报（2017 年度）[R]. 德令哈：青海省海西州自然资源局，2018.

② 邓梅. 柴达木地区生态综合治理和绿色产业发展对策研究 [J]. 林业经济，2018，40（01）：61-65.

和废水。同时，由于旅游区的环境保护设施不配套，对旅游产生的废水、废气、固体废弃物等不能进行有效、及时的处理，污染了附近水体，游客乱扔垃圾的行为以及生活垃圾的露天堆放也严重影响了景区的景观和环境。① 可见，人流量超过环境的正常允许限度，就必然会对旅游环境产生污染和破坏。

2. 矿产开发占用较多土地资源，原生植被修复难度较大

柴达木地区是典型的草原、戈壁、沙漠地带，生态环境较为脆弱，而矿产资源深埋在这些土地之下，采矿、选矿、运输等开发活动占用了大量的草地、牧场，导致地表植被破坏，影响了当地牧民群众的生产和生活。木里矿区与祁连山自然保护区相连，是目前青海省内最大的煤矿开采区，由于长时间、大规模的露天开采，祁连山脉局部冰川和高原的高寒草甸遭到破坏，雨水和冰川融水流入河流的通道被阻断。② 一些矿山企业为了赢利，没有严格按照生态脆弱区的要求修建道路，常年在草地上运输、堆放矿石，不仅使原生植被遭到破坏，而且露天开采剥离地表土量大，极易引发地质灾害，造成水质恶化和环境污染。

从 2014 年起，当地管理部门先后投入 20 多亿元，修复粗放发展带来的环境"创伤"。据 2016 年 8 月卫星遥感监测显示，与 2014 年同期相比，木里矿区植被恢复好转面积达 33.5 平方公里，占矿区被破坏面积的 90.49%。虽然被破坏的植被得到修复，但修复的投入是巨大的，给国家和地方造成了一定的财政负担。

3. 开发矿产产生的工业"三废"易对环境造成污染

2019 年 5 月 28 日，青海省海西州中级人民法院公开审理了一起环境污染民事公益诉讼案件，该案中的被告人杨某某于 2017 年 1 月至 8 月在青海省都兰县某合作社大院内私自使用氰化物和汞土法炼金，将废弃物非法排放至排污池内，造成固体废物污染，违法排放含氰化物危险废物 14.7 吨，致使土地原有地貌及用途完全改变，原有植被被严重毁坏。由此可见，矿石、废渣等

---

① 鲍彩莲. 青海茶卡盐湖旅游资源开发状况探析 [J]. 对外经贸, 2016 (11)：68-69, 124.

② 骆晓飞, 王金金. 木里矿区试点植被恢复：青海投 20 亿, 33.5 平方公里复绿 [EB/OL]. 新华网, 2018-01-24.

固体废物中含有的酸性、碱性、毒性、放射性或重金属成分，有可能通过地表水体径流、大气飘尘，污染周围的土地、水域和大气。① 矿山废弃物引起的淋滤、扬尘、自燃和渗漏，不仅会影响周边的生态环境和居民的生产生活，而且对环境的污染及其造成的损失、后期的修复费用也是不可估量的。

二、柴达木盆地矿产资源开发利用法律保障现状及存在的问题

（一）立法现状及存在的问题

1. 立法现状

20 世纪末，青海省在积极响应国家政策和工作的同时，结合本地区的生态、经济、社会需求，开始重视省内各地区矿产资源的综合开发利用及环境治理，先后制定、颁发了一系列法律规章制度（如表 1 所示）。现有的法律体系对于保障矿产资源法的实施、加强矿山企业管理和改善柴达木盆地生态环境状况都发挥了重要作用。

表 1 柴达木盆地矿产资源地方性立法及规范性文件

类别	名称	制定机关	实施时间
地方性法规	《青海省矿产资源管理条例》	1999 年 11 月 25 日青海省第九届人民代表大会常务委员会第十二次会议审议通过；2018 年 9 月 18 日青海省第十三届人民代表大会常务委员会第六次会议修正	1999 年 11 月 25 日
	《青海省盐湖资源开发与保护条例》	2001 年 6 月 1 日青海省人民代表大会常务委员会公告第 38 号	2001 年 8 月 1 日
	《海西蒙古族藏族自治州矿产资源管理条例》	1990 年 5 月 12 日海西蒙古族藏族自治州第八届人民代表大会第六次会议审议通过；2019 年 2 月 28 日海西蒙古族藏族自治州第十四届人民代表大会第五次会议修订	2019 年 7 月 1 日

① 张明燕. 国土资源合格评定程序体系的建立 [J]. 国土资源, 2003 (05)：28-30.

续表

类别	名称	制定机关	实施时间
地方规范性文件	《青海省人民政府关于印发规范矿产资源勘查开发暂行规定的通知》	青海省人民政府	2006 年 5 月 27 日
	《青海省地质环境保护办法》	青海省人民政府	2004 年 2 月 1 日
	《青海省木里焦煤资源开发利用与保护办法》	青海省人民政府	2009 年 12 月 27 日
	《青海省人民政府办公厅关于印发青海省重要矿产资源配置方法的通知》	青海省人民政府	2010 年 9 月 14 日
	《青海省人民政府关于印发青海省商业性矿产资源勘查暂行规定的通知》	青海省人民政府	2007 年 1 月 16 日
	《青海省人民政府关于进一步规范商业性探矿权出让管理有关问题的通知》	青海省人民政府	2012 年 11 月 28 日
	《青海省人民政府关于进一步规范商业性探矿权出让管理有关问题的补充通知》	青海省人民政府	2014 年 5 月 13 日
	《青海省矿产资源补偿费征收管理实施办法》	青海省人民政府	1994 年 10 月 22 日
	《青海省矿山环境治理恢复保证金管理办法》	青海省财政厅、青海省国土资源厅、青海省环境保护厅	2007 年 6 月 18 日

类别	名称	制定机关	实施时间
地方规范性文件	《关于青海省取消矿山地质环境治理恢复保证金、建立矿山地质环境治理恢复基金管理办法的通知》	青海省财政厅、青海省国土资源厅、青海省环境保护厅	2018 年 6 月 29 日
	《祁连山自然保护区矿业权处置方案》	青海省国土资源厅	2015 年 4 月 8 日
	《青海省国土资源厅关于进一步加强和规范砂石土类矿产资源开发管理有关问题的通知》	青海省国土资源厅	2014 年 7 月 31 日
	《海西州人民政府办公室关于进一步加强矿产资源勘查开发管理工作的实施意见（试行）》	海西州人民政府	2015 年 1 月 28 日
	《海西州探矿权采矿权使用费和价款使用管理办法》	海西州人民政府	2008 年 6 月 25 日

2. 立法现状评析

（1）多数立法规范制定时间较早，未完全树立生态环境理念

以盐湖资源开发保护和矿产资源管理为例，《青海省盐湖资源开发与保护条例》自 2001 年 8 月 1 日起实施，本条例的实施对于明确盐湖资源开发的责任主体、优化盐湖资源的综合开发利用及保护盐湖的生态环境起到了一定的作用。但由于条例制定的年份较为久远，且相关的技术支撑体系和运行机制、激励及约束机制等尚未完全建立，如何统筹规划、综合利用没有做到细化，

因此出现了开采盐湖资源各自为政的现象。另外，《海西州矿产资源管理条例》1995 年正式颁布实施，适用 20 多年来，当地环境状况发生了巨大改变，条例已不能适应当前的生态环境保护需求。因此，海西州在 2019 年 2 月对条例进行了重新修订，新条例于 2019 年 7 月 1 日开始实施。新条例将生态文明建设纳入法律规定当中，取消了边探边采等不利于环境保护的规定，但由于新条例刚刚实施，尚无法判断条例的适用效果，要敦促有关部门加快进行立法后的评估工作。

（2）立法分散且操作性不强

在柴达木盆地涉及矿产的环境立法中，多数规范性文件都没有详尽地列明具体的保护主体、保护程序、保护措施以及责任追究等制度。一些规范性文件只是各部门的通知，比较零散，且缺乏协调性，导致相关工作人员缺乏可依据的标准，现有条文规定的可操作性不强。① 加之各部门制定的规范性文件多有重叠或遗漏之处，易导致环境责任的主体不明确，最终有可能造成破坏者不承担破坏环境的责任、受害者得不到应有的经济赔偿以及执法者无法可依等问题。

（3）矿产资源开发补偿的法律体系不健全

从表 1 中可以看出，关于建立生态补偿机制的法律条文仅散见于其他法律规范当中，没有形成单独的立法。《青海省原生矿产品生态补偿费代征管理暂行办法》第 2 条规定："凡在我省境内开采、销售原生矿产资源的企业，应当依照规定缴纳原生矿产品生态补偿费。"明确了承担生态补偿费用的主体是矿山企业。"谁受益，谁补偿"的原则虽然在一定程度上保障了经济效益，达到了生态保护的效果，但仍然需要进一步完善，如进行多方面的利益考量、制定更加科学的补偿标准等。

（二）执法现状及存在的问题

1. 执法现状

近几年，海西州本着"在开发中保护，在保护中开发"的原则，不断提

---

① 胡朝钰. 西藏矿区生态环境保护法制建设研究 [D]. 厦门：厦门大学，2017.

升执法能力和业务水平，严厉打击各类违法行为，为生态环境提供了一定的执法保障。但在2017年中央环保督查组进驻海西州巡查时，仍接到102件环保信访案件、12批反馈意见。针对中央环保督察组发现和反馈的环保问题，海西州出台新环保十三条措施，如实行党政主要领导分片包干督办制度、聘请各类专家参与政府决策、启动第三方环境治理、实行生态环保惩戒"黑名单"制度，绝不让有环保问题的项目入驻柴达木盆地等，这在一定程度上保护了柴达木盆地的生态屏障。

2. 执法现状评析

（1）矿区生态环保执法条件受限，执法能力不足

柴达木地区行政机关的人员数量较少，各州、县级环境执法部门人才紧缺，常出现一个大队仅有一名执法人员，既要接环境举报电话，又要现场巡逻，还要处理日常事务的情况，长此以往，环境执法效率自然降低。另外，柴达木盆地地广人稀，矿点众多且分布不均匀，巡查区域多为深山，道路状况不好，车辆的装备不够，人手、物资以及经费都较为匮乏。

生态环境部门不仅面临上述问题，在发现无证开采等违法现象时，只能行使行政处罚权，但有些行政相对人迟迟不履行，对不履行环境保护和生态恢复义务的相对人，只能通过申请人民法院强制执行。在实践工作中，一个行政执法案件从立案到申请人民法院强制执行一般要经过调查、立案、告知、告知书送达、决定、决定书送达、申请等多道程序，审理期较长（通常为3个月左右），环境执法效率大打折扣。

（2）各生态环境部门各自为政，协调性不强

自然资源部门基于传统职能，主要负责矿业权的审批、监管以及地质灾害防治工作，对于矿区的生态环境仅做到前置保护，更趋向于矿产资源的开发与管理。而生态资源部门更加重视矿区的生态环境保护和治理，将工作重心放在违法开发、破坏性开采、矿业"三废"的监管和处罚上。部门之间的合作机制不够完善，在面对环境执法问题时，会出现执法领域交叉重叠或无人问津的情况，容易给不法分子可乘之机。因此，只有发挥自然资源部门的专业优势、借助生态环境部门的监督优势、结合政府的调节职能，各部门各司其职、相互合作、信息共享，才能更加系统有效地保护矿区生态环境。

（3）地方政府工作重心影响环境执法效率

地方政府在考核干部绩效、制定政策时偏重于经济指标，容易忽视生态环境保护的问题。这样的政策倾向带来的后果就是自然保护区内会出现无数的"伤痕"。例如 2017 年发生的某公司"沙漠直排尾矿事件"，该公司选矿厂厂区到直线距离 16 千米外的沙漠上满是干涸的灰褐色泥浆，排出的泥浆顺着地势由高到低蔓延，面积极大。① 其实这起案件在 2014 年就已经发现，相关部门也曾多次予以制止和处罚，但在 2017 年沙漠中的灰褐色泥浆仍然存在，未及时进行修复和治理，可见相关部门的执法效率有待进一步提升。为了保护柴达木盆地的生态环境，当地政府部门应减少行政干预，始终把工作重心放在生态环境保护上。

（三）司法现状及存在的问题

1. 司法现状

检察机关作为环境公益诉讼的原告人，为生态环境的保护提供了司法保障。海西州检察院自 2017 年以来，共立案审查公益诉讼案件 133 件，向行政机关发出诉前检察建议 103 件，向法院提起公益诉讼 16 件，法院开庭审理 14 件、判决 14 件，检察机关的诉求得到了支持。② 基本上实现了公益诉讼工作"双赢、多赢、共赢"的良好效果。在多起案件当中，最典型的一例为韩某某、孙某污染环境案：韩某某委托无相关资质的孙某，在格尔木市小干沟东金矿"以探代采"，非法采矿 8300 吨（价值 1500 万元），并采用国家严禁的氰化物，以堆浸方式非法提炼黄金，导致当地土壤、地下水及格尔木河遭受严重污染。在此案的审理过程中，检察机关发挥了重要作用，使政府先行垫付的应急处置费得以赔偿，挽回了国家的损失。

2. 司法现状评析

在日常的环境公益诉讼案件办理过程中，检察机关仍面临很多问题。第一，因污染环境造成的损失鉴定比较困难。青海省目前拥有环境污染鉴定资

---

① 张蓓. 青海一矿企被指向柴达木沙漠直排尾矿，环保局邀专家现场调查［EB/OL］. 澎湃新闻，2017-11-24.

② 雷竣杰. 海西州检察院公益诉讼工作取得实效［N］. 青海法制报，2019-05-22（A7）.

质的机构十分有限，即便有，在专业上也存在不少问题，处理不了一些技术上的障碍。再者，鉴定费用太高，鉴定费用由谁来支付存在执行上的困难，政府不可能为企业或个人的行为来买单，但如果让污染企业或个人来承担，很可能面临企业主的资产不足以支付鉴定费的难题，因此这个问题亟待解决。第二，公益诉讼案件的线索遭遇瓶颈，虽然检察机关开设了公益诉讼线索报案电话12309，但是线索的来源是否真实往往需要实地调查，因此在线索的真伪性鉴别上存在一定的困难。第三，行政机关对于检察院履行公益诉讼职能的认识程度不清，所以在配合检察机关办理案件时积极性不高，给公益诉讼的开展带来了一定的障碍。只有上述问题得到了有效的解决，才能更好地实现"双赢、多赢、共赢"的法律效果和社会效果。

三、柴达木盆地矿产资源开发利用法律保障完善建议

（一）完善矿产资源开发过程中的环境保护立法工作

1. 提高立法创新性与灵活性

我国《宪法》《立法法》《民族区域自治法》等法律规定少数民族地区可结合自身情况进行立法创新，保障民族团结。柴达木盆地是典型的民族自治州，在不违背宪法和基本法律的前提下可结合当地实际订立一些在法律、省级法律法规中没有规定的事项，使一些条文更加细化。比如，关于矿业权审批权限、程序等问题还可进一步细化，违法开采、破坏性开采的处罚标准以及矿业恢复性补偿立法均可以细化，使其更具操作性。对于一些不适用本民族地区的法律，地方立法机关在立法时可以进行变通性规定，包括柴达木地区矿区生态保护责任主体、责任的形式、补偿机制等基本问题。

2. 重视立法后评估工作

《海西州矿产资源管理条例》于2019年7月1日开始实施，对于其实施现状目前还不能进行系统的调查研究，立法部门应尽快通过立法后评估这个有效渠道，对相关法律法规的可操作性、适应性、相互衔接性等方面进行检测，及时找到漏洞并修订完善，从而实现法律价值的最大化。至于评估内容，要包括本条例实施后的宏观效果和微观效果，是否符合生态价值和人民群众

的利益两个方面。由于评估工作需要考虑到法规实施的制度背景及社会环境等多个层面，因此有必要采用公众问卷调查、专家组问询、座谈访谈调查、个案分析等方法做出相应的原则规定。

3. 完善矿业生态补偿机制立法，切身维护群众的利益

完善矿产资源开发生态补偿机制的相关法律法规是对矿产资源开发进行价值补偿的法律基础与根本保证。通过法律的形式明确资源补偿金的征收范围、征收标准、管理制度、使用范围，改变以往的使用方向，明确补偿标准，使其所获资金真正用到资源型城市的价值补偿中去。首先，增加政府等相关部门作为生态补偿机制的主体，不过分增加矿山企业的负担，给予矿山企业一定的优惠政策。对已经废弃的矿山采取"谁受益、谁治理"原则，解决废弃矿山整治问题，对找不到受益人的矿山则由政府来治理。生态补偿并不是横向的"劫富济贫"，而是实现区域发展与社会和谐的重要途径。其次，重视补偿的多样性，在补偿的时候不仅要给予经济补偿，还要结合民族地区的特殊性给予文化补偿和就业补偿，政府要提供大量的就业机会给当地群众，避免发生治安问题。最后，生态补偿的标准应当多样化，不能依靠单一的矿产品价值。在柴达木盆地，需要将生态恢复集中在植被恢复、水土涵养和保持、河流治理、荒漠化治理等方面，每一项的恢复都需要投入大量的人力、物力、财力，还需耗费数年乃至数十年的时间。因此，生态补偿标准的核算在补偿的时候还可以通过与补偿对象沟通协商，征求对方意见，确立双方均满意的补偿标准。

（二）提升环境执法能力，加大环境执法力度

1. 提高执法人员素质水平，完善执法配套设施

相对其他执法工作，生态环境执法具有更强的特殊性和专业性，因此，除了要求执法人员具备丰富的法律知识，还应当具有相应的生态环境保护方面的专业知识。环保部门需要对相关工作人员定期培训，鼓励机关的科员干部考取执法资格证书，持证上岗，确保执法过程中合理、合情、合法。针对矿点多、面积大等问题，有必要提升执法车辆的性能及增加车辆数量。建议有关部门针对矿区环境执法设立专项资金，运用高科技手段，如遥感卫星、

无人机等技术解放人力，真正实现远程监控。建立柴达木盆地生态环境网络信息查询系统和记录系统，对因矿产资源开发涉及的地下水资源、植被资源、土地资源等进行全面普查和录入，确定权属关系，实时监测生态现状，对于周边生态环境的保护极为重要。

2. 创新执法路径，加强环境执法部门之间的合作机制

要从根本上解决执法人员匮乏问题，就必须转变过去传统的执法理念和思路，开拓执法新路径。因此可以尝试联合执法模式，针对矿产资源开发引起的环境问题，由自然资源局牵头，生态环境局、林草局、公安局等部门配合。这样做有以下优点：一是避免出现"几家打架"或"各自为政"等问题，确保案件线索收集后有法可依、有人可管、有事可做；二是解决了各生态行政部门执法人员短缺等问题，在成立联合执法大队后，一旦发现违法犯罪线索，联合执法大队可第一时间赶到现场处理，解决了违法证据取证难、留存难等问题；三是可以发挥各生态环境部门的职能，使多方协调一致，建立长期有效的合作机制，实现共赢局面。

3. 完善行政考核机制，协调地方利益

自 2016 年以来，国务院实行省以下环保机构监测监察执法垂直管理，环境执法部门的人、财、事不再受地方政府长期以来的制约和限制。但该规定出台不到三年，之前形成的权力制约关系可能仍然存在，且与矿产资源开发有关的自然资源局仍然受此限制，较易形成人情关系，难以公正执法。尤其是在矿产资源领域，很多矿产企业不断进行违法开采却迟迟没有处罚或处罚力度不大，这都与当地政府不作为、乱作为有关，且存在很多腐败问题。因此，只有建立一套系统完善的矿产环境执法管理制度，实现真正的省以下垂直管理，才能在源头上杜绝腐败、人情关系等现象的发生，为现存的矿产环境执法扫除障碍，以保护柴达木盆地的生态环境。

(三) 完善环境公益诉讼制度，健全司法监督体系

1. 解决环境损害鉴定难问题

2019 年 7 月 31 日，司法部印发《检察公益诉讼中不预先收取鉴定费用的环境损害司法鉴定机构名单》，已经确立了 58 家司法鉴定机构在环境公益诉

讼中不预先收取鉴定费用，青海地区也有一家鉴定机构在此次名单中。司法部门、生态环境部门、自然资源部门还需进一步与检察机关沟通协调，研究制定环境司法鉴定收费的指导性目录，青海省也必须尽快出台环境损害司法鉴定收费标准，明确费用承担的主体及相关配套设施，补齐收费缺失短板等问题。①

2. 转变工作思路，慎重使用权力

检察机关还要转变工作思路，合理作为，建立内外部长效工作机制，探索线索发现快捷渠道。首先，必须清楚行政权和司法权的界限，不能互相干涉。检察机关是在行政机关调查取证的基础上才提起公益诉讼的，要注意权力的行使，不能跨越权力的界限，代替行政机关去调查取证。同样，公益诉讼的开展离不开生态环境部门的支持，生态环境等部门也要转变心态，不要总是认为检察机关是给自己找麻烦、挑毛病，在发现案件线索时，要认识到污染环境对社会的危害性极大，积极向检察机关反映。检察机关还可以作为牵头部门，联合生态环境、自然资源、林草、水利等部门开展专项行动，对某些领域存在的问题积极加以整改，做到风险排除，从源头上进行治理。另外，继续发挥舆论效应，借助 12309 公益诉讼举报电话、网络、微信公众号、微博等平台，建立奖惩机制，对于谎报信息的行为人做出相应处罚。

3. 构建衔接平台，完善监督体系

检察机关可以与生态环境、自然资源、林业等部门建立执法行政衔接平台，行政机关一旦发现案件线索，就第一时间上传在平台，检察机关可即时做出反应。检察机关也可将相关要求和标准第一时间发布在平台上，生态环境等部门可以第一时间得知，规范自己的执法行为。检察机关还可与地方人大法制工作委员会、地方政府法制办、法院、监察部门、信访部门联系，形成合力监督。在检察机关办理环境公益诉讼案件时，如发现相关行政机关或者工作人员拒不配合检察机关调查取证、无正当理由拖延调查取证，或者不及时采取措施将使国家利益、社会公共利益持续受到损害的，应及时移送监察委员会进行监督。在发现上述机关或个人有贪污受贿、徇私枉法等职务犯

---

① 姜珊珊. 最高检：58 家鉴定机构在公益诉讼中不预收费 [EB/OL]. 新浪网，2019-08-06.

罪线索，可能导致破坏生态环境或者导致公益诉讼案件败诉等情形时，应及时将案件线索移送监察委员会进行监督。①

参考文献：

［1］康继祖. 海西蒙古族藏族自治州矿产资源年报（2017 年度）［R］. 德令哈：青海省海西州自然资源局，2018.

［2］邓梅. 柴达木地区生态综合治理和绿色产业发展对策研究［J］. 林业经济，2018，40（01）：61-65.

［3］鲍彩莲. 青海茶卡盐湖旅游资源开发状况探析［J］. 对外经贸，2016（11）：68-69，124.

［4］骆晓飞，王金金. 木里矿区试点植被恢复：青海投 20 亿，33.5 平方公里复绿［DB/OL］. 新华网，2018-01-24.

［5］张明燕. 国土资源合格评定程序体系的建立［J］. 国土资源，2003（05）：28-30.

［6］胡朝钰. 西藏矿区生态环境保护法制建设研究［D］. 厦门：厦门大学，2017.

［7］李江雪. 青海砍掉5%保护区让位采矿，国家生态功能区告急［J］. 中国林业产业，2015（02）：48-49，51-52，54-55.

［8］张蓓. 青海一矿企被指向柴达木沙漠直排尾矿，环保局邀专家现场调查［EB/OL］. 澎湃新闻，2017-11-24.

［9］雷竣杰. 海西州检察院公益诉讼工作取得实效［N］. 青海法制报，2019-05-22（A7）.

［10］姜珊珊. 最高检：58家鉴定机构在公益诉讼中不预收费［EB/OL］. 新浪网，2019-08-06.

［11］郭莉，徐炜，韩荣. 环境民事公益诉讼案件线索收集与共享的路径探索［J］. 中国检察官，2019（08）：44-47.

---

① 郭莉，徐炜，韩荣. 环境民事公益诉讼案件线索收集与共享的路径探索［J］. 中国检察官，2019（08）：44-47.

论我国少数民族地区历史文化
遗产的保护与开发

杨银霞①

内容摘要：少数民族地区历史文化遗产是人类文明足迹的印记，更是少数民族的精神传承和文化记忆。随着社会文化和经济的发展，少数民族地区的历史文化遗产被人们重新认识和狂热开发。然而，在开发过程中环境问题也随之而来，环境权使用而实现的利益化和开发环境造成的损害，使得环境权遭遇纠结。保护与开发，到底孰轻孰重？

关键词：文化遗产；法律保护；经济开发

人享有在适宜环境中生活的权利。环境权是一项价值取向多重的权利，它包括环境资源权、环境使用权、环境处理权等经济性权利。在环境因素中，少数民族的历史文化遗产当数"独特环境"，也是留给本民族重要的环境资源。关注此环境资源的享有、使用和处理，是关注少数民族权利的重要视角。随着社会文化与经济发展，人们重新开始关注和鉴赏历史文化遗产，特别是位于少数民族地区的历史文化遗产，因其地域的特殊性、文化的神秘性，受到更多的关注与兴趣。人们开始热火朝天地进行环境权利开发性使用，把当地历史文化遗产从未示人的神秘面纱层层揭开，实现了它经济利益的最大化。

---

① 作者简介：杨银霞（1974— ），女，回族，河南开封人，青海民族大学法学院，副教授，研究方向：宪法、国际法、人权法。

然而，在开发过程中凸显的环境问题也随之而来，环境权使用而实现的利益化和开发环境造成的损害，使得环境权遭遇纠结。保护与开发，到底孰轻孰重？

一、保护的法律依据

文化遗产的国际法保护起源于1899年海牙第二公约（《陆战法规和惯例公约》），它规定了禁止战时掠夺，不能没收和摧毁文化财产等保护原则。海牙第二公约是世界上第一个包含战时文化财产保护内容的公约，也标志着文化遗产国际法保护的萌芽。第二次世界大战对于文化遗产极其严重的掠夺和毁坏是文化遗产国际法保护正式形成的历史背景。战后国际社会加强了对文化遗产国际法保护的关注。1954年通过的《武装冲突情况下保护文化财产公约》，扩大了文化财产的保护范围并且确立了特别保护制度，对于"军事需要"做了明确界定和进一步限制。《武装冲突情况下保护文化财产公约》是世界上第一个战时全面保护文化遗产的专门性国际公约，标志着武装冲突情况下文化财产国际法保护的正式形成。1972年联合国教科文组织通过的《保护世界文化和自然遗产公约》，明确规定了含有文化与自然两方面因素的文化与自然双重遗产，同时，也标志着文化遗产全球性化行动的开始。2003年通过的《保护非物质文化遗产公约》则是对《保护世界文化和自然遗产公约》的重要补充，确立了非物质文化遗产的范围。至此，1972年的《保护世界文化和自然遗产公约》和2003年的《保护非物质文化遗产公约》形成文化遗产保护的国际法律体系框架。①

每一个国家对自己的历史文化都有强烈的认同感和归属感，中国亦是如此。中国是一个文化遗产大国，却不是一个文化保护强国。随着国家文化进步，国民经济水平提高，我国重新认识和重视文化遗产保护问题，并逐步构建相应法律体制。国际法上，我国已经签署了保护世界遗产的全部国际公约，它们是：《保护世界文化与自然遗产公约》《关于禁止和防止非法进出口文化

---

① 郭玉军，唐海清. 文化遗产国际法保护的历史回顾与展望［J］. 武大国际法评论，2010，12（S1）：1-27.

财产和非法转让其所有权的方法的公约》《国际统一私法协会关于被盗和非法出口文物的公约》《武装冲突情况下保护文化财产公约》。从国内法角度看，首先是宪法的支撑，《中华人民共和国宪法》第二十二条规定："国家保护名胜古迹、珍贵文物和其他重要历史文化遗产。"其次是行政法规，由国务院和国家级行政机关制定和颁发的规范性文件如《中华人民共和国文物保护法》等。最后是地方性法规和行政规章。随着法律的相继出台与完善，中国文化遗产的保护力度也极大增强。

二、开发的可观效益

我国有 5000 多年的文明史，积累了丰富的历史文化遗产。在经济社会不断发展的今天，维护文化遗产一定形式的存在是历史交与我们的光荣使命。因此，在保护文化遗产的基础上，就新情势对其进行合理有序开发是我们应该做到也必须做到的事情，更是我们构建和谐文化、建设社会主义和谐社会的必然要求。对历史文化遗产进行开发将有利于文化遗产的保护与传承，使民众增强民族认同感、归属感、自豪感，提高大众科学文化素质①。

2011 年全国人口普查中，少数民族人口为 113792211 人，占全国总人口的 8.49%，因此，少数民族非物质文化遗产是一个巨大的宝库。近年来我国许多少数民族地区也意识到了开发地区历史文化遗产所显现的经济效益，利用自己当地民族的特色历史文化资源，大力开发旅游产品，吸收大量游客。少数民族地区独特而神秘的文化资源被越来越多人所熟知和认同。在经济杠杆的作用下，借助市场经济商业之手，历史文化遗产为少数民族地区的经济社会发展带来繁荣与可观效益。

随着少数民族地区历史文化遗产的开发，社会对少数民族文化给予了更多关注。政府鼓励社会各界资助公益性质的民族文化事业；中国诸多实力雄厚的现代企业与成功企业家投身于民族文化事业。中国少数民族文化在历史文化遗产开发中被释放出来，形成一个大的供给源，并且催生出一个又一个好的文化市场，为少数民族地区的经济振兴、社会进步提供动力。

---

① 郭青岭. 论文化遗产品牌的开发 [J]. 浙江文物，2007（06）：9.

三、环境与发展遭遇纠结

老子曰："有无相生，难易相成，长短相形，高下相倾，音声相和，前后相随。"任何事物都存在一定的矛盾，少数民族地区历史文化遗产的开发与保护不可避免地存在问题。当前，许多少数民族地区历史文化遗产在轰轰烈烈的开发运动中遭到了严重的资源损害。如过度开发，不能正确评估风景区、文化建筑的承载能力而导致资源毁损；商业侵蚀传统文化，在一些历史文化遗迹景区，在享受旅游开发带来巨大财富的同时，传统文化遭到商业化侵袭，修建现代商业建筑，使原汁原味的历史文化遗产整体风貌受到破坏。

按照现在的发展趋势观察，已知全球化过程会走一个文化的"同化"过程，"在全球化进程中，多样的文化表现形式被消灭，并为一种单一、商业化、个人化的资本主义竞争文化所取代"①。现实情况说明，少数民族历史文化遗产作为一个地方弥足珍贵的文化资源，是不可再生的，一旦毁掉，再难挽回。

一边是少数民族地区利用当地环境权利亟待发展的迫切愿望，一边是由于经济利益的驱动，珍贵的历史文化遗产在快速的商业流通中损毁或消失。权利使用与文化损害纠结在一起，到底如何平衡它们？

四、文化遗产保护与开发共赢之法

在唯物辩证法中，矛盾是反映事物内部或事物之间对立和同一关系的哲学范畴，斗争性和同一性是矛盾的两种基本属性。矛盾对立面之间相互贯通，矛盾双方不仅相互依存，而且存在相互转化的趋势和可能。由此可以看出，历史文化遗产的保护与开发并不是绝对矛盾的，那么处理二者之间的纠结必然会有调和或是共赢之法。只追求经济利益的最大化，无视文化遗产的保护和永续利用，在开发利用中就会把文化遗产推向灭亡的边缘。因此，历史文化遗产作为重要的开发资源，走保护—开发利用—发展—保护的良性发展道

---

① 赖纳·特茨拉夫. 全球化压力下的世界文化 [M]. 吴志成，韦苏，陈宗显，译. 南昌：江西人民出版社，2001：7-10.

路，将是今后文化遗产保护发展的必由之路。

历史文化遗产保护与合理利用相互依托、良性互动。将文化遗产资源保护的社会性与经济利用价值有机结合。通过合理利用产生社会效益和经济效益，并且，通过唤起人们对文物的热爱、理解，从而有利于其保护。如在少数民族地区合法、合理地开发某些精品历史文化遗产，使文化资源可持续利用，既可有效保护文化遗产，又能在一定程度上解决少数民族地区经济发展需求。

1995 年，联合国教科文组织、环境规划署和世界旅游组织等在西班牙加纳利群岛召开"可持续旅游发展世界会议"，包括中国在内的国家和地区 600 多位代表出席会议，会议通过《可持续旅游发展宪章》，同时制订《可持续旅游发展行动计划》。文件指出，遗产的保护与发展是密不可分的，遗产保护是自身发展的要素之一。将经济发展、社会文化以及遗产保护和环境改善视为一个密不可分、以人为中心的复合系统来综合考虑，才能解决当前复杂状况，以求得协调发展。首先，在历史文化遗产保护与开发中，政府必须起到主导作用，它既是历史文化遗产的强制保护来源，也是遗产开发市场的主要倡导者。其次，公众的参与是必要因素。公众是开发文化遗产的直接承受者，也是开发市场中的受益者。最后，学者的参与不可忽视。学者对一个国家历史文化遗产的界定及价值考量，直接推动本国历史文化遗产的价值提升，促进开发市场的升值。

可以说，目前我国对历史文化遗产的认识及开发研究还处于基本初始阶段，特别是对少数地区历史文化遗产关注力度不够。如何把少数民族地区历史文化遗产保护和开发工作做到运转有序、互利共赢将成为一项任重道远的任务。

参考文献：

[1] 周忠瑜，等. 少数民族权利保障研究 [M]. 北京：中央文献出版社，2007：210.

[2] 郭玉军，唐海清. 文化遗产国际法保护的历史回顾与展望 [J]. 武大国际法评论，2010，12（S1）：1-27.

［3］郭青岭. 论文化遗产品牌的开发［J］. 浙江文物，2007（06）：9.

［4］赖纳·特茨拉夫. 全球化压力下的世界文化［M］. 吴志成，韦苏，陈宗显，译. 南昌：江西人民出版社，2001.

［5］圣·胡安，肖文燕. 全球化时代的多元文化主义症结［J］. 马克思主义与现实，2003（01）：45-53.

祁连山国家公园（青海片区）脆弱生态环境
保护与修复的法治保障

马　芳①

内容摘要：祁连山是中国西部地区重要的生态安全屏障，是黄河流域重要水源产流地，是中国生物多样性保护优先区域。但由于气候变化、历史及人为等诸多因素的影响，生态环境保护与修复的形势不容乐观。本文主要以祁连山国家公园（青海片区）脆弱生态环境保护与修复的现状为视角，分析存在的主要问题并提出相应的法治保障措施，以期建立长期有效的祁连山国家公园脆弱生态环境保护模式。

关键词：祁连山国家公园；生态环境保护与修复；法治保障

党的十九大报告指出："构建国土空间开发保护制度，完善主体功能区配套政策，建立以国家公园为主体的自然保护地体系。"这是以习近平同志为核心的党中央为中华民族的可持续发展提出的战略措施，意味着我国自然保护体系将从目前的以自然保护区为主体，转变为今后的以国家公园为主体。2017 年，中共中央、国务院印发的《建立国家公园体制总体方案》明确指出，国家公园是中国自然保护地最重要的类型之一，属于全国主体功能区划中的禁止开发区域，纳入全国生态保护红线区域管控范围。2017 年 9 月，中

---

① 作者简介：马芳（1975—　），女，回族，青海西宁人，青海民族大学法学院教授，法学硕士，主要从事经济法、环境法学研究。

国政府批准建设祁连山国家公园，它是中国 10 大国家公园之一，主要职责为保护祁连山生物多样性和自然生态系统原真性、完整性。2018 年 10 月，祁连山国家公园管理局正式揭牌，标志着祁连山国家公园体制试点工作步入新阶段。

一、祁连山国家公园（青海片区）基本情况

祁连山国家公园位于中国青藏高原东北部，横跨甘肃和青海两省，总面积 5.02 万平方千米，其中青海省境内总面积 1.58 万平方千米，占国家公园总面积的 31.5%，范围包括海北藏族自治州门源县、祁连县，海西州天峻县、德令哈市，共有 17 个乡镇 60 个村 4.1 万人。公园内生态系统独特，自然景观多样，平均海拔 4000~5000 米。冰川广布，分布多达 2683 条，面积 7.17 万公顷，储量 875 亿立方米，是青藏高原北部的"固体水库"。河流密布，主要有黑河、八宝河、托勒河、疏勒河、党河、石羊河、大通河 7 条河流，流域地表水资源总量为 60.2 亿立方米。公园内湿地总面积 39.98 万公顷，草地和森林广袤，草原面积达 100.72 万公顷，林地 15.24 万公顷。野生动植物种类丰富，有野生脊椎动物 28 目 63 科 294 种，野生高等植物 68 科 257 属 617 种。祁连山国家公园青海省境内包括 1 个省级自然保护区、1 个国家级森林公园、1 个国家级湿地公园，其中祁连山省级自然保护区核心区面积 36.55 万公顷，缓冲区面积 17.51 万公顷，实验区面积 26.17 万公顷。仙米国家森林公园面积 19.98 万公顷，黑河源国家湿地公园面积 6.43 万公顷。① 祁连山国家公园地处青藏高原向黄土高原和蒙古高原过渡的环境脆弱带，周围被干旱荒漠、半荒漠、戈壁滩、沙漠所包围，自然条件严酷，生态环境极其脆弱，极易遭到来自自然和人为因素的破坏。

祁连山国家公园由于地跨青海和甘肃两省，为了加强对国家公园的有效管理，2018 年 10 月 29 日祁连山国家公园管理局在兰州市挂牌成立，11 月 30 日祁连山国家公园青海省管理局在青海省林业和草原局挂牌。同时祁连山国

---

① 祁连山国家公园管理局. 祁连山国家公园简介：青海片区 [EB/OL]. 祁连山国家公园，2018-12-28.

家公园（青海片区）为了加强对所属区域内的管理工作，分别在天峻县、德令哈市林业和草原局明确分别挂"祁连山国家公园天峻县管理分局、德令哈市管理分局"牌子，在门源县、祁连县自然资源局明确分别挂"祁连山国家公园门源县管理分局、祁连县管理分局"牌子。

二、祁连山国家公园（青海片区）脆弱生态环境保护与修复现状

（一）环保宣传工作开展情况

祁连山国家公园（门源片区）环保宣传工作主要以门源县生态环境局、祁连山国家公园管理局门源管理分局、森林公安、林场（管护站）为主体，结合"6·5"世界环境日、"爱鸟周"等进行广泛宣传，同时各管护站在日常巡护过程中深入各农户进行宣传。充分利用网络、微信、新闻媒体等宣传媒介，多层次、多渠道地宣传如何加强祁连山国家公园的生态环境保护，以及祁连山国家公园生态环境保护的相关政策法规，营造了良好的生态环境保护氛围。

祁连山国家公园（祁连片区）重点开展"村两委+"共管模式。环保部门积极与野牛沟乡边麻村、扎麻什乡郭米村、阿柔乡日旭村"两委"对接，通过群众通俗易懂的设计风格采用图文结合方式建设生态文化宣传长廊、宣传橱窗及生态保护理念的知识墙，采用传统民族风俗的则柔、斗曲等表演形式对祁连山国家公园生态环境保护的相关政策法规等进行深入宣传，在村"两委"积极带动下，使农牧民群众成为祁连山国家公园生态环境保护的主要力量。同时还建设了祁连山国家公园生态保护与宣传教育基地，通过开办生态学校、开设生态讲堂，积极培养孩子们从小热爱大自然、保护环境的生态文明价值观，推动试点工作有效开展。

（二）祁连山国家公园环境保护与修复取得成效

祁连山国家公园（门源片区）范围内共有探采矿点 30 处，目前已全部完成生态环境综合整治工作。祁连山国家公园管理局门源管理分局结合"祁连山自然保护区春季巡护执法专项检查""绿盾 2018""绿卫 2019"等专项行

动，推动祁连山国家公园体制试点工作，完善了"一企一册"档案。公园内7处无主矿已全部纳入门源县"山水林田湖草"生态保护与修复试点项目。管理分局制定并印发了《祁连山自然保护区水电站退出方案》，目前已完成元树沟、元树二级水电站退出资产评估工作。

祁连山国家公园（祁连片区）主要开展了"山水林田湖草"生态保护与修复试点项目、废弃矿山修复项目、祁连山生态保护与建设综合治理工程、祁连县林业有害生物防治工程、青海祁连山生态保护与建设综合治理工程、祁连县湿地保护和建设项目及林业有害生物防控项目等。祁连山国家公园（祁连片区）范围内共有矿山企业48家，目前有12家矿山企业已注销矿权，完成退出工作，剩余36家已开展生态综合治理工作，通过县级验收。国家公园内10个无主废弃矿山治理与生态修复项目已完成覆坑平整、回填夯实表土、撒播草种；17万亩重点湿地保护完成方案编制，已完成开标工作；实施完成了12.5万亩黑土滩型退化草地治理；开展鼠害防治工程，面积为1万亩。

（三）祁连山国家公园环境执法情况

祁连山国家公园（青海片区）加强对自然资源、生态环境、交通运输、水利、农业和农村、林业及草原等部门生态环境保护综合执法的长效机制，加强试点执法动态监测与监督，清理整治试点区域内的违法行为。在祁连山国家公园（青海片区）试点工作中，注重加强与科研机构在生态保护和修复方面的科研合作。特别是在生物多样性的监测方面，组织多位相关专家和技术人员，在祁连山国家公园区域内进行全面且详细的监测工作。

祁连山国家公园（祁连片区）在每年开展2次以上拉网式执法检查专项行动的基础上，先后组织开展了春季秋季执法检查，违法违规开发建设活动清理，生态环境问题整改落实情况督查，清理整治"回头看""绿盾2017""利剑""飓风"等专项行动，加强矿点、道路、违法违规项目的监督检查和整改落实。保护区以森林公安为主力，集中力量对保护区保护管理和日常巡护工作进行严格督查，严厉打击破坏生态环境和野生动植物资源等的违法违规行为。截至2017年年底，保护区内354个人类活动点及72条道路核查台账全面建立，形成"一矿一册""一点一表"档案资料 150 余册，18 处违法违规建设项目查处整治到位。

祁连山国家公园（海西片区）制订印发了《祁连山国家公园（海西片区）综合执法暨"绿盾 2018"专项行动实施方案》，将执法检查内容重点细化为试点区域内现有探采矿点生态修复、新改扩建公路和旅游开发建设项目、畜禽养殖和固体废弃物堆放、侵占林地草地湿地和破坏野生动植物资源、禁牧减畜、禁牧休牧及草畜平衡等内容，进一步明确责任、落实标准，有效提升了执法检查实效。通过建立联防机制，凝聚执法合力。德令哈、天峻、酒泉、盐池湾、阿克塞森林公安局以执法检查为契机，互相签订了《林区治安防范跨区域警务合作协议》，从加大情报资源整合、实现跨省信息共享，完善巡逻防控网络、实行跨区巡防联动，建立跨区办案协作机制、挤压涉林违法犯罪空间，建立跨区矛盾调解机构、实现互利共赢等多个方面，形成了青甘两省祁连山国家公园海西片区警务合作联防联动、互援共处、办案协作新格局，为实现祁连山国家公园海西片区安全稳定奠定了基础。

（四）祁连山国家公园生态管护员发展情况

截至 2018 年 8 月，祁连山国家公园（门源片区）生态管护员共 531 名。各管护站负责制定巡护分工、路线。国家公园内巡护任务重、面积广、人员少。部分地区依托天保林、公益林工程管护员进行巡护。祁连山自然保护区 22 个基层管护站承担着一线巡护监测的重要责任，在保护管理工作中发挥着积极作用，是保护区保护管理体系中极为重要的力量。保护区管理部门加快推进管护站规范化建设步伐，进一步健全完善管理制度，制定了《管护站站长和管护员职责》《巡护制度》《管护责任制度》《人员管理制度》《管护人员销假制度》等工作制度，进一步明确管护标准，不断规范巡护程序，制作《祁连山自然保护区分布图》《巡护责任划分图》等图件。加大资金项目、设施设备保障力度，逐步改善基层管护站工作条件，巡护设施设备更加完善。组织开展规范化建设培训，加快提升管护人员整体管护能力，督促指导管护站进一步加大巡查监管力度，细化完善巡护路线，明确巡护人员责任。管护站认真开展巡护检查工作，确保第一时间掌握保护区生态保护情况和自然资源状况，及时有效处置发现的各类问题，管护站一线管护作用得到充分发挥。

三、祁连山国家公园（青海片区）生态环境保护与修复中存在的问题

近年来，随着国家和地方政府层面对祁连山国家公园生态环境的重视，尤其是采取了一系列保护和修复措施后，祁连山国家公园生态环境恶化趋势得到有效遏制，生态环境明显改善，但由于气候变化、历史及人为等诸多因素的影响，生态环境保护与修复的形势依然不容乐观，主要存在以下问题：

（一）缺乏长效的保护和修复机制

近年来，由于"山水林田湖草"综合治理项目在祁连山国家公园（青海片区）的全面启动，对该区域内的矿山治理、草原生态恢复、农村环境整治以及河网建设等产生重大作用。祁连山国家公园（青海片区）的生态环境保护和修复工作总体在好转，但这大多属于政府层面专项的保护和修复行为，短期的、阶段性的治理行为不具有长效性。长期以来形成的重发展、轻保护的历史模式对祁连山地区脆弱生态环境的保护造成了很大的影响，矿山开发开采活动造成地表植被破坏、环境污染、水土流失，水电站截流发电造成流域水生态的破坏。各专项治理活动对祁连山国家公园（青海片区）的生态环境保护和修复起到了重要作用，如对破坏的地表植被进行平整、对塌陷的地表进行回填等，但修复工作整体趋于缓慢，部分专项治理活动或应急性的治理行为不能彻底解决祁连山国家公园（青海片区）的生态环境问题，因此，长效的保护和修复机制较为缺乏。

（二）缺乏统一的监管体系

生态环境监管是一个系统工程，涉及方方面面的内容，如果缺乏对监管的总体设计和组织领导，势必会出现政出多门、多头监管等问题。在调研中，笔者发现环保部门虽然实施总体监管，各部门各负其责，但由于环保部门与水利、林草、农牧等相关部门在行政关系上都属于同一级别，互不隶属，所以很难实现与其他部门的协调管理。在祁连山国家公园的所属区域，即祁连和门源地区分别设置了祁连管理分局和门源管理分局，但祁连管理分局及祁

连县林草局属于祁连县自然资源局挂牌机构，无人员编制，国家公园（祁连片区）相关工作依托县林草局、县林场开展推进。试点工作时间紧、任务重，人员力量明显不足，影响和制约了管护及各项工作的开展。门源管理分局依托县林草局，两块牌子下是由共同的工作人员负责管理事务，这一方面影响了监督管理的效率，另一方面也会导致职责不清。另外，原祁连山省级保护区外的国家公园新增区域目前还未建立统一监管体系，缺少监管依据和标准。

（三）综合监测系统不完备

环境监测工作是进行环境保护和环境管理的重要基础，也是衡量环境质量及治理环境污染成效的重要依据。随着祁连山国家公园（青海片区）生态环境保护和污染防治行动计划的深入实施，环境监测工作质量总体改善，也面临着一些亟待解决的问题。

一是环境监测管理体制还不完善。目前环境监测相关规定缺乏统一的监测标准和方法，环境监测质控体系尚未健全。在环境监测省级垂直管理的影响下，监测机构的定位和职责、管理模式等都发生了较大改变。基层环境监测机构无法招收专业技术人才，尤其是环境监测业务人员、专业技术人员流动性大、不稳定，监测队伍薄弱，环境应急能力建设、信息化管理手段相对滞后，缺乏现代科学技术支撑，制约着地方生态环境保护工作的开展。另外，环境监测服务逐渐向市场开放后，有关社会监测机构的监测体系尚不健全。

二是生态环境监测缺乏联动和协作。祁连山国家公园（青海片区）所涉四区目前还没有建立有效的数据共享机制，导致相关监测设施不能充分利用，也无法利用监测数据开展综合性的分析，这些都严重制约着祁连山国家公园（青海片区）生态环境保护与治理的监管能力。

三是环境监测自动化和智能化水平不高。祁连山国家公园（青海片区）环境监测机构对大气、水、土壤及噪声等污染进行监测时，对监测数据的采集及分析的自动化和智能化水平较低，不能很好地利用大数据平台来采集、分析和传输数据，导致监测效率低，监测效果不明显。另外，自动监测系统的监测点位较少，不能适应公园内较大范围监测的要求。

（四）环境综合执法效率不高

祁连山国家公司（青海片区）自试点工作启动以来，针对试点区可能发生的突发事件，加大同邻省、邻县兄弟单位的协作配合，经常性召开跨区域警务合作联席会议，研究形势、解决问题，不断推进务实交流与合作。重点核查、全面清理违法违规项目，依法严厉打击破坏自然资源违法行为。① 但由于祁连山国家公园所涉面积较广，环境保护专业执法队伍力量不够，尤其是青甘两省联合执法还面临执法主体缺失、合作力度不够、职责分工不明等诸多问题，需要加快建立资源环境综合执法机构，增强人员队伍力量，明确工作职责，以强有力的执法队伍对国家公园实行最严格的保护和管控。另外，跨区域环境联合执法缺乏法律依据。对跨行政区域的水污染纠纷的处理，《中华人民共和国水污染防治法》第二十八条②有规定，但该规定过于原则性和笼统，没有明确环保部门的职责和权限以及具体的处理机制，在实际应用中缺乏可操作性。

（五）农牧民参与环境保护和修复的动力不足

生态环境保护是社会公益性事业，需要全社会的共同参与才能确保其效果，在祁连山国家公园建设中，农牧民的参与是生态环境保护和修复的重要力量。祁连山国家公园区域内分布着大量的森林和草地，农牧民长期以来形成的放牧习惯，使得其对草原有较强的依赖性，放牧也是农牧民一直以来的最基本的收入来源。但过度的放牧行为也会加大对草原的生态承载压力，打破祁连山国家公园内的生态系统平衡，继而出现草原沙化、植被破坏等后果。国家实施禁牧政策以后，农牧民都不同程度地享受到了奖励补偿政策所带来的优惠。但从长远的生活保障来看，由于农牧民文化水平不高，缺乏从事其他工作的必要技能，就业渠道狭窄，外出务工收入低，部分农牧民的奖励补

---

① 叶文娟. 祁连山，保障西部地区生态安全的天然屏障［N］. 青海日报，2019-06-11（005）.

② 《中华人民共和国水污染防治法》第二十八条："跨行政区域的水污染纠纷，由有关地方人民政府协商解决，或者由其共同的上级人民政府协调解决。"

偿资金不能很好地提供全家人的生活保障。

四、祁连山国家公园（青海片区）生态环境保护与修复中的法治保障

祁连山国家公园（青海片区）的生态环境保护与修复工作近两年来虽然取得了明显的成效，但是生态保护和建设中面临的问题依然突出，需要采取具体的措施来加以解决，尤其是通过法治层面的保障措施进一步加强对祁连山国家公园生态环境的保护与修复。

（一）构建长效的生态环境保护与修复机制

构建祁连山国家公园生态环境保护与修复的长效机制，从法律层面来看，自然离不开立法的规制与保障。在国家公园的立法保护方面，2017年6月2日，青海省第十二届人民代表大会常务委员会第三十四次会议通过了《三江源国家公园条例（试行）》（以下简称《条例》），对规范三江源国家公园的建设和管理活动，加强三江源国家公园生态环境保护及永续利用，促进生态文明建设等方面都起到了非常重要的作用。但《条例》仅适用于三江源国家公园所属区域，并不适用于祁连山国家公园的生态环境保护与修复。另外，三江源地区与祁连山地区在地理环境、造成的污染情况以及治理和修复等方面都存在着一定的差异。为此要发挥省人大立法主导作用，按照立法规划并结合祁连山国家公园自身的特点做好相关立法工作，构建最严格、最严密的祁连山国家公园生态环境保护与修复的法律制度。

一是制定严格的生态保护与修复的地方性立法及评估标准体系。针对祁连山国家公园生态环境保护与修复的特点及现状，制定包括保护与修复的基本原则、基本内容，污染防治、生态旅游及公众参与等内容，重点要对林草、土壤及水生态等的保护与修复做出具体的规定和措施。同时还需建立有效的评估标准体系，如要对生态脆弱区评估标准、生态环境质量评估标准以及修复标准等进行明确规定，并要求对评估内容通过一定方式予以公开。

二是对开发建设项目规定严格的申报条件和审批程序。在国家公园的建设中，除加强对其的保护之外，还可进行合理的开发利用，如进行游憩、科研及教育等活动。所以在开发和利用的过程中，从开发建设项目的立项环节

开始，规定严格的立项条件和审批程序，如达不到立项条件的，以及没有进行严格的报批手续的，不得立项，未按照规定条件和程序立项就进行开发建设的，要给予严厉的处罚。

三是建立严格的生态环境保护与修复问责制。为了确保祁连山国家公园（青海片区）生态环境保护与修复的效果，提高相关管理人员的责任意识，需建立严格的生态环境保护与修复问责制度。加强问责的制度化、规范化建设，通过立法进一步明确问责的主体、权限、对象、事由及具体的程序，建立生态环境保护责任终身追究制，以确保问责的可操作性。另外，为了加大问责的力度，还需明确问责监督主体的责任，促成问责制度的全面落实，使问责成为一种常态，只有这样才能提高对祁连山国家公园有效保护的意识，也有利于构建长效的保护和修复机制。

（二）建立健全监管体制

一是对监管权限进行明确划分。《三江源国家公园条例（试行）》①（以下简称《条例》）中明确规定了国家公园管理局统一行使生态环境保护的管理权，省和州人民政府相关部门配合管理机构做好相关工作，但对该管理权及辅助工作的行使如何进行有效监督规定得并不明确。所以笔者认为，在祁连山国家公园的环境保护管理中除可以借鉴《条例》中有关管理权的规定之外，还应加强各级人大对履行自然资源和环境保护管理工作的情况的监督，针对监督管理中发现的问题和社会举报的问题，约谈违法责任单位、个人以及管理不力的部门负责人，通报环境保护事件、责任人以及违法管理和管理不力的部门。可以采取如下措施：首先，建立各级人大监督公开信息网络，接受实名投诉。各级人大在互联网上建立监督信息公开平台，对各种环境管

---

① 《三江源国家公园条例（试行）》第十三条规定，三江源国家公园管理局统一履行自然资源资产管理和国土空间用途管制职责。园区国家公园管理委员会具体负责本区域内国土空间用途管制，承担自然资源管理、生态保护、特许经营、社会参与和宣传推介等职责。保护管理站承担有关生态管护工作职责。第十六条规定，省和三江源国家公园所在地州人民政府发展改革、经济和信息化、教育、财政、民政、国土资源、环境保护、住房城乡建设、交通运输、水利、农牧、文化新闻出版、林业、商务、科技、旅游、扶贫开发等主管部门应当按照职责配合国家公园管理机构做好相关工作。

理违法违规行为予以通报，可以在一定程度上提高管理效率。其次，在祁连山国家公园地方立法上将各级人大对管理监督的法定程序细化，使其具有可操作性。最后，完善环境管理违规约谈制度，对管理机构及地方政府的不作为及违规进行约谈，督促管理机构及地方政府提高环境保护与修复中的管理效率。

二是在借鉴河长制的成功经验的基础上，积极探索山长制。2016 年印发并实施了《关于全面推行河长制的意见》，河长制是完善我国水治理体系及保障国家水安全方面的重要制度创新。河长制自实施以来，有效地解决了我国较为复杂的水环境保护及治理中存在的问题，对于提高我国流域生态环境治理能力发挥了重要作用。因此，在祁连山国家公园的生态环境保护与修复中也可以借鉴该模式运行过程中取得的成功经验，积极探索山长制模式。一方面有利于调动行政资源的利用效率，通过对不认真履责的人追究责任，可以使很多环境问题在最短的时间内得到有效解决。另一方面有利于解决目前管理中权责不清的问题，因为祁连山国家公园所属区域内山脉林立，很多环境保护与修复问题在一些区域是交叉存在的，而山长制的实施在一定程度上可以缓解在管理中的推诿扯皮等现象，提高管理效率。

（三）完善环境监测体系

一是要健全环境监测标准规范，不仅包括环境质量监测标准，还包括污染环境修复监测标准。加快建设祁连山国家公园（青海片区）环境监测的数据共享平台，实现各部门信息的有效整合，互联互通，真实全面地反映祁连山国家公园环境保护和修复的总体状况，为相关决策体系构建及执法监管提供有力支持。同时还要加强企业污染物排放的自行监测，建立全天候的实时在线环境监控系统，强化在线监测计量认证工作，使在线监测数据作为环境执法的有效依据。

二是要加强环境监测能力建设。严格日常环境监管，对祁连山国家公园（青海片区）内的监测应突出三个方面：一是更新环境监测设备。应加大资金投入力度，购买监测水平较高的设备，提高环境监测数据的准确性，并通过监测网络实现数据共享，尽快完成环境监测站标准化建设任务。二是提高环境监测人员的监测技术。对新入职的环境监测人员进行培训，考核合格者才能从事具体的监测工作，对其他人员还应安排定期培训，不断提高环境监测人员的监测水平和能力。三是加强对重点企业和重点污染源的日常巡查和监测，督促安装在线监测设备，防止其排污行为的发生。

（四）提高综合环境执法效率

一是加强环境执法建设。省厅、州局、县局三级环保部门联网，全面建立祁连山国家公园（青海片区）环境执法网格化机制，切实加大环境执法力度，提高执法效能。规范环境执法行为，建立健全环境执法责任追究机制，包括日常环境执法责任追究机制、环境执法监督工作责任追究机制和领导干部自然资源资产离任审计工作机制。要进一步加大生态环境保护与修复的执法力度，在祁连山国家公园（青海片区）设立统一的投诉举报邮箱和电话，并将公众举报的事项移送至分工负责部门具体办理，并监督办理回复的落实。

二是提高执法人员的业务素质。环境治理执法工作具有较强的权威性和专业性，随着青海省经济的快速发展，污染治理执法工作逐渐呈现出专业化、复杂化的趋势，因此，在祁连山国家公园（青海片区）的环境执法中，执法人员不仅要熟悉环境保护法律规范，正确适用法律解决问题，同时还要有一定的环境保护和污染治理专业知识，这样才能保证执法效果。首先，对执法人员进行环境保护专业知识培训，提高执法人员的环境保护专业素质及执法水平。另外，可及时补充新鲜血液，增加执法人员编制，吸收一些专业知识扎实、实践能力较强的执法人员，提高执法机构的整体水平。其次，积极探索执法队伍管理新方法、新途径，建立工作绩效考核机制、将执法人员的执法效果与工作绩效挂钩，进一步督促执法人员的业务素质和水平的提高。

三是健全行政执法与刑事司法联动机制。严格按照《国务院办公厅关于加强环境监管执法的通知》中全面实施行政执法和刑事司法联动提出的具体要求，建立并加强祁连山国家公园（青海片区）范围内环保部门和公安机关之间的联动执法联席会议；细化并完善联合调查、案件移送、信息共享等机制；要求各级公安机关对涉嫌构成犯罪的环境违法案件，积极主动并通过提前介入进行调查取证。完善检察机关对行政执法机关及公安机关的监督职能，行政执法机关对达到刑事犯罪标准的案件不进行移送，行政执法机关或公安机关不接受检察机关监督的应明确具体的法律责任并严格执行。

四是成立跨区域统一的生态保护执法机构。2018 年印发的《深化党和国家机构改革方案》明确提出：国家将整合环境保护、国土、农业、水利、海洋等部门污染防治和生态保护执法责任和队伍，统一实施生态环境保护执法。因此，祁连山国家公园可以建立生态环境保护综合执法机构，并加强与甘肃省相邻区域环保部门的协作和联动，一方面改变长期以来环保执法中条块分割、各自为政的弊端；另一方面通过赋予环境保护综合执法机构较高的权威，能够更好地调动林草、国土、水利、农牧等相关部门，统一执行祁连山国家公园脆弱生态环境的保护和修复工作，并承担国家公园内的生态考核和监督职能。

（五）构建农牧民参与生态环境保护和修复的多元化机制

一是加强农牧民参与生态环境保护和修复的力度。农牧民是祁连山国家公园（青海片区）生态环境保护和修复中的参与主体，也是其权利需要受到保障的主体。为此，在祁连山国家公园生态环境保护和修复过程中应加强农牧民参与力度，但前提是要加强生态环境保护和修复过程的透明度，使农牧民对祁连山国家公园的环境保护规划、环境监测数据、环境修复状况以及一些项目的审批和进展情况等环境信息有所了解。并在祁连山国家公园（青海片区）的地方立法制定过程中，通过调查表等方式广泛征求农牧民的意见。另外，还要提高农牧民的生态保护意识，把保护和修复生态环境的观念内化为个人的自觉行为。

二是提高农牧民参与生态环境保护和修复的积极性。按照《青海省草原湿地生态管护员管理办法》第十九条的规定，海北、海西州的生态管护员每人每月 1200 元的收入。一般来说，生态管护员是从经济条件较差的贫困农牧民中选拔出来的，这些农牧民家庭困难，管护员较低的劳动报酬很难维持家庭的各项生活开支，也难以有效提升其参与生态环境保护和修复工作的积极性。祁连山国家公园地域辽阔，基础设施建设成本高，建设过程中生态环境保护和恢复成本高，目前提高管护员收入，政府部门还有一些负担，但随着国家公园建设的逐步完善和运营资金的逐步宽裕，可以考虑适当提高管护员的劳动报酬，进而提高其参与国家公园生态环境保护和恢复的积极性。

三是提高农牧民参与生态环境保护和修复的能力。国家实施禁牧政策以后，农牧民都不同程度地享受到了奖励补偿政策所带来的优惠，但由于农牧民自我发展能力薄弱，生活来源受到很大限制。因此，应加大对农牧民相关技能的培训，让其了解并掌握更多的新知识、新技能，尤其要加大对生态环境保护和修复技能方面的培训，这不仅让当地农牧民吸纳和学习自己平时无法了解到的知识和技术，有效地开阔农牧民的思路和自我发展能力，而且会在很大程度上缓解当地农牧民的就业问题，使其更好地融入祁连山国家公园生态保护和修复的过程中去。

参考文献：

［1］杜群，等. 中国国家公园立法研究［M］. 北京：中国环境出版集团，2018.

［2］王涛，高峰，王宝，等. 祁连山生态保护与修复的现状问题与建议［J］. 冰川冻土，2017，39（02）：229-234.

［3］朱彦鹏，李博炎，蔚东英，等. 关于我国建立国家公园体制的思考与建议［J］. 环境与可持续发展，2017，42（02）：9-12.

［4］叶文娟. 祁连山，保障西部地区生态安全的天然屏障［N］. 青海日报，2019-06-11（005）.

［5］贾泓. 祁连山国家公园：我国西部重要生态安全屏障［N］. 青海日报，2019-08-19（011）.

［6］叶文娟. 祁连山国家公园（青海片区）强化执法力度［N］. 青海日报，2019-08-14（001）.

［7］祁连山国家公园管理局. 祁连山国家公园简介：青海片区［EB/OL］. 祁连山国家公园，2018-12-28.

［8］青海新闻客户端. 祁连山国家公园青海片区立体执法模式筑牢防控体系［EB/OL］. 青海新闻网，2019-06-26.

我国国家公园立法的基本思考

——以《三江源国家公园条例（试行）》为分析样本

张　立①

内容摘要：立法先行是国外国家公园建设的普遍经验。《三江源国家公园条例（试行）》的制定是推进青海省生态文明制度建设和实现三江源国家公园依法建园的现实需要，更是为全国提供可复制、可推广保护管理经验的现实需要。《条例》体现了先进的立法理念和价值取向，对三江源国家公园试点中的问题做出了积极的立法回应，对我国国家公园的立法提供了有益的经验。

关键词：三江源国家公园；立法理念；立法回应；国家立法

2015 年 1 月，国家发改委等 13 个部委联合通过了《建立国家公园体制试点方案》，将青海省列为国家公园体制试点 9 个省（市）之一。2015 年 12 月 9 日，中央全面深化改革领导小组第 19 次会议审议通过了《三江源国家公园体制试点方案》（以下简称《试点方案》），《试点方案》明确了试点工作的重大意义、区域范围、目标定位、主要任务和保障措施，为青海省推进生态文明先行区建设、开展三江源国家公园体制试点提供了纲领性文件和工作指南。

立法先行是国外国家公园建设的普遍经验。从《试点方案》的要求来看，

---

① 作者简介：张立（1966—　），女，青海西宁人，青海省政府法律顾问，青海民族大学法学院教授，研究方向：环境与资源法学。

三江源地区开展全新体制的国家公园试点，要努力改变"九龙治水"，实现"两个统一行使"，要保护好冰川雪山、江源河流、湖泊湿地、高寒草甸等源头地区的生态系统，积累可复制、可推广的保护管理经验，努力促进人与自然和谐发展。这在我国并无先例可循，缺乏指导性的规范和参照标准。从三江源前期生态保护的实践来看，面临着诸多问题，亟须立法规范。

2016 年 10 月 18 日，青海省委召开专题会议，安排部署立法起草工作。由青海省政府法制办、三江源国家公园管理局牵头，组成由实际工作者、政府法制工作人员、环境资源法专家参加的立法起草小组。在充分调研和学习借鉴国外国家公园立法经验的基础上，起草小组采取分头起草和集中讨论相结合的方式，于 11 月 14 日形成初稿。通过座谈会、论证会、书面意见反馈等多种形式，广泛征求意见，进行多次修改，最终形成《三江源国家公园条例（试行）》（草案）（以下简称《条例》），经青海省第十二届人民代表大会常务委员会第三十四次会议审议通过，并于 2017 年 8 月 1 日生效实施。《条例》的制定既是三江源国家公园建设的实际需要，也为我国国家公园的立法提供了有益的经验。本文基于对《条例》立法理念及内容的分析，进一步探讨我国国家公园立法的相关问题。

一、《条例》的立法理念及价值取向

国家公园的思想始于美国的自然保护主义者，是目前较为成熟的自然资源保护和利用的制度。通过比较美国、英国等发达国家国家公园立法的内容、特点及其理论基础，《条例》在制定的过程中，体现了以下的立法理念和价值取向。

（一）开放性保护

公共性是国家公园的本质。基于公共性的特点，国家公园应是开放的，为当地居民和区域外居民提供游览、科普、探险、健身等服务，在功能上把自然保护与公众娱乐紧密地联系在一起，这一指导思想为越来越多的国家所接受。设立国家公园的目的是为全体公众服务，满足人们欣赏自然、了解历史的需要，这就要求国家公园要着眼于全体公众的长远利益，弱化经济利益，强化自然生态保护，有效协调公园内居民生产生活与自然保护及旅游发展的关系。基于此，《条例》在保护自然生态和自然文化遗产原真性、完整性的前提下，允许以教育、文化和生态体验为目的的参观旅游，吸收当地牧民群众参与公园保护与建设，并鼓励与社会各界建立合作伙伴关系。这些规定都体现了三江源国家公园开放性的立法理念和价值取向。

（二）系统性管理

从全球建立国家公园的情况来看，美国的国家公园概念本身也存在一些问题，即在很多地区很难达到绝对保护的目的。因而国家公园的概念也在不断发展演化，国家公园管理的重心也在转移，设立国家公园的目的，从早期的保存、保护到现在的集生态保育、科研、游憩、教育、社区发展等为一体的综合管理，体现了公园管理哲学的综合性①。

"突出并有效保护修复生态"是中央对三江源国家公园的第一要求，《试点方案》中既要求三江源国家公园进行管理体制机制改革，又要求体现"山水林草湖一体化"保护和管理，着力解决"九龙治水"、监管执法碎片化等突出问题。基于此要求，《条例》扩大了三江源国家公园的保护范围，其主要保护对象包括草地、林地、湿地、荒漠；冰川、雪山、冻土、湖泊、河流；国家和省保护的野生动植物及其栖息地；矿产资源；地质遗迹；文物古迹、特色民居；传统文化；其他需要保护的资源。将"资源保护"单列一章，从国家公园本底调查、保护对象、产权制度、资产负债表、生物多样性保护、文化遗产保护、生态补偿、防灾减灾、检验检疫等方面进行了规定，突出了"山水林草湖一体化"系统性保护。

（三）合理利用就是最大的保护

国家公园以生态环境、自然资源保护和适度旅游开发为基本策略，通过较小范围的适度开发实现大范围的有效保护，是一种能够合理处理生态环境

---

① 徐菲菲. 制度可持续性视角下英国国家公园体制建设和管治模式研究 [J]. 旅游科学, 2015, 29（03）：27-35.

保护与资源开发利用关系的保护和管理模式。由于较好地处理了自然生态保护与资源开发利用之间的关系，国家公园被看作现代文明的产物和国家进步的象征，已成为国际主流的保护地模式。

相比较而言，三江源虽地广人稀、风景独特，但千百年来一直有人类居住，从事放牧等传统生产活动。这里交通不便、经济落后，对生产性的要求更为迫切，因而在国家公园的立法理念上英国的做法更值得我们借鉴①。可以在国家公园内鼓励发展现代畜牧业，提高草场生产力。三江源地区有非常丰富的旅游资源，目前发展旅游业有较大的空间，因此在不突破环境承载力的前提下，可以依托国家公园，培育和发展生态旅游业。为此，《条例》专设"利用管理"一章，对三江源国家公园资源利用的条件、方式、审批程序、监督管理等做出规定，体现了三江源国家公园促进生态利益与经济利益和谐共赢的价值理念。

（四）社会多元治理

三江源国家公园体制试点是推进生态文明制度建设、全面深化生态领域改革的具体体现，不单是"管理体制"的创新，更是"治理模式"的创新，《条例》突出了"社会治理"理念。"治理"与"管理"相比，重点强调多元主体管理，民主、参与式、互动式管理，而不是单一主体管理。为此，《条例》的结构上，除了"管理体制"一章明确三江源国家公园主管机构及其职权职责外，将"社会参与"作为独立的一章，鼓励社区居民和志愿者参与三江源国家公园保护与建设，提倡建立多元合作伙伴关系，开展形式多样的社区项目，避免忽视群众利益，从体制上解决"九龙治水"问题。

（五）政策引领，服务大局

习近平总书记在青海视察指导工作时再次强调，青海生态地位重要而特殊，必须担负起保护三江源、保护"中华水塔"的重大责任，要加强自然保

---

① 张立. 英国国家公园法律制度及对三江源国家公园试点的启示 [J]. 青海社会科学，2016（02）：61-66.

护区建设，搞好三江源国家公园体制试点，加强环青海湖地区生态保护，加强沙漠化防治、高寒草原建设，加强退牧还草、退耕还林还草、三北防护林建设，加强节能减排和环境综合治理，确保"一江清水向东流"。《条例》起草过程中始终以习近平总书记系列重要讲话精神，特别是"四个扎扎实实"重大要求为指导，以中央"两办"和省"两办"9号文件为基本依据，全面完整准确地体现其精神，坚持立足当下、着眼长远、统筹兼顾、破旧立新、宜简不宜繁的原则，认真总结、充分借鉴三江源生态保护多年来积累的经验做法，既体现管理体制机制改革的要求，又体现"山水林草湖一体化"保护和管理要求，服务于生态文明建设的大局。

二、三江源国家公园问题的立法回应

为了使立法具有针对性，《条例》起草小组在三江源地区各州县、云南普达措国家公园、福建武夷山国家公园等地进行了广泛的调研。整体来看，国家公园试点中普遍存在社会保护参与度不高、牧民增收渠道狭窄，政府各部门权责不清、职能交叉等制约问题。为了切实解决三江源国家公园体制试点中的问题，提高立法的实效性，《条例》设总则、管理体制、规划建设、资源保护、利用管理、社会参与、法律责任、附则共八章七十七条，对三江源国家公园保护、建设、管理活动等做了明确规定。

（一）关于资源保护

鉴于三江源国家公园重要的生态地位及生态环境的脆弱性特点，《试点方案》明确要求开展国家公园体制试点，要突出生态保护第一，将自然生态系统和文化遗产保护放在第一位，对保护区功能优化重组，实现对三江源典型和代表区域的山水林草湖等自然生态空间的系统保护，统一用途管制，统一规范管理，有利于更好地保护自然生态系统和自然文化遗产的完整性、原真性。为实现"保护优先"，《条例》设专章，从国家公园本底调查、保护对象、产权制度、资产负债表、生物多样性保护、文化遗产保护、生态补偿、防灾减灾、检验检疫等方面做了系统的规定。坚持自然修复为主，生物措施和工程措施相结合，鼓励采用先进的恢复和治理技术，提升国家公园生态产品供给能力。

（二）关于管理体制

在三江源生态保护中，政府各部门管理权属不清、职能交叉、执法合力缺乏等问题日益凸显，致使近年来地方探索实施的一系列生态治理手段无果而终。因此，体制机制创新是三江源国家公园试点工作的重要内容。《条例》设立"管理体制"专章，明确"三江源国家公园实行集中统一垂直管理"，"三江源国家公园所在地县人民政府涉及自然资源资产管理和生态保护的行政管理职责，由国家公园管理机构统一行使"，"国家公园管理机构统一行使国家公园内自然保护区、地质公园、国际国家重要湿地、水利风景区等各类保护地的管理职责"。通过管理模式与职权的调整，对多类保护地进行整合调整，形成统一、规范、有效的管理体制，从体制机制上解决"九龙治水"及碎片化多头管理的问题。

（三）关于公园建设

目前在三江源生态保护中，存在基础设施薄弱，规划重叠、冲突等问题，在一定程度上影响了三江源国家公园的试点工作。结合三江源国家公园项目建设实际，《条例》在国家公园生态保护建设、基础设施建设、警示标志建设、建设项目审批、建设项目管理、标准体系建设、智慧公园建设等方面做了相应规定，要求三江源国家公园范围内各类建设项目，应当依法办理审批手续，并向国家公园管理机构备案，制订科学的生态环境保护方案，采取有效防控措施，保护好自然资源。

（四）关于利用管理

三江源国家公园内的生产活动与生物多样性保护、生态保护之间存在矛盾，因此，优先考虑保护的前提下如何平衡农牧民的私人利益和国家公园的公共利益是国家公园管理的难点所在。国家公园管理的目标之一是推动当地社区发展，而社区的发展具有两面性，不当的发展方式可能破坏公园的价值，因此，需要正确处理生态保护与社会经济发展之间的关系。为实现三江源国家公园自然资源国家所有、全民共享、世代传承，促进自然资源的持久保育和永续利用，《条例》确定"三江源国家公园建立特许经营制度，明确特许经营内容和项目，国家公园管理机构的特许经营收入仅限用于生态保护和民生改善"，此外，还对管理与经营分离、生态体验与环境教育、民生改善、访客管理、形象标识、草原利用、绿色消费、应急和安全管理等做了必要的规定。

（五）关于社会参与

社会参与是国际上国家公园管理的普遍做法和有益实践，三江源地区开展社会参与具有良好的实践基础，积累了一定的经验。据此，《条例》规定"国家公园管理机构应当加强对当地居民的教育培训，形成居民主动保护、社会广泛参与、各方积极投入建设国家公园的良好氛围。鼓励和支持当地居民开展生态保护活动，发挥当地居民生态保护主体作用，在村规民约中增加完善有关生态保护的内容"。同时，对鼓励和支持多种形式的社会参与，社会投资与捐赠、志愿者服务、国际合作交流、村民培训、社会监督等也进行了规定。

三、《条例》取得的立法经验

三江源国家公园试点的目标之一是为我国国家公园的建设与管理积累经验，形成可复制、可推广的保护管理模式。《条例》开我国国家公园立法之先河，在国家公园建设的保护理念、管理模式、保护利用等方面做了积极大胆的尝试，形成了一些有益的经验。

（一）尝试大部制改革，综合执法

三江源国家公园积极探索"大部制"改革试点，整合国土、环保、水利、农牧等部门编制、职能及执法力量，建立覆盖省、州、县、乡的四级统筹式生态保护机构。对此，《条例》第十九条明确规定：三江源国家公园设立资源环境综合执法机构，履行资源环境综合执法职责，承担县域园区内外林业、国土、环境、草原监理、渔政、水资源、水土保持、河道管理等执法工作。这种安排从管理角度提升了行政效率，杜绝横向部门之间利益的拉扯，更好地统筹协调改革的范畴。今后在制定草原恢复治理政策时，区域内的森林、冰川、湿地等将得到有效兼顾；在日常巡查中，过去分属于森林公安、草原监理、渔政执法等部门的工作人员一旦发现任何危及生态安全的情况均可及时介入，不再掣肘于原有权责范围；各级保护机构的沟通渠道被有效打通，重大生态问题将得到更及时的处置。

在生态保护和治理领域，将不同职能部门加以整合是大的改革方向。值得强调的是，实施"大部制"生态保护不仅可适用于类似三江源这样的国家公园园区，在任意行政区域范围内甚至是跨行政区域范围内均可参照此范例实施"大部制"改革措施，对其余省份或者跨省域和流域的生态治理而言，也会带来示范效应，并向其提供更加科学的解决方案。

（二）重视规划的编制，强化效力

发达国家对国家公园的规划极为重视，如英国将科学合理的规划确定为国家公园有序管理的前提和规范管理的重要保障。借鉴国外国家公园的先进做法，结合三江源国家公园实际，《条例》规定，编制三江源国家公园规划应当遵循生态保护规律，重视三江源生态系统区域分布特点，与土地利用总体规划和城乡规划等空间规划相衔接，实行多规合一。国家公园管理机构组织编制三江源国家公园规划，应当通过座谈、论证、听证或者其他公开形式，征求有关部门和社会公众的意见。经批准的三江源国家公园规划不得擅自变更或者调整，确需变更或者调整的，应当按照原批准程序重新报批。通过上述内容的规定，突出了规划编制的统一性和科学性，强化了国家公园规划的权威性、严肃性。

（三）生态保护兼顾社区发展，寻求平衡

国家公园开放管理的模式与理念为三江源国家公园平衡环境利益和经济利益提供了可能。《条例》在保护优先原则的指导下，强调处理好生态保护与民生改善、文化保护的关系。一方面明确规定三江源国家公园实行严格保护，除生态保护修复工程和不损害生态系统的居民生产生活设施改造，以及自然观光、科研教育、生态体验外，禁止其他开发建设，保护自然生态系统和自然文化遗产的原真性、完整性；建设项目不符合三江源国家公园规划要求的，应当逐步进行改造、拆除或者迁出；公园内不得新设矿产资源类开发项目。在分区差别化保护的前提下，鼓励在传统利用区适度发展生态畜牧业，合理控制载畜量，保持草畜平衡，不得超载放牧。鼓励开展特许经营，明确国家公园管理机构的特许经营收入仅限用于生态保护和民生改善。同时要求国家公园管理机构应当会同有关部门建立健全生态管护公益岗位制度，聘用国家公园内符合条件的居民为生态管护员，为园区居民提供就业机会，助其增收，调动了当地牧民群众参与三江源国家公园保护和管理的积极性，促成园区人与自然和谐发展。

（四）有效扩大社会参与，共建共享

《条例》在充分肯定当地社区居民参与的基础上，专章规定三江源国家公园社会参与的问题，鼓励和支持社会组织、企业事业单位和个人通过社区共建、协议保护、授权管理和领办生态保护项目等方式参与三江源国家公园的保护、建设和管理。借鉴国外国家公园的经验，探索建立合作伙伴机制、志愿者服务保障制度以及对外交流制度，将参与的范围扩大到国家公园范围内外任何利益相关者，包括政府相关部门、企业、社区、大学或研究机构、非政府组织、旅游者等，从不同的渠道为国家公园建设与管理提供支持。这种制度安排符合国家公园建设开放、合作、包容、共建共享的理念要求。

四、我国国家公园立法的建议

（一）国家层面立法的必要性

建立国家公园体制是党的十八届三中全会提出的一项重要的生态制度设计。三江源、普达措等地的国家公园实践已充分证明，建设国家公园，既可以有效保护具有国家或者国际重要意义的自然资源、人文资源，又可以带动地方经济发展，促进社区和谐稳定，增强公众保护意识，增强民族凝聚力和自豪感，促进边疆民族团结进步和社会繁荣稳定。

我国国家公园建设起步相对较晚，尽管当前国内已有部分省份开始国家公园试点建设，但是目前尚缺乏国家层面的"公园法"。立法相对滞后，导致难以解决现行管理体制下条块分割的深层次矛盾。在各地试点中发现，不少地方挂牌国家公园，仍然沿袭现有其他类保护地管理体系的体制机制，保护、服务、经营等共性问题没能完全得到解决。《条例》制定的过程中反映出国家公园的自然资产的权属、专门管理机构的设置、建设资金投入机制等问题，属中央事权，已超出地方立法权限。上述问题的解决，需要从国家立法的层面做出统一的规定，需要尽快启动"国家公园法"立法工作。

（二）立法的基本思路

我国国家公园的立法，可以按照"自下而上"的路径，分三个步骤逐步完成。第一步，先由试点的 9 个国家公园分别制定符合各地国家公园特点的国家公园条例，按照"一园一法"的要求，实现每一个国家公园都有自己的立法。第二步，在地方立法的基础上，通过抽象与归纳，就国家公园建设和管理中共同性、原则性、指导性问题，由全国人大制定统一的《中华人民共和国国家公园法》，形成统一的、高位阶的国家公园立法。第三步，整合现行自然保护地管理条例、部门规章，使其与统一国家公园立法相协调。在此基础上，再进一步细化法规内容，在国家公园机构设置、分区管理、特许经营、资源保护等方面辅之以一系列配套法规、标准、政策、手册指南等，紧紧围绕"国家公园法"，形成多种法律规范相互补充、相互制约，体系完整，内容详全，可操作性强的我国国家公园统一的法律体系。

（三）立法重点解决的问题

目前我国对国家公园的理解认识五花八门，一些理解出现偏差①。从立法调研的情况而言，立法的难点依然是管理体制的问题，各地国家公园的主管部门及其职责差异很大，如三江源在不增加编制的情况下，设立三江源国家公园管理局，统筹相关部门实行综合执法，而云南、福建等地则是由省林业厅负责组织国家公园的划定、建设、管理、指导和监督工作，设置国家公园

---

① 唐芳林. 中国需要建设什么样的国家公园［J］. 林业建设，2014（05）：1-7.

管理办公室。在国家公园的设立及保护区域划定上缺乏统一的标准和参考指数，在保护与发展的关系上立场不一，等等。鉴于此，笔者认为我国国家公园法的立法应当着重考虑以下几个问题：明确国家公园的定义与立法的目的理念，突出国家公园公益性、系统性、国家性的理念，确定保护优先、系统保护、利益平衡、社会参与等基本原则；理顺体制管理，结合国家新一轮"大部制"管理体制改革的契机，设立统一的国家公园管理机构并明确规定其职权职责，建立中央到地方统一管理、分级负责的体制结构；明确国家公园自然资源资产权属及国家公园建设的资金投入机制；明确国家公园的准入标准和基本建设要求；完善国家公园规划的制定与审议机制；规定国家公园内资源的保护与合理利用以及调查、评估、审查和授权的机制；规定公众参与国家公园发展的制度和程序及相应的惠益分享条文和措施，建立社区参与的模式；建立特许经营、生态管护、志愿者服务、共建共享、合作交流、综合执法等国家公园管理的基本制度。

从古至今，法律都承载着人类美好的理想，而立法是首要的治国为政之道。制定《三江源国家公园条例（试行）》是保证三江源国家公园体制试点工作的基础条件，也是实现依法建园和推动我省生态文明制度建设的必备要件，更是为全国提供可复制、可推广保护管理经验的现实需要。为了有序推进我国国家公园建设，需要制定国家统一的国家公园法，从而为我国国家公园的建设奠定良好的制度基础，为人们创立一套先进的基本行为准则，为我国生态文明建设提供有效的保障。

参考文献：

[1] 杨锐，等. 国家公园与自然保护地研究 [M]. 北京：中国建筑工业出版社，2015.

[2] 秦天宝，刘彤彤. 国家公园立法中"一园一法"模式之迷思与化解 [J]. 中国地质大学学报（社会科学版），2019，19（06）：1-12.

[3] 刘翔宇，谢屹，杨桂红. 美国国家公园特许经营制度分析与启示 [J]. 世界林业研究，2018，31（05）：81-85.

[4] 徐菲菲. 制度可持续性视角下英国国家公园体制建设和管治模式研

究 [J]. 旅游科学, 2015, 29 (03): 27-35.

[5] 张立. 英国国家公园法律制度及对三江源国家公园试点的启示 [J]. 青海社会科学, 2016 (02): 61-66.

[6] 唐芳林. 中国需要建设什么样的国家公园 [J]. 林业建设, 2014 (05): 1-7.

青海省环境司法专门化的困境与突破

李文华①

内容摘要：环境资源案件具有公益性、复合性、专业性、恢复性和职权性等特点，因此对此类案件的环境司法活动必须走专门化道路。实践中由于环境司法观念的欠缺、制度设置的粗陋等原因，使得在运作的过程中存在一定的问题。本文认为通过加强环境行政执法部门与环境司法的联动执法机制，建立合理的环境资源案件的审判制度，就能达到环境司法保障生态文明建设的目的。

关键词：环境司法；环境公益诉讼；联动协调机制

当前，我国面临资源约束趋紧、环境污染严重、生态系统退化的严峻形势，而通过司法手段保障人民群众的环境健康与安全，是加快生态文明制度建设，将环境资源保护纳入法治轨道的重要一环。为此，我国通过逐步设立专业的环保法庭、修法确立环境民事公益诉讼制度、出台《最高人民法院关于全面加强环境资源审判工作为推进生态文明建设提供有力司法保障的意见》等举措推进环境司法专门化建设。青海省政府在 1999 年就制定了《青海省生态环境建设规划》，启动了生态文明建设，之后又陆续出台了《青海省"四区两带一线"发展规划纲要》（2010）、《青海省"十二五"规划纲要》（2012）

---

① 作者简介：李文华（1974— ），女，青海西宁人，青海民族大学法学院教授，法学硕士，研究方向：刑事诉讼法学。

等重要的文件，其中都体现了通过环境司法加强生态文明建设的新思想，要求以法律的手段制裁污染环境、破坏生态等违法行为，切实保障自然资源和环境保护制度的落实，维护人民群众生命健康，促进社会和谐安定，推动经济社会可持续发展。同时为了回应人民群众对环境资源司法的新期待新要求，按照最高人民法院的部署，青海省在2014年12月29日成立了城西区人民法院环保庭和西宁市中级人民法院环保庭两个专门的环境审判庭，依法审理环境资源类案件。但据笔者走访了解，这两个新设立的环保法庭在运行中却面临着一些问题，在受理案件数量方面，两级法院半年来受理的案件只有32件，环境公益诉讼难以展开；在制度机制方面，环保诉讼机制创新不足；在环境司法审判队伍方面，环保合议庭成员缺乏环境法专业训练，缺少环保案件审判经验等，环保法庭应有作用难以发挥。对此，我们应当认真思考，寻找相应的原因。

一、青海省环境司法专门化运行中存在的问题

环境司法专门化是指国家或地方设立专门的审判机关（环境法院），或者现有法院在其内部设立专门的审判机构或组织（环境法庭）对环境案件进行专门审理。环境司法专门化是20世纪60年代末出现的司法现象。1969年，新西兰环境法院和美国佛蒙特州环境法院先后成立，从而拉开了环境司法专门化的帷幕。① 我国早在20世纪80年代也开始了环境司法专门化的探索。1988年，武汉市硚口区人民法院根据该院环境案件逐年增多，且案件审理复杂、特殊等情况，向最高人民法院提出了设立专门环境法庭的建议。自2007年11月20日，我国第一家环保法庭贵州省清镇市人民法院环保法庭成立以来，我国各级法院已设立了一百多个环境保护法庭、审判庭、合议庭或者巡回法庭。但是考察这些专业法庭的运行情况，会发现都存在环境案件案源少、环境审判制度不完善、环保行政执法与环境司法难以有效衔接、环境司法检察监督难以发挥作用、环境公益诉讼案件启动比较困难等问题。青海省两个专业环保庭，由于成立时间比较短，在环境司法方面存在更多的问题。

---

① 王树义. 论生态文明建设与环境司法改革 [J]. 中国法学, 2014 (03)：54-71.

（一）从司法专业化的主体而言，缺乏环境资源审判协调联动机制

提起环境司法专业化，很多人认为仅仅是法院审判专业化，其实环境保护是一项系统工程，需要党委、政府、人大、政协、法院、检察院以及社会各界的共同参与。需要建立审判机关、检察机关、公安机关和环境资源保护行政执法机关之间的环境资源执法协调机制。但是据笔者了解，青海省的公安机关和检察机关都没有设立"环保公安分局"或"环境资源检察处"等专门机构来处理环保案件。同时法院也没有与环保等部门建立协调联动机制，导致环境行政执法与环境司法的衔接存在一些问题，行政执法机关与刑事司法机关打击环境犯罪的合力不太强。

首先，环境行政执法部门与公安机关之间存在衔接不畅问题。比如在环境资源类案件的处理中，由于行政执法部门与公安机关对涉嫌环境犯罪案件的证据等要件的理解存在差异，加上行政执法部门自身取证手段有限、证据意识不够强等因素，其所提供的证据往往达不到公安立案追诉标准的要求，导致相当数量的案件进入不了司法程序。另外由于行政执法部门对区分罪与非罪的标准把握不准，造成大量案件没有移送公安机关办理，仅做出行政处罚，以罚代刑，直接影响到打击效果。

其次，检察机关对环境行政执法部门的案件难以开展有效的法律监督。根据规定检察机关是案件移送的监督机关，但由于宪法和法律对检察机关进行环境行政执法监督只有原则性的规定。同时对环境行政执法机构而言对如何将涉嫌犯罪案件进行移送，全凭自觉和对案件移送的认识。加上行政执法具有相对封闭的特点，检察机关由于缺乏信息来源，无法及时全面掌握相关信息，主动筛选和确定有价值的线索，对于行政执法机关是否履行职责、应当移送案件线索而未移交等情况也无从得知，难以对环境行政执法领域进行有效监督，这对环境司法的有效运行带来了不利的影响。

最后，法院与环境行政执法部门也未确立审前联动机制，很难做到预防、控制环境损害的发生与发展。目前青海省的环境审判还显得比较被动，仅仅以已经发生的环境案件作为工作对象，对于可能破坏环境、刚刚破坏环境及具有缓慢持续性破坏的案件或人员，司法介入不及时。法院并没有通过发出

司法建议等方式将法律工作向前延伸，以形成服务、督促、监督行政机关依法行政的做法，没有体现能动司法、恢复性司法的理念。

（二）民间环保组织的欠缺及立法的不完善，影响了环境公益诉讼的开展

据了解，青海省截至目前没有专业的民间环保组织，民众的环境参与意识还比较薄弱，两个环保庭成立以来，还未接受一起环境公益诉讼案件。虽然新修订的《民事诉讼法》确立了公益诉讼制度，但仍存在着制度设计不完整、法律适用难点多等问题。环境公益诉讼中普遍存在着主体资格、诉讼费用、因果关系鉴定、损害后果评估、诉讼利益归属、生态环境修复以及诉讼动力不足等问题。根据新《环境保护法》第 58 条的规定以及最高人民法院于2014 年 10 月公布的《关于审理环境民事公益诉讼案件适用法律若干问题的解释》（征求意见稿），民间环保组织想要通过环境公益诉讼制止环境污染，保护生态环境，仍然有三个不可克服的困难：① 一是严格的登记制度导致民间环保组织起诉门槛抬高。二是"专门从事环境保护公益活动连续五年以上且无违法纪录"的考核制度，让民间环保组织起诉步履维艰。三是新环保法 58 条规定，民间环保组织提起环境公益诉讼"不得牟利"。这使得原本资金紧张、生存困难的民间环保组织失去了一个重要的利益来源，使得民间环保组织对提起环境公益诉讼缺乏利益驱动力。从而使得实践中各地环保法庭不同程度地陷入了"无案可审"的窘境。

（三）环境审判机构、人员及审理程序的专门化水平有待提高

首先，在环境资源案件的受理方面实行归口管理。环境资源审判所涉及的法律领域具有复合性，其所涉及环境领域的专业问题又是共同的，对此形成专业化归口管理模式，可以节约司法资源，统一各类案件的裁判尺度。青海省所设立的两个环境审判庭，实行"二审合一"的案件受理模式，即对环境资源民事和行政案件归口审理。相较于全国很多法院"三审合一"或"四审合一"的

模式，仍然保留环境资源刑事案件在刑事法庭审理，显得比较保守。而且也没有形成审判与执行合并司法的模式，环境司法的力度不大，社会影响力有限。

其次，在环境资源案件管辖方面建立了与行政区划适当分离的制度。青海省设立城西区法院跨区域集中统一审理全市涉及环境资源类民事、行政案件，以利于案件统一审理、统一裁判尺度。西宁中级人民法院环境资源审判庭的主要职责包括：审判第一、二审涉及大气、水、土壤等自然环境污染侵权纠纷民事案件及行政案件，涉及地质矿产资源保护、开发有关权属争议纠纷民事案件及行政案件，涉及森林、草原、内河、湖泊、滩涂、湿地等自然资源环境保护、开发、利用等环境资源民事纠纷案件及行政案件。但是两个法庭的设置与青海省生态大省及青海省"四区两带一线"发展规划纲要的要求还存在一定的差距。

最后，缺乏审理环境资源案件的专门化程序规范。据了解，青海省法院成立环境资源庭半年来，审理环境资源类案件共32件，绝大多数案件都是通过撤诉或调解结案的方式完成。审理中并没有根据环境诉讼的特点，规定证据保全、环评鉴定、举证责任分配、诉前禁令以及由生态环境专家担任顾问或专家辅助人、人民陪审员等制度。在环境公益诉讼方面没有设立环境民事公益诉讼专项基金，没有规定诉讼成本负担机制，也没有确立对环境民事公益诉讼原告的司法救助力制度，如诉讼费用的缓交、减交等制度。环境资源案件的审理缺乏专业而细致的规定。

二、青海环境司法专门化困境的突破

（一）注重制度创新，大力推进环境民事公益诉讼制度的构建

环境司法的重要内容之一就是建立环境民事公益诉讼制度，开展环境民事公益诉讼。为了应对日益严重的环境问题，1970年美国制定了《清洁空气法》，首创了"公民诉讼条款"，开启了环境公益诉讼的新纪元。"公民诉讼"制度赋予了任何人均可对违反法定或主管机关核定的污染防治义务的违法者提起民事诉讼的权利。2012年，我国新修订的《民事诉讼法》规定："对污染环境、侵害众多消费者合法权益等损害社会公共利益的行为，法律规定的

机关和有关组织可以向人民法院提起诉讼。"我国环境公益诉讼最终有了法律依据。但是由于我国相关机关及有关组织基本上都具有浓厚的行政背景，由其提起公益诉讼可能会受到地方行政阻挠。因此，对于环境公益诉讼的提起主体有必要进一步放宽。

1. 落实民间环保组织者的诉讼主体地位，建立公益诉讼案件受理公告制度。针对青海省民间公益组织少的特点，进行广泛宣传，政府摸底在各领域活动且未注册的环保组织，放宽注册条件，鼓励注册，使其成为符合条件的诉讼主体。同时在环境民事公益诉讼中引入原告胜诉奖励制度以解决我国环保组织资金难的问题，从而改变环保法庭无案可审的尴尬处境。对负有监督、管理、保护环境等公共利益职责的环境监督管理部门，督促其积极履行职责，对侵害国家利益无直接受害人的环境资源案件依法提起公益诉讼。法院应当建立与环境行政执法机构的立案沟通协调机制，及时将环境公益诉讼起诉情况通报环境资源保护行政执法机关，探索建立受理公告制度，及时公告环境公益诉讼受理情况。

2. 明确规定检察机关在环境公益诉讼中的地位。规定检察机关可以以公益诉讼人的身份提起环境民事公益诉讼。同时还可以作为支持起诉人督促并支持公益诉讼人起诉。鉴于我国《民事诉讼法》第十五条只规定了支持起诉的原则，所以还应当规定检察机关支持起诉的操作程序及内容。

3. 针对环境公益诉讼中证据的鉴定及举证等方面的难题，做出明确规定。对于审理案件需要的、涉及社会公共利益的证据，若原告因客观原因无法取得，法院可以依职权调取。对于原告承担举证责任的、涉及社会公共利益的事实需要鉴定的，法院可以依职权委托鉴定。在鉴定机构的选择上，应当规定对于损害后果的评估、因果关系的鉴定，有法定评估、鉴定机构的，由法定机构评估、鉴定；无法定机构的，可以由司法鉴定机构评估、鉴定；司法鉴定机构无法进行评估、鉴定的，可以由依法成立的科研机构、专门技术人员评估、鉴定。这些规定解决了环境案件中申请鉴定主体不明、鉴定机构缺位、鉴定结论的证据效力等问题。① 由于环境侵权往往涉及较强的专业技术问

---

① 王向红. 昆明环境保护司法的创新与实践 [EB/OL]. 中国法院网，2013-01-23.

题，在诉讼中应当容许当事人及人民法院聘请专门技术人员作为专家辅助人出庭作证，专门技术人员的陈述可以作为证据。

4. 规范公益诉讼案件的审结方式。对于当事人达成的调解协议或者和解撤诉申请，应当特别注重审查是否损害国家利益、社会公共利益或者他人合法权益，从而做出是否准许的裁定判决。同时对环境民事公益诉讼的责任方式和赔偿范围，应当根据原告请求，判令被告停止侵害、排除妨碍、消除危险、返还财产、恢复原状、赔偿损失。环境公益诉讼的原告请求被告赔偿预防损害发生或恢复环境费用、破坏自然资源等生态环境造成的损失以及合理的律师费、调查取证费、鉴定评估费等诉讼支出的，可以根据案件审理情况予以支持。另外被告的行为可能严重危及环境安全或者可能造成环境难以恢复或者继续加重对环境破坏的情形时，人民法院应当根据申请人的申请颁布禁止令，及时禁止被告的相关环境侵权行为，以避免出现诉讼期间环境侵权行为持续发生并造成环境损害的情形。①

5. 明确公益诉讼案件的诉讼成本、诉讼利益归属。环境公益诉讼的目的是维护社会环境公共利益，诉讼利益归属于社会，诉讼成本也应由社会承担。因此，应当探索设立环境公益诉讼专项基金，将环境赔偿金专款用于恢复环境、修复生态、维护环境公共利益；尚未设立基金的地方，可以与环境资源保护行政执法机关、政府财政部门等协商确定环境赔偿金的交付使用方式。同时应当规定公益诉讼人提起诉讼的，可以向公益诉讼救济基金申请诉讼费用，被告败诉应当承担的赔偿金也应向公益诉讼救济基金支付，修复环境的费用也由救济基金支出，以此来解决公益诉讼的诉讼成本及诉讼利益归属问题。

（二）逐步完善环境资源司法专门化的各项配套制度

1. 根据青海省各地区审判机构及审判人员的实际情况，合理设立环境资源专门审判机构。青海省是全国资源富集的生态大省，省内不同区域所面临

---

① 最高人民法院. 最高人民法院关于全面加强环境资源审判工作为推进生态文明建设提供有力司法保障的意见 ［A/OL］. 中国法院网，2014-06-23.

的环境开发、环境破坏、环境保护问题各有不同。所以青海应当本着确有需要、因地制宜、分步推进的原则，逐步建立环境资源专门审判机构，为加强环境资源审判工作提供组织保障。

2. 根据青海省实际情况，建立环境资源刑事、民事、行政案件以及执行"四审合一"的案件归口管理制度。改变目前青海省环境资源民事、行政案件由环境资源专门审判机构归口审理的"二审合一"方式。从目前受理的环境案件可以看出，很多的环境资源类案件包含民事、行政、刑事中的两类或两类以上法律关系，具有综合性和复合性的特征。如果通过传统的三大诉讼分立的审判模式，有可能造成环境纠纷在民事、行政与刑事裁判中产生冲突或矛盾，从而出现司法标准不统一的结果。因此为了统一环境资源案件审判的司法理念和裁判标准，提高案件审判质量，又能够发挥三大审判在环境法律保护上的整体合力，提高审理效率，应当确立"四审合一"的审判机制。

3. 根据青海省"四区两带一线"的区域划分，建立与行政区划适当分离的环境资源案件管辖制度。为了克服环境资源类案件处理过程中的地方保护等问题，党的十八届三中全会明确提出探索建立与行政区划适当分离的司法管辖制度，这与环境资源审判的特点正相契合。设立以流域等生态系统或以生态功能区为单位的跨行政区划的审判机构，实行对环境资源案件的集中管辖，逐步改变目前以行政区划分割自然形成的流域等生态系统的管辖模式，可以解决生态环境的整体性与保护的分散性之间的矛盾。

（三）确立环境司法与行政执法联动的生态保护"双轨制"的执行机制

环境治理必须牢固树立生态成本观、环境大局观、绿色政绩观，必须坚持经济建设与生态建设一起推进、产业竞争力与环境竞争力一起提升、经济效益与环境效益一起考核、物质文明与生态文明一起发展的思路。全省各级地方党委政府和行政机关应切实转变观念，进一步健全和完善环境保护的相关配套制度，通过建立约束政府行为的规定，加大落实对违法排污企业"停产整顿"和出现严重环境违法行为的地方政府"停批停建项目"的规定，细化责任追究机制；通过建立环境信息公开制度，保证环境政务公开，保障公众环境知情权，建立有效的公众参与和监督机制，扩大公众参与环境事务的范围；通过建立绿色信贷机制，从税收、金融等经济政策方面给予自觉遵守环境法律法规的企业支持和鼓励，使其得到实惠；通过开展企业环保监督员试点工作，推行企业年度环境报告书制度，及时公开环境违法重点案件的查处情况；通过完善奖励机制，加大举报奖励力度，拓宽环境案件线索来源渠道，动员社会积极参与环境保护；通过建立企业环境信誉制度，借助媒体及时公布企业违法行为和违法"黑名单"，加大环境保护宣传力度；通过建立重大环境污染案件或群体性争议应急、预警机制和突发性环境污染与破坏事故应急预案制度，提高快速反应能力，及时处置环境污染事故、纠纷和重大污染投诉，在重大复杂环境污染案件或有影响的群体性争议可能发生时加强通报预警，在党委统一领导下，努力做到行政与司法机关密切配合，从源头上预防和减少群体性争议或环境污染案件。① 具体而言从以下三个方面展开：

1. 建立能够调动行政和司法两个领域，有效协调不同机构的协调领导组织。建议明确各地的政法委为环保执法协调机制的牵头单位，以切实解决目前存在的协调机制运行不畅问题。同时建立协调机制成员单位信息共享平台，依托各地政府的电子政务信息网络，建立涵盖协调机制全体成员单位的工作信息共享平台，以提升执法管理能力，加强环境保护领域内涉嫌犯罪案件的执法衔接，实现成员单位间信息互联互通的准确性、部门协作配合的规范性、案件移送的及时性，使环境保护工作在管理模式创新、信息资源整合、执法衔接紧密、打击合力强化等方面得到有效提升。

2. 加强行政执法和公安执法的有效衔接。环保行政部门是环境保护的专业单位，发现并认定污染情况能力强。在发现案件线索，提取收集相关证据，检验评估鉴定后，应当及时将涉嫌犯罪的环保案件移送公安机关立案查处；反之，公安机关也要积极作为，对工作中发现的案件线索，应及时移交环保行政机关做前期调查取证、检验鉴定和定量定性等处理。

3. 检察机关应当强化环境资源案件的立案监督工作。2015 年 6 月 6 日，最高人民检察院召开新闻发布会，通报检察机关加强生态环境司法保护的有

---

① 王向红. 昆明环境保护司法的创新与实践 [EB/OL]. 中国法院网，2013-01-23.

关情况并发布典型案例。① 提出针对环保领域存在的行政执法和刑事司法脱节，法律威慑力不够的现象，最高人民检察院要开展为期两年的"破坏环境资源犯罪专项立案监督活动"依托行政执法与刑事司法衔接机制，重点监督纠正有案不移、有案不立、以罚代刑等问题，以加强对环境保护执法司法活动的法律监督。

（四）加大环境资源审判公众参与和司法公开力度

1. 加大环境资源审判公众参与的力度。环境资源案件具有很强的专业性、技术性，对于损害行为和损害数额的认定、环境侵害行为和损害之间是否存在因果关系等专门性问题通常需要从专业技术的角度做出评判，因此，在审理环境资源案件的过程中，要充分发挥专家在环境资源审判工作中的作用。通过建立环境资源审判专家库，在审理重大疑难案件、研讨疑难专业问题、制定规范性文件时，充分听取专家意见。通过人民陪审员制度或专家辅助人制度，确保符合条件的专家出庭就鉴定意见和专业问题提出意见。司法实践中反映最为强烈的问题是缺乏专业化的、具有公信力的司法鉴定机构，并且评估鉴定周期长、费用高，客观上使得当事人望诉止步。为降低环境案件中的鉴定费用，对某类案件还可以探索不经过评估鉴定、直接采信专家意见的做法，积极回应人民群众参与环境资源保护意愿。自觉接受社会公众监督，推动建立中国环境资源裁判文书网，及时上网公开生效裁判文书。对于有重大影响的案件，邀请人大代表、政协委员、社会公众等旁听庭审，增强环境资源审判的公开性和公信力。

2. 加大环境资源司法保护宣传力度。充分运用传统媒体和微信、微博、新闻客户端等新媒体，通过巡回审判、以案说法、发布环境资源司法重要新闻和典型案例等形式，宣传环境资源保护法律法规，提高公众环境资源保护意识。定期发布地区《环境资源审判白皮书》，增进社会公众对环境资源司法保护制度及保护状况的客观全面了解。

---

① 高鑫. 最高检今年挂牌督办了第一批 12 起涉环境犯罪案件［EB/OL］. 正义网，2015-06-16.

总之，成立专门的环境审判组织来克服当前环境保护工作的障碍，解决环境纠纷、增强环境行政效力、加强环境事故的责任追究、促进环境问题的改善，已是国际上许多国家的通行做法。我国也应当在生态文明建设的大潮中，积极创新，发挥法院在环境保护工作中的重要作用，在环境案件的起诉、管辖、审理工作上做出制度性安排。深入贯彻党的十八大、十八届三中全会和习近平总书记系列重要讲话精神，充分发挥人民法院审判职能作用，为推进生态文明建设提供有力司法保障。

参考文献：

［1］王树义. 论生态文明建设与环境司法改革［J］. 中国法学，2014（03）：54-71.

［2］颜运秋，余彦. 民间环保组织的诉讼资格与地位比较研究——兼评新《环境保护法》第58条［J］. 福建江夏学院学报，2014，4（06）：50-59.

［3］王向红. 昆明环境保护司法的创新与实践［EB/OL］. 中国法院网，2013-01-23.

［4］最高人民法院. 最高人民法院关于全面加强环境资源审判工作为推进生态文明建设提供有力司法保障的意见［A/OL］. 中国法院网，2014-06-23.

［5］王向红. 昆明环境保护司法的创新与实践［EB/OL］. 中国法院网，2013-01-23.

［6］高鑫. 最高检今年挂牌督办了第一批12起涉环境犯罪案件［EB/OL］. 正义网，2015-06-16.

检察机关环境公益诉讼的困境与对策

——以跨行政区域环境案件为视角

王晓维①

内容摘要： 面对环境污染案件频发和生态文明建设的不断推进完善，生态环境与资源保护领域的公益诉讼案件逐步增多，检察机关办理案件过程中面临调查取证缺少必要的法律授权、举证责任分担不清、管辖争议不明、诉讼程序不完善等困境。通过对青海省检察机关办理跨行政区域环境案件的实践进行研究，提出从确立法律地位、强化调查取证权、探索集中管辖、完善诉讼程序和增强实效性等方面完善检察机关跨行政区域环境公益诉讼制度。

关键词： 检察机关；公益诉讼；生态环境；调查取证；管辖

一、问题的提出

跨行政区域环境问题具有一定特殊性，是指超越了行政区域边界造成的环境问题，或某个环境问题造成的影响打破了行政区域的界限。② 跨行政区域环境问题具有跨区域性、系统性、交互性、整体性的特点，而行政边界附近

---

① 作者简介：王晓维（1988— ），女，青海民族大学法学院讲师，法学硕士，研究方向：刑事诉讼法学。

② 任洪涛，余德厚. 论跨行政区域环境资源案件的司法管辖制度 [J]. 甘肃政法学院学报，2017（04）：127-136.

和边缘地带常常是环境风险管理体系不完善、风险应急反应能力不足的地区。① 环境公益诉讼的当事人是检察机关或者实施环境破坏、污染行为的公民、法人或者其他社会组织。公益诉讼所救济的客体是与公民个人、社会乃至国家发展大有裨益的环境公共利益。根据公益诉讼的性质，提起诉讼的主体并不是受到侵害的受害人本人，而是国家机关基于维护国家、社会的利益而向法院提起诉讼。检察机关与环境公益诉讼的关系，必然涉及"环境公益诉讼中原告身份"与"国家监督机关"的角色冲突，应当从公共诉讼职能的配置方面去理解检察机关的权力，重构刑事公诉职能与民事和行政公益诉讼职能，并将其纳入统一的公共体系当中。② 检察机关既要恪守法律监督人的角色，又要履行好环境公益代表人的角色。站在检察机关的角度，提起环境公益诉讼可以说是在传统的民事和行政领域内的"补齐短板"。③ 自 2012 年检察机关公益诉讼开始试点工作，办理的案件类型主要集中在民事公益诉讼领域。时至今日，公益诉讼范围扩大到民事公益诉讼和行政公益诉讼，可诉范围从最初的环境保护领域逐步扩大到生态环境和资源保护领域、食品药品安全领域、国有财产保护领域、国有土地使用权出让领域、英烈权益保护领域等。检察机关摸着石头过河、从零开始逐步探索创新检察机关工作方式和理念；检察机关通过诉前发布检察建议的发布公告程序，探索形成了以诉前程序为主，以诉讼程序为辅的二元公益诉讼模式。最高法院也在探索建立与行政区域适度分离的环境资源案件管辖制度，促进了环境司法专门化体系的基本形成，有效地节约了司法资源，减少了检察机关和法院的工作压力。跨行政区域的环境污染破坏有其特殊性，污染的范围广、持续时间长、损害较难恢复，尤其是大气污染、水资源污染、森林资源破坏、草原资源破坏等存在"上下游不同行、左右岸不同步""生态系统破坏后难恢复"的治理难题。经济发展水平不同导致不同行政区域之间的环境立法存在差异，制定的标准、规范的内容不尽相同。在跨行政区域检察机关环境公益诉讼制度中仍存在法

---

① 王芳. 冲突与合作：跨界环境风险治理的难题与对策——以长三角地区为例 [J]. 中国地质大学学报（社会科学版），2014，14（05）：78-85，156.
② 陈瑞华. 检察机关法律职能的重新定位 [J]. 中国法律评论，2017（05）：53-61.
③ 王亚新. 检察机关民事职能的再定位 [J]. 中国法律评论，2017（05）：68-74.

律规定不明确、管辖标准不统一、诉讼程序不完善等问题，亟须从理论和实践方面予以关注。

二、检察机关跨行政区域环境公益诉讼的青海实践

青海省地处青藏高原，是国家重要的生态屏障，被称为"中华水塔"，特殊的地理环境和敏感脆弱的生态系统给环境保护工作带来了巨大的挑战。习近平总书记 2016 年在青海考察时指出"青海最大的价值在生态、最大的责任在生态、最大的潜力也在生态。"① 强调在发展过程中必须把生态文明建设放在突出位置。习总书记对青海提出的"三个最大"省情定位，为青海的整体发展指明了方向，对各项工作的开展提供了行动指南。而同时，青海省检察机关办理的环境公益诉讼案件数量也较多，仅 2019 年全年，青海省检察机关共办理生态环境和资源保护领域公益诉讼案件 609 件，占办案总数的 67.2%。青海省检察机关共向行政机关提出诉前检察建议 763 件，行政机关回复整改率 99.3%。在生态环境领域中，水资源保护类立案 128 件，所有立案类型中比例最高，为 31.45%；固体废弃物污染类立案 106 件，占比 26.04%；草原保护类立案 69 件，占比 16.95%；林地保护类立案 51 件，占比 12.53%；耕地保护类立案 34 件，占比 8.35%；大气污染类立案 19 件，占比 4.67%。② 青海省玉树州的生态战略地位十分重要，是我国重要的生态安全屏障。玉树州地处三江源国家公园核心区，境内园区面积占比 84.5%，天然草场和林地面积超过总面积的 80%，拥有世界上海拔最高、面积最大的湿地生态系统，三江源、可可西里、隆宝三个国家级自然保护区覆盖自治州全境，玉树素有"高寒生物自然种质资源库"之称。同时，《青海省高级人民法院关于环境资源案件跨行政区域集中管辖实施意见》也对现行审判困局进行了创新和完善，对现行审判管理制度进行了具体实践和探索，规定青海环境资源类案件采用集中管辖模式，规定凡是应由中级人民法院管辖的一审环境资源民事、行政

---

① 新华社. 习近平：尊重自然顺应自然保护自然 坚决筑牢国家生态安全屏障 [EB/OL]. 新华网，2016-08-24.

② 鲁丹阳. 2019 年青海省公益诉讼案件数量同比倍增 [EB/OL]. 中国新闻网，2020-03-11.

（试行民事、行政、刑事"三审合一"的法院包括刑事）案件，分别由西宁市中级人民法院、海北藏族自治州中级人民法院、海西蒙古族藏族自治州中级人民法院、玉树藏族自治州中级人民法院的环境资源审判庭（专门合议庭）审理；凡是应由基层法院管辖的一审环境资源民事、行政（试行"三审合一"的法院包含刑事）案件，分别由西宁市城西区人民法院、海晏县人民法院、玉树市人民法院、格尔木市人民法院集中审理。① 在最高法院和青海省委、省政府、省法院的支持下，2017 年 2 月，青海省高级人民法院批复在玉树市法院挂牌成立了"三江源生态法庭"，法庭主要职责为实行"三审合一"的审判模式，集中管辖玉树、果洛两州十二县共 34.5 万平方千米范围内涉及生态环境资源民事、刑事、行政一审案件。2017 年 6 月 4 日，三江源生态法庭第一个"环境资源保护服务站"在隆宝国家级自然保护区挂牌成立，后期又设立了东仲林场服务站。自 2017 年 6 月 4 日至 2020 年 4 月 14 日，三江源生态法庭共受理并审结各类环境资源案件 14 件，结案率 100%。鉴于青海地区生态环境的特殊性，青海省检察机关跨行政区域环境公益诉讼从制度设计到案件处理已探索形成了检察公益诉讼的"青海模式"。

（一）力求在诉前实现跨行政区域环境公益诉讼目标

检察机关的双重角色保障了诉前程序的效力，在督促行政机关履职等方面是十分有效的。② 毕竟司法权是被动、消极的权力，基于对私人意思自治和"行政权专长"和"行政权优先"的尊重，检察机关的出现只是起到兜底和补充的作用。③ 在案件办理过程中，检察机关对获取的案件线索往往会积极听取相关部门的意见，发出检察建议后持续跟踪落实，能够积极推进行政机关在诉前解决问题。

案例一：黄河积石峡水电站项目是黄河上游龙羊峡——青铜峡河段规划

---

① 人民法院报. 青海高院出台意见 环资案件跨区集中管辖 [EB/OL]. 中国长安网, 2016-04-14.

② 张忠民，陈乾. 检察机关试点环境公益诉讼的环境法审视 [J]. 人民司法（应用），2017（13）：4-7.

③ 王明远. 论我国环境公益诉讼的发展方向：基于行政权与司法权关系理论的分析 [J]. 中国法学, 2016（01）：49-68.

的水电站之一，循化县检察机关在履职中发现，黄河积石峡水电站项目建设中未经国家林业部门许可，擅自提高库区水位，致使库区周围75.5公顷的林地被淹没，检察机关建议循化县自然资源局责令建设单位补偿损失开展异地植被恢复工作，自然资源局收到检察建议后立即督促建设单位进行生态建设恢复补偿，异地恢复补种林木90.6公顷，对黄河相关河道生态受损问题进行了整改和恢复。检察机关在履职过程中，通过发放检察建议的方式，对涉及环境、资源类案件的行政不作为、不当作为等方式进行监督，并对检察建议的回复进行了跟踪监督。

从检察建议回复情况来看，检察建议回复率较高，整改效果较好，较好地在诉前实现了保护公益的目标。

案例二：2018年8月，最高人民检察院针对"三江源地区宗教放生乱象危及河源生态"的现象，向青海省检察院发出督办通知，要求"认真调查核实相关情况，对符合公益诉讼监督条件的，依法启动公益诉讼程序"。青海省检察院接到通知后向玉树州人民检察院交办该线索，玉树州人民检察院对此进行了调查核实，并向州民族宗教事务委员会发出检察建议，玉树州民族宗教事务委员联合州委、州政府、州委统战部、水利局等相关部门起草了《关于严格控制鱼类放生行为保护水生态的意见（草稿）》，玉树州人民政府也印发了《玉树州人民政府关于严格控制鱼类放生行为保护水生态的意见》，又向社会发布了《关于在三江源头水域禁止外来鱼种随意放生的通告》。本案中，检察建议积极督促了行政机关履行职责，有效保护了生态环境，实现了"多赢、双赢、共赢"的社会效果。

（二）推动检察机关跨行政区域环境公益诉讼协作机制

青海省检察机关紧紧围绕"三个重大"的省情，围绕国家公园示范省建设、青海湖国家级自然保护区建设、三江源国家公园建设、黄河流域生态保护等工作中心，在推进公益诉讼中积极融入国家战略，探索跨行政区域的生态环境和资源保护协同治理体系构建，推动检察机关跨行政区域环境公益诉讼协作机制。

第一，做好跨行政区域环境公益诉讼交流合作工作。在坚守"源头责任"

的同时，青海省检察机关不断探索跨行政区域的环保协同治理体系建设，积极配合有关部门做好"中华水塔"保护工作。发挥好"兰州—西宁"城市群建设的基础，加强与黄河流域省区检察机关的交流合作，在发挥检察机关公益诉讼中唱好"双城记"。

第二，做好跨行政区域的生态环境和资源保护检察工作的协作机制。为了发挥好检察机关公益诉讼的职能，为实现国家战略提供更优质的检察产品，探索形成生态环境司法保护合力，2019年10月，青海省互助县检察院、甘肃省天祝县检察院共同签订了《关于建立祁连山跨区域生态环境和资源保护检察协作机制的意见》①。该《意见》为更好地进行祁连山区域环境保护，充分发挥检察机关的检察职能，加强两地检察机关的协作和配合，建立祁连山跨区域生态环境和资源保护检察协作机制提供了支持。

第三，做好省内跨区域环境资源治理和保护的协同工作。为做好黄河流域的生态保护工作，协同推动黄河大治理，发挥检察机关在黄河大治理中的积极作用，青海省人民检察院发布了《关于充分发挥公益诉讼检察职能服务保障黄河上游（青海段）生态保护和高质量发展的实施意见》，围绕三江源、祁连山等黄河上游地区资源破坏问题，协调区域内行政机关的协同治理，使检察机关不断提升办案水平，提高办案质量和效率。该《实施意见》的制定为破解黄河上游（青海段）"上下游不同行、左右岸不同步"的治理难题提供了可行的方案，也为青海省检察机关办理省内跨区域环境治理公益诉讼的办案模式提供了路线。2020年3月，青海省人民检察院发布了《关于充分发挥公益诉讼检察职能　致力筑牢"三江之源"国家生态安全屏障的实施意见》，聚焦长江黄河国家战略实施，探索构建全国重点生态功能区域生态公益司法保护协作新机制，探索出"青海经验"。

三、检察机关跨行政区域环境公益诉讼的困境分析

检察机关提起公益诉讼制度的运行整体处于良好发展阶段，但是面对跨

---

① 央金拉姆. 甘肃天祝、青海互助两地检察机关建立祁连山跨区域生态环境和资源保护检察协作机制 ［EB/OL］. 甘肃省人民检察院官网，2019-10-31.

行政区域的环境类案件，环境公益诉讼作为新兴事物在实践中还存在许多问题亟待解决。近年来，关于跨行政区域环境公益诉讼的研究极为丰富，大多涉及跨区域集中管辖、"三审合一"模式、审判机构设置、司法管辖制度等法院庭审制度或者从制度供给、环境治理等行政管理、经济管理角度进行分析，以检察机关为关注视角探讨环境公益诉讼制度甚至关注跨行政区域环境公益诉讼制度的较少。

（一）检察机关跨行政区域环境公益诉讼的法律规定不明确

从法律层面来看，修改后的《民事诉讼法》以及《行政诉讼法》仅对检察机关作为诉讼的原告身份进行了规定，没有制定专门的公益诉讼法律来规范公益诉讼的整体流程。而相关的司法解释和政策性规定也缺少法律的高位阶性和强制性，实践中的运行适用状况和现行的法律规范会存在碰撞，一定程度上耽误了公益诉讼实施的进度。例如，当行为人破坏环境的行为严重危害环境时会触犯《刑法》中关于环境资源保护类罪名，其行为构成刑事犯罪，检察机关既要追究行为人的刑事责任，又要追究其破坏环境的民事责任；但《刑事诉讼法》以及《刑事附带民事诉讼范围的规定》并没有将检察机关提起环境公益诉讼列入可以提起附带民事赔偿的范围。虽然有些地方法院逐步探索"刑事、民事、行政三审合一"的审理模式，但是实践中遇到的此类问题却与现行法律明显矛盾，有待解决。又如，当行为人破坏环境的行为不足以触犯《刑法》，检察机关可以对其提起民事公益诉讼；但是对于污染行为负有监管责任的行政机关因其不作为，检察机关可以对其提起行政公益诉讼。针对一个违法行为，提起两个诉讼是否浪费司法资源？而且也加大了检察机关的办案难度如果行政、民事诉讼进行"二审合一"的审理，那么又将分别适用不同的审判程序，同样会带来司法资源的浪费和现行法律规定冲突及矛盾。尤其是跨区域的环境污染类案件，虽然环境风险对人类及其环境的威胁，既不受制于行政管辖权，也不因政治权利而发生改变，[①] 但是，环境风险往往

---

① 王芳. 冲突与合作：跨界环境风险治理的难题与对策——以长三角地区为例 [J]. 中国地质大学学报（社会科学版），2014，14（05）：78-85，156.

会对各地区的社会、经济乃至政治产生极大影响，仅仅一个行政区域的单独行动是无力解决的，如果没有立法进行保障，检察机关作为诉讼主体并不具有强制力，我们很难期待其他行政区域的行政机关会积极配合另一区域的检察机关进行公益诉讼。作为国家的法律监督机关缺少了强制力的保障，一定程度上可能会影响检察机关诉讼主体功能的实现，影响其法律监督职责的履行。

（二）检察机关跨行政区域环境公益诉讼的调查取证难

首先，检察机关调查取证缺乏强制力。《人民检察院提起公益诉讼试点工作实施办法》第6条、第33条分别对检察机关在民事公益诉讼和行政公益诉讼中的调查取证权进行了规定，但是该调查取证权并不同于刑事诉讼中的调查权证权，其强制性和约束力较弱；而且，其规定的民事、行政两个领域的调查取证内容相同或相近，无法体现出针对性和区别性；加之该文件是由检察机关单独颁布，其效力等级较低，对其他相关部门的配合缺少强制力，面对复杂、重大案件尤其是跨区域的案件，检察机关的调查取证权无法保证有效行使。

其次，检察机关调查取证相关保障不足。由于环境污染、破坏类案件不同于传统刑事案件，其调查取证需要专业人员；而检察机关在此领域缺少鉴定专业设备和技术人员，面对复杂的调查取证问题往往显得心有余而力不足。虽然《人民检察院提起公益诉讼试点工作实施办法》规定了相关人员有配合检察机关调查取证的义务，但这种概括的义务性规定并没有明确"阻碍调查取证或违反该义务"的主体应承担何种法律责任，[1] 无法应对调查取证工作实践中的各类问题。尤其是在跨区域公益诉讼案件中，这种对当事人配合调查取证的非强制性的义务约束，可能会使被调查人有恃无恐，拒不配合调查，或者被调查行政机关互相推诿扯皮、推卸责任，导致检察机关调查取证权的行使在实践中大打折扣。

---

[1]　曹明德.检察院提起公益诉讼面临的困境和推进方向 [J].法学评论，2020（01）：118-125.

最后，检察机关调查取证存有环境困境。调查取证是检察机关办理所有案件的基础性工作，倘若无法有效保证调查取证，势必会对正常的诉讼工作带来影响，也会影响检察机关在环境公益诉讼中的权威性。青海地域广阔，辖区面积大，办案成本高，单独以某一州、市的财政无法有效地保障生态法庭工作的开展。同时，青海大部分地域地处高原寒冷地区，冬季大雪封山，交通不便，破坏自然资源恢复治理类案件的调查处理每年往往只有七个多月时间，导致部分公益诉讼案件无法在法定期限内结案，需做延长办案处理。虽然青海省检察系统与法院系统与周边行政区域制定了关于环境公益诉讼方面的合作制度，甚至最高人民法院也为跨区域司法服务保障制定了意见，但上述制度更多停留在框架范围内的理念指导或者规则设置。

（三）检察机关跨行政区域环境公益诉讼的管辖权争议

就已出台的相关司法解释和案件办理规范来看，关于检察机关办理民事诉讼和行政诉讼的管辖权规定比较保守和单一，对于跨省、跨区域的环境污染、破坏方面的管辖没有具体明确的规定，导致发生跨区域环境污染后不能很好地确定有管辖权的检察机关。而实践中，环境污染、破坏类案件大多数情况下是跨区域的，污染面积大、影响范围广，在管辖权的确定上存在一定困难。例如河流污染类案件，由于河流流经区域的地质、环境等不同，河流的污染程度也不一样。如果以属地管辖原则，环境侵权行为地的检察机关就享有管辖权，但这可能会对于河流的下流区域造成一定的影响，即发生环境侵权行为地的检察机关无法获取下流地区或其他流域的污染情况，而下游或其他区域的检察机关又无权提起公益诉讼，这样就会出现空间上的错位，从而可能会造成更大的环境损害。例如，环湘江流域环境公益诉讼案件中，2015年6月，岳阳市天顺化工厂相关股东通过商议，由郑某林负责通过正规途径处置化工废液。2015年9月开始，郑某林找到彭某保，要求彭某保帮其处理100多吨反应釜残留物即化工残留废液，彭某保找到彭某，彭某联系张某新，三人明知废液对环境有污染，仍将废液放置在张某新位于衡山县开云镇板桥村一组的工厂，结果运出的废液在卸货过程中发生泄漏，并在多地倾倒化工废液，后被群众举报。经法院审理，被告彭某保、郑某林等人因犯污染环境罪被判刑。之后长沙市检察院对被告提起公益诉讼，要求被告承担环境侵权赔偿责任支付赔偿金 40 万元，时隔五个月因非法处置的化工废液在衡阳也造成了污染，衡阳市检察院又一次提起公益诉讼要求被告承担 57 万元赔偿金。① 但是，从该环境污染的影响来看，附近的湖南省长沙县、宁乡市、岳阳市云溪区、沅江市以及江西省新余市分宜县等地区也深受其害。如果受侵害地区的检察院相继提起公益诉讼，案件将会数次被审理，不利于节约司法资源，也可能导致有管辖权的检察机关不及时提起公益诉讼导致无法追究当事人责任。

（四）检察机关跨行政区域环境公益诉讼的诉讼程序不完善

一方面，检察机关提起环境公益诉讼的程序存在滞后性。对于行政公益诉讼案件，从立案、调查再到发出检察建议，收到检察建议的行政机关是否立即整改，整改的结果是否符合环境保护的要求，能否达到检察机关的目的等，这些都需要有相应的程序进行规范。公益诉讼程序相对烦琐，尤其是面对复杂重大案件时，检察机关如果不及时介入可能会使证据灭失，为今后再次提起公益诉讼带来不便。

另一方面，检察机关提起跨行政区域环境公益诉讼案件判决后的相关程序规定不明。跨行政区域环境公益诉讼案件判决生效后，检察机关对于生效裁判不满，是应提出"上诉"还是提出"抗诉"？如果检察机关提出上诉，由谁作为提出上诉的主体，是一审检察机关还是其上级检察机关？根据《关于检察公益诉讼案件适用法律若干问题的解释》的规定，二审由原提起诉讼的检察机关和上级检察机关同时出席。这是世界范围内首创的一个新模式，其是否合乎理论暂无定论。另外，如何保障另一行政区域的行政机关对生效的法律判决的接受度，如果另一行政区域的行政机关对生效的法律判决持有异议，如何给予其救济，如何保障司法的公信力？上述这些问题均值得关注。

---

① 王为薇，刘笑贫. 4 被告被判支付 57.5 万元！湘江环境资源法庭首例跨行政区域环境公益诉讼案件宣判［EB/OL］. 新湖南网，2019-11-20.

（五）检察机关跨行政区域环境公益诉讼的举证责任分配需要反思

如何合理分配举证责任关系着案件事实的认定，影响着裁判结果。检察机关提起环境民事公益诉讼在举证责任的分配上，与私益环境污染侵权诉讼等其他环境民事公益诉讼制度中举证责任分配规则保持一致，并无特殊性。但是在跨行政区域环境公益诉讼实践中仍存在一些问题：一是，对于专业技术不高的检察机关，专业鉴定能力不足，对于证明损害的结果是否严重、损害如何发生、是否存在等专业问题无法给出准确及时的答复，可能会面临诉讼被驳回的风险。二是，对于检察机关初步证明社会公共利益损害的证明标准不明确，如何视为检察院已经尽到初步证明标准仍存有困惑。三是，举证责任倒置的初衷是为了平衡诉讼中原告与被告的不平衡地位，如果检察机关的公权力过大，被告取证证明不存在因果关系的难度较大、成本较高，会存在难以取得证据的情况，不利于企业正常生产经营活动的开展，也不利于跨区域环境污染类案件的处理。

（六）检察机关跨行政区域环境公益诉讼的败诉责任承担不明确

虽然实践中检察机关提起的环境公益诉讼，基本上都是检察机关胜诉或者主动撤诉，检察机关败诉或者进入二审的情况十分罕见。但是，作为环境公益诉讼原告的检察机关如果最终败诉，不仅需要承担败诉的后果，国家机关的权威性也会受到质疑。在诉讼过程中产生的差旅费、鉴定评估费、专家咨询费等支出费用可能十分高昂，检察机关也不会最终受益。而且现行法律规定也并未明确检察机关提起公益诉讼时如果败诉，败诉的责任应由谁具体承担、如何承担。尤其是跨区域环境类案件，如果指定区域内的一家检察机关提起民事公益诉讼，该检察机关如果败诉，其他有管辖权的检察机关能否再次提起公益诉讼？环保组织等社会团体是否有权再次提起公益诉讼？如果可以再次提起公益诉讼，是否违背了"一事不再理"的诉讼原则？如若不可，那该由谁来承担环境污染的风险？这些问题都值得进一步思考。

四、检察机关跨行政区域环境公益诉讼的完善路径

（一）确立检察机关环境公益诉讼的法律地位

一方面，逐步完善"二审合一"及"三审合一"的审理模式。虽然一些地方法院逐步探索设立了环境资源类审判庭，例如，青海省玉树市法院挂牌成立了三江源生态环境法庭，采用"三审合一"模式集中管辖玉树州和果洛州两州十二县所有的环境资源类的民事、行政和刑事案件。为了推行、适用这种审判模式，必须出台相关的法律进行支撑，赋予法官相应的审判权，对这样的审判模式进行确认。这样既避免了审判资源的浪费，也提高了案件的办理效率，又有利于跨区域环境类案件的彻底处理。另一方面，立足于公益诉讼的独特性推动专门立法。针对实践中的民事公益诉讼、行政公益诉讼案件的频发及其意义重大，可以考虑进一步扩大检察机关提起公益诉讼的案件的范围，细化公益诉讼的具体程序，明确诉讼主体各方的法律地位、权利义务，解决现存的管辖不明、调查取证难、责任分配不明等问题，尤其是逐渐转变地方政府对跨区域环境公益诉讼的不配合和抵触情绪，探索制定专门的公益诉讼法律。

（二）强化检察机关环境公益诉讼的调查取证权

第一，立法上予以明确。可以考虑将检察机关行使调查取证的权利通过法律赋予其强制力，为检察机关在行使调查取证权的过程中扫清一些障碍。根据《人民检察院提起公益诉讼试点工作实施办法》及现行司法解释的规定，通过制度化的规定进一步明确和规范检察机关调查取证的流程和具体职权，细化检察机关在调查过程中可以采取哪些手段、措施及其具体要求，尤其强化检察机关跨行政区域环境公益诉讼调查取证权的强制性。

第二，丰富调查取证权的行使方式。对于检察机关调查取证过程中的专业问题，可以进行间接调查取证，进一步充实办案经费，委托具有资质的专业机构进行调查，赋予第三方调查机构采集数据和专业分析的合法性和可采性，弥补检察机关缺少专业技术人员的短板。

第三，保障调查取证权的行使。面对检察机关行使调查权时的种种干扰、不配合现象，要明确不配合检察机关调查取证的后果及其应当承担的法律责任。根据干扰、不配合的行为情节轻重，对妨碍调查取证的当事人或单位进行警告、罚款、公示通报、司法拘留等强制措施，并可以运用社会征信体系，将不配合的调查者纳入失信名单。

第四，探索证据分区域收集和统一移送模式。对于跨行政区域环境公益诉讼案件，为了案件被尽快及时处理、减少证据灭失的风险、避免不必要的损失，可以由各污染流域的检察机关根据属地原则就近调查取证。同时，因为跨行政区域的环境污染案件涉及的地域范围广，为防止证据收集不全面，可以分区域收集并统一移送，各属地检察机关可以先行调查取证，将相应证据保存在自己的"证据室"，再将证据统一移送给有管辖权的检察机关，既保证了证据的及时有效收集，又保证了证据收集的全面性。

（三）探索检察机关环境公益诉讼的集中管辖

设立跨行政区域检察机关或者依托专门检察机关办理跨行政区域环境公益诉讼案件的做法已被很多地方检察机关采纳。例如，为适应青海西部地区地广人稀、办案周期长、国有大型企业生产生活基地跨省跨区分布的情况，组建了跨区域的海西州西部矿区人民检察院和人民法院，整合了冷湖、茫崖两地的法院、检察资源，优化经济资源配置，将冷湖、茫崖地区和青海油田公司的相关案件实施集中统一管辖①，开创了案件管辖新模式，有力地提升了办案质量和效率。又如，重庆市检察院拟定了《重庆市两江地区人民检察院设立方案》，设立重庆市两江地区人民检察院，该检察院就是在重庆铁路运输检察院现有机构建制的基础上进行建立，负责办理长江上游重庆流域的生态环境公益诉讼案件。另外，一些地方也探索了检察机关环境公益诉讼的集中管辖模式。例如，针对河流环境污染类案件，规定流经区域的各检察机关均负有提起公益诉讼的权利和义务，各检察机关均可以在本地进行调查取证，

---

① 罗延京. 全省首个跨区域法院检察院在我州挂牌成立 [EB/OL]. 海西新闻网，2017-03-02.

对于跨区域调查取证的，所涉及的各区域检察机关均有义务配合取证，这样既提高了办案效率又能更好地发挥检察机关取证的地区优势，破解地方保护主义带来的干扰。

（四）完善检察机关环境公益诉讼的诉讼程序

第一，完善检察机关提起行政公益诉讼的诉前程序。为了诉前检察建议得到有效的落实和保障，需要对相关流程进行细化，对涉案各项法律文书的制作、签发、监督实施等内容加以规范，确保行政公益诉讼的诉前程序有法可依，有序进行。对于跨区域环境公益诉讼案件可能涉及职能交叉的多个行政机关进而导致权限不清、职责不明的执法难题，检察机关可以通过行政公益诉讼诉前检察建议的方式，督促相关职能部门共同努力，实现共赢。

第二，明确检察机关提起跨行政区域环境公益诉讼案件判决后的相关程序，《关于检察公益诉讼案件适用法律若干问题的解释检察公益诉讼司法解释》中规定了人民检察院不服人民法院第一审判决、裁定的，可以向上一级人民法院提起上诉。虽然确立了一审检察机关在二审中的诉讼地位，但在司法实践中也出现了一些检察机关不服一审裁判进而抗诉的情形，由此产生实践操作中的混乱。需要明确检察机关提起跨行政区域环境公益诉讼案件判决后不服判决时的上诉情形、抗诉情形，另外，还应明确检察机关环境公益诉讼审判监督程序的规定及程序。

（五）增强检察机关环境公益诉讼的实效性

第一，拓宽检察机关"履职尽责"的范围。对检察机关的"履行职责"作适当扩大化解释为基于刑事案件、行政执法检察监督、检举控告和其他合理途径发现案件线索。这有利于检察机关充分发挥公益诉讼的职能，最大程度地获取案件线索信息。还要做好检察机关提起环境公益诉讼的移送机制，加强与行政机关的线索通报的联动，做好跨行政区域间信息的移送和共享。

第二，凝聚环境公益司法保护合力。检察机关在办理环境公益诉讼案件的过程中要争取党政机关的支持，主动与市场监督管理部门、律师协会、消费者协会、自然资源、农业农村等部门建立协作沟通关系，发挥社会组织的优势作用，构建地方协调治理共同体。对跨区域环境类案件可以运用无人机、卫星遥感、大数据分析等科学技术及时定位污染源，发挥科技的优势，提升公益诉讼案件调查取证、证据固定的水平。

第三，加强环境案件的监察问责。青海是较早开展环保垂直管理制度改革的试点省份之一，青海省委省政府在省生态环境厅设立省生态环境保护督察办公室和东部地区、柴达木地区、环湖地区、青南地区四个跨区域环境监察专员办公室，搭建起青海省"1+4"生态环境保护督察工作体系，这对更好地发挥环境监察专员办公室职能，进一步深化机构改革成果，提升全省生态文明建设和生态环境保护水平有积极意义。

《民事诉讼法》《行政诉讼法》《人民检察院组织法》等法律规范的修改，为人民检察院更好地履行检察公益诉讼提供了规范保障和制度保障，为依法打好污染防治攻坚战、深入推进生态文明建设提供了有力司法保障。诚然，检察机关环境公益诉讼工作中，尤其是跨区域环境案件的公益诉讼还面临着如上的众多困境亟须解决，检察机关如何适应新时代检察工作需要，促进环境司法的跨越式发展还有很长的路要走。

参考文献：

[1] 任洪涛，余德厚. 论跨行政区域环境资源案件的司法管辖制度 [J]. 甘肃政法学院学报，2017 (04)：127-136.

[2] 王芳. 冲突与合作：跨界环境风险治理的难题与对策——以长三角地区为例 [J]. 中国地质大学学报（社会科学版），2014，14 (05)：78-85，156.

[3] 陈瑞华. 检察机关法律职能的重新定位 [J]. 中国法律评论，2017 (05)：53-61.

[4] 王亚新. 检察机关民事职能的再定位 [J]. 中国法律评论，2017 (05)：68-74.

[5] 吕忠梅，等. 中国环境司法发展报告（2017—2018）[M]. 北京：人民法院出版社，2019.

[6] 新华社. 习近平：尊重自然顺应自然保护自然 坚决筑牢国家生态安

全屏障 [EB/OL]. 新华网，2016-08-24.

　　[7] 鲁丹阳. 2019年青海省公益诉讼案件数量同比倍增 [EB/OL]. 中国新闻网，2020-03-11.

　　[8] 人民法院报. 青海高院出台意见 环资案件跨区集中管辖 [EB/OL]. 中国长安网，2016-04-14.

　　[9] 张忠民，陈乾. 检察机关试点环境公益诉讼的环境法审视 [J]. 人民司法（应用），2017（13）：4-7.

　　[10] 王明远. 论我国环境公益诉讼的发展方向：基于行政权与司法权关系理论的分析 [J]. 中国法学，2016（01）：49-68.

　　[11] 青海省国际互联网新闻中心. 我省公布5起公益诉讼检察典型案例 [EB/OL]. 青海新闻网，2019-08-31.

　　[12] 央金拉姆. 甘肃天祝、青海互助两地检察机关建立祁连山跨区域生态环境和资源保护检察协作机制 [EB/OL]. 甘肃省人民检察院官网，2019-10-31.

　　[13] 李维，王丽坤. 青海：出台意见筑牢"三江之源"国家生态安全屏障 [EB/OL]. 最高人民检察院官网，2020-03-02.

　　[14] 彭中遥. 我国湖泊环境司法之检视与完善——以洞庭湖环境资源法庭为中心 [J]. 华侨大学学报（哲学社会科学版），2019（03）：102-113.

　　[15] 吴勇. 关于跨区域环境审判机构设置的思考——基于漳州中院生态巡回法庭审理首例公益诉讼案的启示 [J]. 环境保护，2015，43（17）：52-55.

　　[16] 黄秀蓉，钭晓东. 论环境司法的"三审合一"模式 [J]. 法制与社会发展，2016，22（04）：103-117.

　　[17] 徐胜萍，曾佳. 论环境资源案件跨区域集中管辖制度的完善 [J]. 华东师范大学学报（哲学社会科学版），2017，49（1）：119-124.

　　[18] 蒋文峰，封有军. 环境资源案件跨区域集中管辖的实践困境及因应之策 [J]. 环境保护，2020，48（05）：46-51.

　　[19] 陈锦文. 可持续发展导向的区域环境联动治理：场景与整合 [J]. 天津行政学院学报，2020，22（03）：30-39.

[20] 王为薇，刘笑贫. 4 被告被判支付 57. 5 万元！湘江环境资源法庭首例跨行政区域环境公益诉讼案件宣判 [EB/OL]. 新湖南网，2019-11-20.

[21] 罗延京. 全省首个跨区域法院检察院在我州挂牌成立 [EB/OL]. 海西新闻网，2017-03-02.

[22] 李成，赵维刚. 困境与突破：行政公益诉讼线索发现机制研究 [J]. 四川师范大学学报（社会科学版），2018，45（04）：54-61.

我国环境损害司法鉴定管理制度研究

赵文成①

内容摘要：党的十八以来，对生态文明建设和生态环境保护提出一系列新思想、新论断、新要求，国家不断出台环境保护相关的法律法规，着力用法律手段制裁环境污染行为，使被破坏的环境、生态得以修复。环境损害公益诉讼便是用法律手段保护环境的重要方式，而环境损害司法鉴定又是环境公益诉讼的重要组成部分，其鉴定意见为法院处理环境诉讼案件提供了科学、可靠的鉴定结果，但也存在许多问题，主要有规范制度不完善、管理分散、鉴定机构数量少、缺乏统一的鉴定标准等。为了深入推动环境损害司法鉴定机构审批工作，细化登记评审办法，2018 年，司法部、生态环境部共同编制了《环境损害司法鉴定机构登记评审细则》，就环境损害司法鉴定相关工作做了明确规定。本文针对性解读新规定，在把握新规精神的情况下，探索解决环境损害司法鉴定管理问题的路径和方法，并提出进一步完善环境损害司法鉴定管理的建议。

关键词：环境损害；司法鉴定；解决路径；完善管理

一、研究背景

最近几年来，各种环境污染事件层出不穷，环境污染损害事件的规模、

---

① 作者简介：赵文成（1989—　），甘肃武威人，青海民族大学法学院助教，法学硕士，研究方向：诉讼法学、物证技术学与司法鉴定。

损害后果、污染类型等都日趋扩大，比如福建碳九泄露事件、安徽亚兰德排污案、四川沱江特大水污染案以及松花江重大水污染事件的情况。面对多地频发环境污染事件，环境损害类的诉讼案件逐渐增多，规范管理环境损害司法鉴定这一新的司法鉴定类型就显得更加重要。

作为法定证据形式之一的环境损害司法鉴定意见是解决环境损害公益诉讼中相关问题的最主要方式。我国环境损害司法鉴定起步相对较晚，环境损害司法鉴定是一个新兴的司法鉴定类型，直到 2016 年，环境损害司法鉴定才被纳入司法鉴定行政主管机关的统一管理之中，这也就造成了目前环境损害司法鉴定管理相对滞后的局面。同时专业的人才和鉴定机构都很缺乏，管理体系不完善、鉴定标准不统一，管理分散、各自为政，鉴定意见公信力不足，多头鉴定、重复鉴定等问题不胜枚举，而我国相关法律制度还在制定的初级阶段，2016 年，最高人民法院、最高人民检察院、司法部联合印发了《关于将环境损害司法鉴定纳入统一登记管理范围的通知》，司法部、生态环境部联合印发了《关于规范环境损害司法鉴定管理工作的通知》（以下简称"两个《通知》"）。两个《通知》的出台为环境损害司法鉴定规范化奠定了基础，十分有利于推进环境损害司法鉴定规范管理工作。为贯彻落实两个《通知》，司法部、生态环境部共同发布了《环境损害司法鉴定机构登记评审办法》和《环境损害司法鉴定机构登记评审专家库管理办法》（以下简称"两个《办法》"）。在此新规定的指导下，环境损害司法鉴定的规范管理工作正逐步展开。在此背景下，研究探索解决环境损害司法鉴定管理问题的路径和方法，并提出进一步完善环境损害司法鉴定管理的建议具有重要的意义。

二、环境损害司法鉴定历程梳理

环境公益诉讼经历了不同的发展时期，2005 年《国务院关于贯彻落实科学发展观加强环境保护的决定》首次明确提出鼓励社会组织参与环境监督，"推进环境公益诉讼"。在其探索阶段，部分法院开始成立环保法庭，积极开展环境公益诉讼司法实践，如"2010 年中华环保联合会携手贵州省贵阳市公众环境教育中心诉贵阳乌当区定扒造纸厂生产废水污染案件"。贵阳市清镇市人民法院环保法庭审理该案件，最终经环保法庭审理，依法当庭一审判决被告立即停止向南明河排放工业污水，消除对南明河的危害，并判决被告支付原告为搜集证据支付的合理费用及承担本案产生的分析检测费用、诉讼费等。① 由此可以看出案件审理过程中，诉讼案件原告多数仅停留在提出停止侵害、消除危险等层面未提及环境损害赔偿，同时此阶段法院委托贵阳市环境中心监测站对被告排放的废水取样检测，环保法庭充分利用已经成立的专家咨询委员会专家的作用，召开了专家咨询委员会会议，最后听取环保陪审员意见，很少涉及环境损害司法鉴定工作。

2014 年修订的《环境保护法》特别授权符合条件的社会组织可以提起环境公益诉讼。与此同时，纵观"泰州天价环境公益诉讼案"，江苏省环境科学学会鉴定机构接受泰州环保联合会委托，对废酸倾倒致水污染进行环境评估。环保部门、专业鉴定机构、专家委员会对环境污染问题、修复费用等多方面进行科学评估、鉴定，法院对其采信。

2015 年，环境公益诉讼进入全面发展时期，环境损害司法鉴定意见在法庭审判中起到的作用尤为突出。以"自然之友诉谢知锦等四人林地破坏"为例，本案对生态环境修复费用和期间损失的条款进行充分运用，同时发挥专家证人的作用，允许聘请无司法鉴定资质的机构对生态环境进行评估并出具报告。允许不具有鉴定资格资质但具有教授职称或博士学位人员出庭接受质询，这对法院环境诉讼审判具有很好的示范意义。

2016 年，最高人民法院、最高人民检察院、司法部联合印发了《关于将环境损害司法鉴定纳入统一登记管理范围的通知》，司法部、生态环境部联合印发了《关于规范环境损害司法鉴定管理工作的通知》（以下简称"两个《通知》"）。两项通知的出台为环境损害司法鉴定规范化奠定了基础，十分有利于推进环境损害司法鉴定规范管理工作。

2018 年，为了深入推动环境损害司法鉴定机构审批工作，细化登记评审办法，司法部、生态环境部共同编制了《环境损害司法鉴定机构登记评审细则》（以下简称《评审细则》），共包括《环境损害司法鉴定机构登记评审评分标准》《环境损害司法鉴定机构和人员专业能力要求》《环境损害司法鉴定

---

① 杜志淳，宋远升. 司法鉴定证据制度的中国模式 [M]. 北京：法律出版社，2013.

机构实验室和仪器设备配置要求》《环境损害司法鉴定机构登记专家评审意见书》《环境损害司法鉴定机构登记评审工作方案（参考模板）》5 个附件。

2019 年 5 月，司法部、生态环境部又印发了《环境损害司法鉴定执业分类规定》，将环境损害司法鉴定的具体执业范围的分成了七大项，细化为 47 个执业类别，更好地规范司法鉴定工作。然而从目前实际情况来说仍然存在不少问题亟须解决，如立法的分散，造成在司法实践中环境损害鉴定制度存在一定困难；评估主体的多元化、评估收费欠缺规范性、对评估意见认识不一致、评估意见的差异性、评估环节监督缺位等问题。

三、环境损害司法鉴定存在的主要问题

（一）鉴定机构的专业性不强且鉴定标准不统一

现阶段，我国的环境损害司法鉴定中心的鉴定内容多、类型多、涉及面广、综合性强，鉴定机构的专业人员总体上偏少。据司法部 2019 年统计，全国环境损害鉴定机构 103 家，从事其鉴定工作人员共 1900 多名，缺乏高端人才。另外，鉴定机构的鉴定标准不一样，造成鉴定结果不一。① 由于环境损害司法鉴定涉及部门比较多，包含七大类 43 种类的鉴定事项，各个部门制定的技术规范的侧重点有所不同，从而导致污染损害范围的界定和评估方法也有区别，甚至有些方面的环境损害司法鉴定技术标准缺失。全国没有一个统一的鉴定标准，难免会出现相同的污染问题，在不同的机构鉴定有不同的结果，从而导致鉴定结果的专业性和公信力有所减弱。

（二）鉴定收费标准不统一且周期长

回顾过去十几年，有关环境损害鉴定的案件其收费标准也不一致。有关统计显示，我国的鉴定费用呈现出差距大的特点，少则一千左右，多则达三十多万，也不排除乱收费的现象。目前，我国现行的《司法鉴定收费管理办

---

① 刘倩，季林云，於方，等. 环境损害鉴定评估与损害性法律体系研究 [M]. 北京：中国环境出版社，2016.

法》中只规定了法医类、物证类和声像资料类的收费标准，对环境损害鉴定费用没有规定详细的标准，同时司法鉴定行政主管部门对司法鉴定机构的收费采取的是政府指导价和市场调节价的方式进行管理，各地已经发布了相应的司法鉴定收费管理办法。① 但是，各地目前已经发布的司法鉴定收费管理办法仅仅限于传统的法医、物证、声像资料等三大类鉴定。在一定层面上，这就造成在司法实践中，环境损害司法鉴定的费用相当昂贵，一些公益诉讼案件当事人就因为无法支付昂贵的环境损害司法鉴定费用，放弃司法鉴定，进而造成诉讼无法继续进行。有时可能造成社会公众对环境损害司法鉴定高昂收费的质疑，从而对司法鉴定公信力造成影响；也可能因为高昂的费用造成公益诉讼中没有鉴定意见，而导致公益得不到保障。当然，环境损害司法鉴定意见收费的高昂，其中有一部分原因就是相应的主管部门没有发布环境损害司法鉴定收费的具体标准，从而造成鉴定机构随意收费等现象。

环境损害司法鉴定周期长，环境损害司法鉴定不同于普通的司法鉴定，普通的司法鉴定针对的对象是特定的个体，范围较小，调查取证的程序简短；而环境损害司法鉴定针对的对象不仅是所有受污染损害的生态环境，还包含人员损害、财产损失等多方面，涉及面广，调查取证费时费力，且需要鉴定所有损害跟违法行为人污染行为之间的因果关系。环境损害司法鉴定的鉴定事项较多、不确定性较多、技术难度较大，所以鉴定周期较长。

（三）管理比较分散，缺乏有效的监督

根据环境损害司法鉴定管理规范，环境损害司法鉴定机构和鉴定人的准入条件相对一般司法鉴定更高，在一定程度上能够保障环境损害鉴定意见的科学性、客观性。然而，纵观环境损害司法鉴定有关管理规范，尤其是关于鉴定机构和鉴定人的准入管理规范，我们不难发现，这些规范性文件更强调的是鉴定机构和鉴定人的"科研水平"，而不是"鉴定水平"，但是这两者是相互独立的内容，并不具有天然的正比例关系。因而，鉴定机构和鉴定人的"科研水平"是否意味着由其出具的鉴定意见一定更具有可采信性，是值得怀

---

① 丛斌. 环境污染致人身损害司法鉴定初探［J］. 中国司法鉴定，2016（02）：1-5.

疑的。同时，环境损害司法鉴定机构和鉴定人是否能够从事相应的鉴定业务，还需要经过同行专家的评议。但如何减少同行专家的主观因素，防止其随意同意或不同意申请人从事环境损害司法鉴定业务的申请，从而造成出具环境损害司法鉴定意见的主体能力出现缺陷，而最终影响鉴定质量，这就需要司法鉴定行政主管部门加强对评审专家库和评审程序的管理。我国的环境损害司法鉴定机构的管理主要由环境保护、国土资源、水利、农业、林业、海洋等行政部门分别管理，所以导致对鉴定机构的管理比较分散和松弛，缺乏有效统一的监督①。环境损害鉴定评估具有很强专业性和技术性，需借助专业人员、仪器和设备。政府有关部门应将登记在册的环境损害鉴定机构、事业单位下属鉴定中心等依据其具备的评估能力、鉴定资质等进行分类。

（四）缺乏环境污染人身损害的司法鉴定

我国的环境损害司法鉴定基本内容是环境损害，未涉及环境污染人身损害的鉴定，导致难以计算出环境污染对人身的损害。只有通过专业的鉴定给出鉴定意见，在法庭上作为证据，为受害人得到有效的赔偿提供有力证据，从而减轻受害人的举证责任与法院的工作负担。

（五）法律支撑不足，内容零散不成体系

目前，关于环境损害鉴定评估的内容在《环境保护法》相关印发的通知中体现，如《环境损害鉴定评估推荐方法（第Ⅱ版）的通知》（简称《推荐方法通知》）；从法律层级维度来看，《环境保护法》第5条和6条仅对"损害担责和企业担责"进行了原则性规定；第32条规定"大气、水、土壤等环境资源属于国家所有且对其进行加强保护，同时建立和完善其监察、评估、修复等配套运行机制"。总览目前立法，诸多规定存在于"通知"和"意见"中，法律层级较低。

从立法内容维度看，实现环境损害鉴定评估全覆盖较为困难。环境损害

---

① 远丽辉. 论环境损害司法鉴定机构的设立模式——以其公有性为视角 [J]. 中国司法鉴定，2016（02）：20-23.

评估涉及因素复杂，其环境致损的扩张性、采样时间等都会影响鉴定结果，尤其是扩张性会导致不同种类的损害，需要多部门共同评估。由于各部门鉴定评估技术标准不同，环境要素质量基准体系不同，如何通过多部门协调做出科学合理的司法鉴定是较为棘手的。①

（六）环境损害因果关系的判断较难

环境损害的侵权行为与损害行为之间的因果关系判定是环境损害鉴定评估的关键环节，但是环境损害违法行为具有特殊性，不同于一般的民事违法行为。环境损害违法行为引起的损害后果会根据大气、水、土壤等生态环境的变化而变化；也会随着时间的推移而发生变化，有的污染物会随着时间而积累，有的污染物会随着时间而分解。这些对于司法鉴定人员来说都是极大的挑战。

四、如何应对公益诉讼中环境损害司法鉴定存在的问题

公益诉讼中环境损害司法鉴定虽然还存在着一些不足，但司法部、环保部等相关部门已经关注，并且也在着力解决。对于环境损害司法鉴定中存在的问题，笔者有如下几点建议。

（一）增加环境损害司法鉴定机构，统一其鉴定标准

虽然司法部下发了《关于进一步做好环境损害司法鉴定机构和司法鉴定人准入登记有关工作的通知》，提出六项要求，建立环境损害司法鉴定准入登记工作月报告制度等。但环境损害司法鉴定是近年来的新兴事物，且环境损害司法鉴定的专业性太强，市场对此的关注度并不高，因此很多人对环境损害司法鉴定市场的匮乏并不知情，更谈不上准入。对此司法部门、环保部门及其他相关部门应该做好宣传，及早做好相关规则和技术性规范的制定等，确保全国各地能加快准入一批诉讼急需、社会关注的环境损害司法鉴定机构，

---

① 张红振，曹东，於方，等. 环境损害评估：国际制度及对中国的启示 [J]. 环境科学，2013，34（05）：1653-1666.

达到省域全覆盖。

《最高人民法院关于审理环境民事公益诉讼案件适用法律若干问题的解释》第 15 条规定："当事人申请通知有专门知识的人出庭，就鉴定人做出的鉴定意见或者就因果关系、生态环境修复方式、生态环境修复费用以及生态环境受到损害至恢复期间服务功能的损失等专门性问题提出意见的，人民法院可以准许。前款规定的专家意见经过质证，可以作为认定事实的依据。"①所以，在当前环境损害司法鉴定机构较少的情况下，可以申请专家出庭针对无资质的环境损害司法鉴定提出专家论证意见，并进行质证。

与此同时，司法部、生态环境部等科研单位应该尽快制定环境损害国家鉴定标准，解决因标准不一致而导致的多头鉴定、重复鉴定等问题。

（二）统一鉴定收费标注缩短环境损害司法鉴定周期

环境损害司法鉴定费用极高，作为原告有时会因为鉴定费用太高而不申请鉴定。这样环境损害赔偿、生态修复费用等就很难得到主张，对违法行为人的惩罚力度就不够，环境损害使公共利益受损的状态也就得不到很好的改善。② 国家层面或者各个省份可以根据经济发展水平和社会公平的需要出台相关环境损害司法鉴定的政府指导价，并且对各个鉴定机构的收费予以监督，以防出现漫天要价的现象。

环境损害司法鉴定的周期长、费用高的问题实际上已经影响了公益诉讼诉求的提出、拖缓了环境公益诉讼正常的诉讼周期，导致法院迟迟不能下判决，最终对公共利益的保护大打折扣。环境损害司法鉴定的机构要加大资金投入，大力加强软件和硬件的建设，提高鉴定人员的技术水平快速，提高鉴定设备的精准度，鉴定程序标准化，这样才可以使鉴定周期慢慢缩短。

---

① 於方，刘倩，齐霁，等. 借他山之石完善我国环境污染损害鉴定评估与赔偿制度 [J]. 环境经济，2013（11）：38-47.
② 於方，张衍燊，齐霁，等. 环境损害鉴定评估关键技术问题探讨 [J]. 中国司法鉴定，2016（01）：18-25.

（三）切实加强和改进司法鉴定管理工作

司法鉴定作为牵制双方当事人和法官审判的重要考量依据，发挥着关键作用。对司法鉴定工作实施统一管理是法律赋予司法行政机关一项重要的法定职责，各级司法行政机关要认真履行其职能，不断转变工作理念和思路，切实加强和改进司法鉴定管理工作，促进环境损害鉴定科学发展，主要从统一登记与实施科学管理、加强监督管理构建环境损害综合鉴定平台、健全法律规范等途径进一步完善。

1. 统一登记与实施科学管理

统一管理是我国司法鉴定体制改革的目标和方向。要积极推进司法鉴定统一管理进程，根据全国人大常委会《关于司法鉴定管理问题的决定》（以下简称《决定》）、国务院 412 号令、中共中央、中央政法委关于司法体制改革的文件精神和司法部有关规章，结合各省市司法鉴定工作实践，积极加强法制建设。通过制定出台地方条例，理顺管理体制，由司法行政机关对社会鉴定机构实行登记管理，对侦查机关鉴定机构实行备案管理，统一准入标准、统一管理规范，统一审核编印《名册》，从根本上解决司法鉴定的多头管理问题，有效提高诉讼效率，促进司法公正。

司法鉴定的性质是法律规范下的科学实证活动。[①] 司法鉴定管理工作要遵循科学活动规律，要积极引进现代管理学理念，不断改进司法鉴定管理方式和执法手段，充分运用政策、制度、技术等多元化管理方法，实施科学管理。[②] 要加强与科技、质检等部门的沟通协调，积极推动适合地方特点的司法鉴定技术标准的研究制定，推进司法鉴定科学技术创新。大力开展司法鉴定机构资质认定工作，严格将通过资质认定作为鉴定机构设立、执业监管和鉴定质量评价的重要依据和手段，积极引导鉴定机构建立质量管理和质量保证体系，全面提升司法鉴定质量。

[①]　王旭光. 环境损害司法鉴定中的问题与司法对策 [J]. 中国司法鉴定，2016（01）：2-8.

[②]　朱晋峰. 以审判为中心诉讼制度改革背景下科学证据审查的困境及出路 [J]. 法律适用，2018（13）：113-123.

2. 政府加强监管，助力外部支撑

司法行政机关作为"有形的手"对环境损害司法鉴定评估机构的管理、监督作用突出，作为平衡司法鉴定评估行业的旗手，将为公正、科学的环境损害司法鉴定提供良好的秩序。

3. 准入管理与资质管理并驾齐驱

准入管理与资质管理两者应同时构建，准入管理主要体现司法鉴定机构的准入及鉴定资格的获取，要求政府相关部门按照"高标准、高要求"进行资质审核，从源头优化。① 资质管理是对准入的环境损害鉴定评估机构依据其鉴定水平、业务能力、鉴别类别等进行归属划分授予资质，同时不得越类鉴定、越能力鉴定。

（四）构建环境损害鉴定平台

环境损害的鉴定是一项复杂的工程，该平台建立主要面向交叉鉴定任务，工作机制实行"分—同—总"模式，指鉴定人先对本领域的某一客体进行鉴定，各领域鉴定结束后再在鉴定结果基础上，鉴定人同时对鉴定结果进行检验进而得出最终的鉴定意见。

1. 数据充分原则

综合鉴定大部分是将不同部门的数据采集、数据分析等汇总整合，运用科学的分析和专业知识对其进行归纳、推理、分析，作为综合鉴定的前提和基础。综合鉴定的关键就是汇总不同鉴定数据，加强部门通力协作。

2. 借助现代传媒

我国地域广阔，环境污染呈点源式分布，且由于制度和管理层面的限制，很多隶属关系并未改变。构建环境损害综合鉴定平台应利用现代化传媒技术，引入多媒体会议，实现随时座谈、随时交流，同时设置专家建议板块，专家可发表意见和看法，实现线上线下同时交流、同时关注、同时共享。

---

① 朱晋峰，沈敏. 司法鉴定机构等级管理基本问题论纲 [J]. 中国司法鉴定，2013（06）：26-34.

3. 加强对环境损害鉴定机构评估

地方司法行政主管部门对环境损害鉴定机构的评估主要考察鉴定机构从业人员的技能水平、业务能力，同时对从业人员定期进行培训，设立鉴定人员年度考核和绩效考核制度，依据鉴定人员的评估能力及工作业绩，对其进行整体能力评估。同时积极探索对不同鉴定机构、鉴定从业人员的法律责任追究。

（五）建立健全环境损害司法鉴定法律体系

"无规矩不成方圆"，针对目前我国存在的法律层级低、内容零散等缺陷，可以从以下两方面进行着手，弥补法律的缺陷和不足。

1. 制定环境损害鉴定专门法规

环境损害司法鉴定在制定专门法规时应注重统领目前国内存在的零散的"通知""办法"等规范，将其纳入统一的法律体系之中，此外，对其中不匹配、重复，甚至出现的问题着力进行解决。①

2. 细化原则规定

依据《环保法》第5条中"损害担责"原则，将该法第6条、32条所涉及的环境损害司法鉴定规定进行细化，具体化到可操作的制度中。如第6条分别对个人、政府、企业的义务进行笼统的规定，具体化到制度维度来看，可以在环境损害司法鉴定中设立公众参与机制、对于知悉情况的公众经确认信息采纳的可进行经济奖励抑或精神嘉奖。

（六）做好环境损害的侵权行为与损害行为之间的因果关系判定

环境损害的侵权行为与损害行为之间的因果关系判定是环境损害鉴定评估的关键环节，也是特别复杂和困难的环节。这就要求鉴定人员必须特别注意：首先，判断环境违法行为与环境损害之间的先后顺序，关键致害物随着时间的经过是会积累还是分解，或者是否会发生其他方面的化学反应。其次，

---

① 王元凤，王旭，王灿发，等. 我国环境损害司法鉴定的现状与展望 [J]. 中国司法鉴定，2017（04）：8-15.

要判断污染物到达环境损害区域的可能性，可测量污染源与环境损害区域之间的直线距离，可查询污染物排放期间的天气状况，如是否有风，风向是否对着受损害区域等。最后，疑似关键性致害物的检材要全面，提取检材的程序要合法，提取检材的方法要正确，保存方法要正确，送递检材的速度要快。保证检材的准确、完整、不变异。

五、总结

公益诉讼中环境损害司法鉴定才刚刚起步发展，随着公益诉讼案件的增多，环境损害司法鉴定也越来越有必要，应用也会越来越广泛。相信国家司法、环保等相关部门会越来越关注环境损害司法鉴定，会更多地发现问题、解决问题，使环境损害司法鉴定越来越完善。

参考文献：

[1] 杜志淳，宋远升. 司法鉴定证据制度的中国模式［M］. 北京：法律出版社，2013.

[2] 刘倩，季林云，於方，等. 环境损害鉴定评估与损害性法律体系研究［M］. 北京：中国环境出版社，2016.

[3] 丛斌. 环境污染致人身损害司法鉴定初探［J］. 中国司法鉴定，2016（02）：1-5.

[4] 远丽辉. 论环境损害司法鉴定机构的设立模式——以其公有性为视角［J］. 中国司法鉴定，2016（02）：20-23.

[5] 张红振，曹东，於方，等. 环境损害评估：国际制度及对中国的启示［J］. 环境科学，2013，34（05）：1653-1666.

[6] 於方，刘倩，齐霁，等. 借他山之石完善我国环境污染损害鉴定评估与赔偿制度［J］. 环境经济，2013（11）：38-47.

[7] 於方，张衍燊，齐霁，等. 环境损害鉴定评估关键技术问题探讨［J］. 中国司法鉴定，2016（01）：18-25.

[8] 王旭光. 环境损害司法鉴定中的问题与司法对策［J］. 中国司法鉴定，2016（01）：2-8.

[9] 朱晋峰. 以审判为中心诉讼制度改革背景下科学证据审查的困境及出路 [J]. 法律适用, 2018 (13)：113-123.

[10] 朱晋峰, 沈敏. 司法鉴定机构等级管理基本问题论纲 [J]. 中国司法鉴定, 2013 (06)：26-34.

[11] 王元凤, 王旭, 王灿发, 等. 我国环境损害司法鉴定的现状与展望 [J]. 中国司法鉴定, 2017 (04)：8-15.

三江源环境纠纷诉讼解决机制研究

陈　娟①

内容摘要： 三江源地区特殊的生态环境、强烈的民族认同感以及崇尚佛教等地域性特点使得该地区的环境纠纷呈现出独特性，既有环境污染方面的纠纷，如企业污染，也有生态破坏方面的纠纷，如草场利用、土地开发利用，还有偷猎野生动植物，以及兼具生态破坏和环境污染的矿产资源开发等，且尤以生态破坏类的环境纠纷突出。本文在调查问卷和相关文献的基础上，探讨三江源环境纠纷诉讼救济的相关问题，并提出相应的法律建议。

关键词： 三江源；环境纠纷；诉讼

三江源地区地处青藏高原腹地，是长江、黄河、澜沧江的发源地，素有"中华水塔"之称。藏族是青藏高原的世居民族，三江源地区人口中有90%以上的是藏族②，加之自然生态的原始性，决定了藏族以牧为生、靠天养畜的原始生存方式。藏族是一个全民笃信佛教的民族，佛教教义已经渗透当地居民的骨髓，成为其生活的重要行为规范。三江源地区特殊的生态环境、强烈的民族认同感以及崇尚佛教等地域性特点使得该地区的环境纠纷呈现出独特性，既有环境污染方面的纠纷，如企业污染，也有生态破坏方面的纠纷，如草场

---

① 作者简介：陈娟（1987—　　），女，青海民族大学法学院讲师，法学硕士，研究方向：经济法学、环境资源法学。

② 张立.三江源自然保护区生态保护立法问题研究 [M].北京：中国政法大学出版社，2014：118.

利用、土地开发利用，还有偷猎野生动植物，以及兼具生态破坏和环境污染的矿产资源开发等，且尤以生态破坏类的环境纠纷突出。为考察三江源环境纠纷的情况，尤其是环境纠纷诉讼救济的运行情况，笔者于 2016 年 8 月至 10 月，对玉树州、果洛州、黄南州及海南州的部分县域的农牧民及法院、检察院的司法人员进行了"环境纠纷解决"的问卷调查活动，其中，对 1300 位农牧民进行了问卷调查，回收 1201 份，有效问卷 1201 份；对 100 位法院、检察院的司法人员进行了调查，回收 98 份，有效问卷 98 份。此次调查共发放调查问卷 1400 份，回收 1299 份，有效问卷 1299 份。因此，本文在调查问卷和相关文献的基础上，探讨三江源环境纠纷诉讼救济的相关问题，并提出相应的法律建议，以期为三江源生态文明先行区建设在制度建设方面尽绵薄之力。

一、三江源环境纠纷的现状

（一）环境纠纷发生频率

从对农牧民的调研结果可知，认为自己身边发生过环境污染或破坏的纠纷的有 620 人，占调查对象的 53%；认为没有发生过环境纠纷的有 233 人，占调查对象的 20%；不了解的有 316 人，占调查对象的 27%。这说明，三江源地区环境问题日益严重，环境污染或破坏纠纷在人们的日常生活中频发。另外，27% 的调查对象不了解身边是否发生过环境纠纷，这表明部分群众对环境问题关注不足，同时也从侧面反映了我国在环境保护宣传方面力度不够。（图 1）

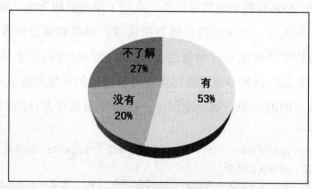

图 1 公众身边环境纠纷发生频率的情况

(二) 环境纠纷类型

在对三江源地区发生的环境纠纷类型的调查反映，458 人选择与企业污染有关、349 人选择与草场利用有关、326 人选择与矿产资源开发有关、295 人选择与土地利用有关、212 人选择与偷猎野生动植物有关、34 人选择其他，分别占调查总人数的比例如图 2 所示。这说明，在三江源地区，环境纠纷主要为生态破坏，如草场利用、土地利用、矿产资源开发、偷猎野生动植物等方面。其中，企业污染对环境造成的危害也较为突出，高居调查对象的首位。

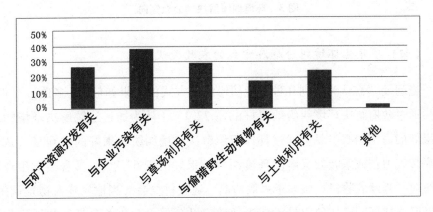

图 2　三江源地区环境纠纷类型

(三) 环境纠纷解决的公众倾向

当问及农牧民"若您的权益因环境污染或破坏受到损害时，您倾向于采取何种办法来解决"时，有 373 人表示保持沉默，看看其他人的做法，占总调查人数的 31.1%；676 人表示会采取协商或其他私了方式，占总调查人数的 56.2%；仅 152 人表示会向法院起诉，占总调查人数的 12.7%。由此可见，农牧民的环境维权意识比较淡薄，尤其是环境诉讼维权意识相当薄弱。由图 3 可知，大多数农牧民倾向于采取私力救济甚至是保持沉默。这表明，三江源地区环境纠纷诉讼救济保障严重不足，农牧民的环境维权意识有待进一步提高。

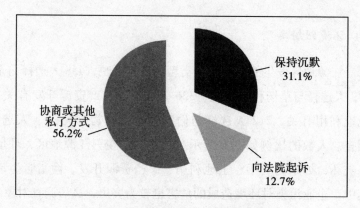

图3　环境纠纷解决的公众倾向

（四）多元化环境纠纷救济方式的农牧民认可度

当问及"您认为下列几种环境纠纷解决方式的效果如何？（多选）"时，认为通过政府解决环境纠纷效果好的占72.1%，认为通过法院解决环境纠纷效果好的占72.8%，认为通过环保组织解决环境纠纷效果好的占68%，认为依靠传统习俗或宗教教义解决环境纠纷效果好的占63.8%。尽管当发生环境纠纷时，当地农牧民更倾向于采取协商、通过村委会（当地权威人物）调解、借助网络或新闻媒体的力量或向当地政府及环保行政机关举报等非诉讼救济方式来解决，因为这样成本比较低。但是就环境纠纷最终解决的效果认可度上，农牧民更认可通过公权力方式解决的环境纠纷处理结果。（图4）

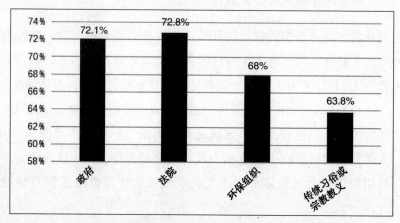

图4　环境纠纷多元救济方式的公众认可度

二、三江源环境纠纷诉讼救济困境

(一) 受害人立案难、举证难、胜诉难

根据新修订的《民事诉讼法》和《环境保护法》，符合条件的社会组织可以提起环境公益诉讼，这在一定程度上弥补了环境公益诉讼原告资格缺位的法律现象。对于环境私益诉讼，根据《民事诉讼法》第3条和119条的规定，公民个人提起环境民事诉讼的需要符合"原告与案件有直接利害关系"和纠纷是关于财产关系和人身关系的法律规定。环境权益是一种综合性的权益，不仅涉及财产权、人身权，还涉及其他方面的权益，是不同于财产权和人身权的独立权益。关于环境权益的性质，理论上没有统一，实践中更无法律明文规定。司法实践中，若当事人以环境权益受到损害为由向法院提起诉讼，法院往往会以无法律依据为由不予受理。即使当事人以环境污染损害赔偿提起诉讼，也可能由于地方保护主义、地方经济利益等原因不被法院受理。在环境行政诉讼方面，当事人不愿告、不敢告，法院不愿理、不敢理的情况也十分普遍。由图5可知，在对司法机关人员进行调查时，仅有24%的调查对象处理过环境纠纷案件。相较于三江源地区存在的大量的环境污染、生态破坏纠纷，最终通过司法解决的寥寥无几。

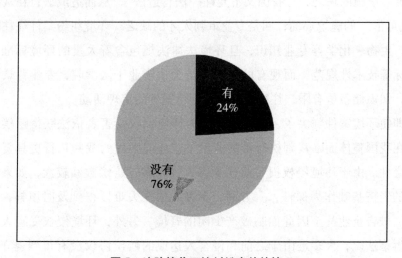

图5 法院接收环境纠纷案件的情况

即使环境纠纷能够进入诉讼程序，环境案件的举证难、胜诉难往往成为限制环境诉讼发展的现实原因。由于环境侵权的复杂性、长期性、间接性、损害结果的滞后性以及受害者对环境信息掌握的不对称、专业技术的欠缺，导致受害者举证十分困难。根据现行法律规定，环境污染案件实行举证责任倒置，生态破坏案件，仍需遵循"谁主张谁举证"原则。即使是实行举证责任倒置的环境污染案件，受害者也需要承担一定的举证责任，如提供被告存在污染行为，自己遭受到损害的初步证据。受害人由于技术和财力方面的限制，往往很难提供这些证据。没有相应证据的支持，原告败诉就不可避免。

（二）法院审理难、判决难、执行难

调研的过程中反映出这样一个基本事实：环境纠纷案件存在审理难、判决难、执行难的情况。审理难、判决难的原因主要有：一是环境损害原因的复杂性，证据收集相对困难，导致环境侵权损害结果难以界定；二是环境侵权行为和损害结果之间的因果关系往往具有间接性，关于因果关系的学说，如盖然性因果关系说、疫学因果说、间接反正说虽然在理论上发展得较为完善，但在我国司法实践中却不成熟；三是环境立法本身存在诸多缺陷，如环境法律法规纷杂、效力层级不明确，甚至存在彼此冲突的情形以及相关法律法规配套措施的缺乏，且我国又不允许"法官造法"，从而造成法官在裁决时"无法可依"的尴尬局面；四是专业审判人才的缺乏，环境纠纷案件往往涉及环保、生物、化学等专业知识，且环境法律法规包含着大量的环境标准、环境指标等技术性规范，而现有的审判人员大多毕业于法学院，专业背景较为单一，知识储备量有限，往往难以胜任环境案件的审理活动。

即使环境案件判决了，执行难又成为环境侵权受害者依法获得赔偿的障碍。在我国整体面临裁判执行难的背景下，环境案件的裁判执行更具复杂性和社会性。由于环境侵权损害往往受害人数较多、赔偿数额较大，如果没有坚实的经济基础作为保证，一方面，受害人的损失难以得到及时填补，另一方面，被告企业甚至因此面临破产倒闭的窘境。另外，环境侵权受害人将侵害人诉诸法院，大多是由于之前和侵害人达成的赔偿协议没有得到遵守，如果侵权方连自己谈判的结果都不愿执行，何谈法院的判决？因此，环境案件执行难，一方面由于侵权者主观方面不愿意执行判决结果，另一方面由于侵权者财力有限，在客观上不能履行判决结果。

（三）环境诉讼成本过高

由于环境纠纷的复杂性，环境损害的潜伏性、长期性、间接性，在案件审理过程中，损害原因的调查、损失结果的鉴定、因果关系的证明、举证责任的负担等均需支付较大的时间成本和经济成本，在一定程度上影响了受害者通过诉讼途径解决纠纷的积极性。调研中，三江源地区的农牧民和当地司法机关工作人员普遍反映"诉讼的时间、经济等成本太高，难以承担"。另外，据相关资料显示，从上海某法院涉及司法鉴定的环境民事案件的抽样情况看，平均审理期限为305天，远高于其他的民事案件的平均审理期限①。由此可见，不仅在三江源地区，从全国范围来看，受害人难以负担高额的诉讼成本也是当事人不选择诉讼途径解决纠纷的重要原因之一。

（四）环境侵权惩罚力度不足

在司法机关调研时，关于当下环境污染的惩罚机制能否使得权益受损的民众得到充分的赔偿，19%的调查对象持绝对否定态度，9%的调查对象认为能够得到充分赔偿，72%的调查对象认为受害人能够得到赔偿，但不能弥补所受损失。（见图6）因此，目前的环境污染惩罚力度不够，难以弥补受害人的经济损失。长期以来，"违法成本低，守法成本高"成为我国环境保护领域备受诟病的一个问题。

如1989年的《环境保护法》第35至39条均规定了相关环境违法行为给予罚款的处罚措施，但罚款的数额、罚款的标准均没有规定。如38条"对违反本法规定，造成环境污染事故的企业事业单位，由环境保护行政主管部门或者其他依照法律规定行使环境监督管理权的部门根据所造成的危害后果处以罚款"；2000年的《大气污染防治法》第61条规定"造成大气污染事故的

---

① 袁春湘. 2002 年—2011 年全国法院审理环境案件的情况分析［J］. 法制资讯，2012（12）：19-23.

企事业单位，对其罚款最高数额不得超过五十万元"；2008 年的《水污染防治法》第 75 条规定"在饮用水水源保护区内设置排污口的，对其罚款数额最高不得超过一百万元"。

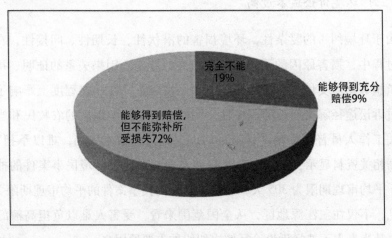

图 6　现有环境污染赔偿机制能否弥补受害人损失

纵观我国环境罚款制度在立法上存在以下缺陷：一是环保法律所规定的罚款数额远远低于企业的治理污染的成本，难以对企业产生威慑力；二是对罚款确定绝对的上限；三是各级环保部门的罚款权限受限制；四是环保法律规定的罚款数额计算方式缺乏科学性，一方面环保部门的自由裁量权过大，另一方面没有规定按日连续处罚制度。

在社会各界的强烈呼吁下，2014 年 12 月 22 日提交全国人大常委会首次审议的大气污染防治法修订草案拟取消现行法律"对造成大气污染事故的企业事业单位的罚款，最高不超过 50 万元"的封顶。草案规定，对造成重大或者特大大气污染事故的，按照所造成直接损失的 3 倍以上 5 倍以下计算罚款。2014 年修订通过的新《环境保护法》确立了按日连续处罚制度，第 59 条规定："企业事业单位和其他生产经营者违法排放污染物，受到罚款处罚，被责令改正，拒不改正的，依法做出处罚决定的行政机关可以自责令改正之日的次日起，按照原处罚数额按日连续处罚。前款规定的罚款处罚，依照有关法律法规按照防治污染设施的运行成本、违法行为造成的直接损失或者违法所得等因素确定的规定执行。"按日连续处罚制度的引入对环境违法成本的提供必将起到重大的推动作用，但如何确定罚款数额依然是个棘手问题。根据环境保护法第 59 条的规定，罚款基准是按照"原处罚数额"按日连续处罚，即按日连续处罚必须建立在"原处罚数额"确定的基础之上，如何科学地确定"原处罚数额"，目前法律没有具体的规定，这将使按日连续处罚制度的实施效果大打折扣。

（五）环境公益诉讼制度不健全

近几年环境污染和生态破坏纠纷层出不穷，各界对环境的关注促使各地的环保法庭如雨后春笋般建立起来。据统计，截至 2012 年 11 月 18 日，全国已建立 95 个环保法庭。环境公益诉讼制度的探索和实践也如火如荼。① 然而，各地环保法庭成立以来，均面临着无案可审的窘境。如无锡市中级人民法院环保法庭庭长赵卫民向媒体反应，无锡市中级人民法院一年有八万多起案件，环保法庭的案件也就一两件。② 昆明市中级人民法院环保法庭自 2008 年年底成立至 2010 年 4 月，共受理的环境案件共 17 件，其中行政案件 3 件，刑事案件 7 件，民事案件 7 件，真正意义上的环保公益诉讼案件为零。③ 社会对环境公益诉讼的高度关注和环境公益诉讼的司法现状，无疑显得"冷热不均"，究其根本原因，在于制度的不完善。

1. 能够提起环境公益诉讼的原告可能很少

新《民事诉讼法》第 55 条将环境公益诉讼的原告界定为"法律规定的机关和有关组织"，新《环境保护法》第 58 条进一步将其界定为"符合条件的社会组织"，即必须同时满足以下三个条件：①依法在设区的市级以上人民政府民政部门登记；②专门从事环境保护公益活动连续五年；③无违法记录。2015 年 7 月 1 日实施的《最高人民法院关于审理环境民事公益诉讼案件适用法律若干问题的解释》对新《环境保护法》第 58 条做了进一步的明确，将"社会组织"明确为"在设区的市级以上人民政府民政部门登记的社会团体、

---

① 杨青烨. 全国已建立 95 个环保法庭，环境司法仍落后 [EB/OL]. 法制网, 2012-11-19.
② 廖万军. 环保法庭"门可罗雀"在诉说什么？[J]. 环境保护, 2011（09）：20-21.
③ 廖万军. 环保法庭"门可罗雀"在诉说什么？[J]. 环境保护, 2011（09）：20-21.

民办非企业单位以及基金会等"，将"设区的市级以上人民政府民政部门"明确为"设区的市，自治州、盟、地区，不设区的地级市，直辖市的区以上人民政府民政部门"。这样看来，能够提起环境公益诉讼的只能是符合条件的社会组织，公民个人、检察机关、环境行政监督管理机关以及大部分的社会组织均没有资格提起诉讼，这极大地限制了环境公益诉讼的提起。

据民政部门统计，符合以上法律规定起诉资格的组织全国有七百多家。其中有相当一部分是官办的社会组织，比如各省的环境科学学会、环保产业协会、环保基金会，还有一些省的环保联合会、生态文明研究会、林业协会等。① 在这些组织中，除了个别组织，如中华环保联合会、自然之友、福建绿家园环境友好中心②，有提起环境公益诉讼的经历和意愿外，其他机构尚未见有提起环境公益诉讼实践的报道。据有关专家分析，这类组织中有提起环境公益诉讼意愿者，不会超过 10%。③ 另外就是草根民间环保组织，如辽宁省盘锦市黑嘴鸥保护协会、绿色汉江、阿拉善 SEE 生态协会。据中华环保联合会调查，我国 76.1% 的民间环保组织没有固定经费来源，有 22.5% 的民间环保组织基本没有筹到经费，81.5% 筹集的经费在 5 万元以下。由于经费不足，超过 60% 的民间环保组织没有自己的办公场所；96% 的全职人员薪酬在当地属于中等以下水平，其中 43.9% 的全职人员基本没有薪酬；有 72.5% 的民间环保组织没有能力为其职员提供失业、养老、医疗等福利保障。因此，即使草根民间环保组织有提起环境公益诉讼的意愿，但由于经费的缺乏，客观上难以聘请到法务人员提起环境公益诉讼。根据中华环保联合会的一份调查报告，环保组织提起环境公益诉讼的主观意愿普遍不高。只有 30% 的环保组织表示环境公益诉讼将是本组织的首要维权手段；57% 的环保组织则比较谨慎，

---

① 王灿发，程多威. 新《环境保护法》下环境公益诉讼面临的困境及其破解 [J]. 法律适用，2014（08）：46-51.

② 实践中，环境公益诉讼案件能够立案的，寥寥无几。如 2013 年，中华环保联合会曾 8 次提起环境公益诉讼，均未立案；2013 年，自然之友曾提起两期环境公益诉讼，均未立案；2015 年 1 月自然之友和福建绿家园在福建南平中原提起的环境公益诉讼，成功立案。

③ 王灿发，程多威. 新《环境保护法》下环境公益诉讼面临的困境及其破解 [J]. 法律适用，2014（08）：46-51.

表示不会轻易提起环境公益诉讼；更有 11% 的环保组织明确表达了对环境公益诉讼的否定态度。与较低的诉讼意愿匹配，也仅有 14% 的环保组织有过参与环境公益诉讼的经历。由此可见，符合条件、有意愿、有能力提起环境公益诉讼的组织，寥寥无几。

2. 环境公益诉讼具体规则欠缺

公益诉讼因其特殊性、复杂性和专业性，不同于传统的民事诉讼，传统的民事诉讼规则难以满足公益诉讼的要求。由上文的调研材料不难看出，环境公益诉讼具体规则的缺乏是办理环境公益诉讼案件的难点之一，如立法标准和裁判标准各地方不统一、诉讼费用的承担、诉讼风险的承担、证据的收集、案件的管辖以及实践中存在的环境立法之间的冲突和滞后等问题。新《民事诉讼法》为我国公益诉讼开了先河，将原告请进法院，新《环境保护法》进一步明确了环境公益诉讼原告资格，但两部法律均未对环境公益诉讼的具体规则做出规定。2015 年年初，最高人民法院发布《关于审理环境民事公益诉讼案件适用法律若干问题的解释》对环境公益诉讼的相关规则做了说明，但仍难以满足司法实践的要求，环境立法依然存在诸多问题。一是环境公益诉讼特有的程序缺乏，如诉讼主体顺位、诉讼请求范围、证明规则、禁止令适用、当事人和解、法院调解、裁判效力范围等均缺乏规定，导致审判人员只能依据传统的民事诉讼程序来裁决，导致环境公益诉讼难以发挥其应有的价值。二是现有法律规定将环境行政公益诉讼排除在制度之外。新《民事诉讼法》第 55 条将环境公益诉讼界定为环境民事公益诉讼，新《环境保护法》对环境公益诉讼的范围没有明确规定，现有的唯一的司法解释也仅是关于环境民事公益的，环境行政公益诉讼在我国法律框架之内处于缺席状态。三是环境法律法规条文规定过于简单，无法成为提起环境公益诉讼的有力支撑，如"损害社会公共利益的行为"如何界定、"通过诉讼牟取经济利益"是否包括通过诉讼让被告支付原告为公益诉讼所付出的人力和经济成本、如何界定赔偿金的归属及生态修复费用的计算标准等问题，均可成为环境公益诉讼的巨大障碍。环境公益诉讼具体规则的缺乏，将导致实践中"有案需审，无法可依"的尴尬局面，使审判人员面临审理难、判决难的困境。

3. "公益" 与 "私益" 的冲突

从国内曾提起的环境公益诉讼案件看，被告多为地方上的纳税大户，甚至是振兴地方经济的龙头企业，或多或少受到当地政府的袒护。如被称为我国环境公益诉讼发展史上里程碑的 "泰州天价环境公益诉讼案"，6 名被告分别是常隆农化公司、锦汇化工公司、施美康药业公司、申龙化工公司、富安化工公司、臻庆化工公司，这几家公司为泰州市的地方税务做出了巨大贡献，若没有泰州市和江苏省两级法院、检察院以及环境行政管理机关的大力支持，泰州市环保联合会很难取得胜诉。在现有的司法体制的制约下，各级人民法院的人事、财政权掌握在同级人民政府手中，受到政府的制约，难以体现司法独立的地位①。地方政府对经济效益的追求、各部门利益的错综复杂，使环境公益诉讼难以在地方上立案。另外，一部分在立法方面有话语权的部门和人士对环境公益诉讼存有担心和戒备。如担心环境公益诉讼主体开放，会导致滥诉，使人民法院应接不暇，影响司法秩序；担心环境公益诉讼一旦放开会导致行政机构和企业疲于应付，影响政府部门工作效率和企业效益，影响社会安定等。② 在现有体制和对环境公益诉讼片面认识的影响下，公民的环境利益、地方的生态利益无疑被冠以 "私益" 之名，让位于所谓的 "公益"，即社会秩序的安定、地方整体的发展。

三、完善三江源环境诉讼救济的制度保障

（一）健全和完善相关法律制度

健全和完善相关法律制度，确保环境司法有法可依。主要应在以下几方面下功夫。第一，继续完善环境保护法律体系，尽快出台现行体系中缺位的土壤污染防治、转基因动植物安全等法律制度，使相关领域的环境司法行为

---

① 2014 年我国开始实施司法改革，首批的试点省份为上海、广东、吉林、湖北、海南、青海 6 省。在试点省份，法院的人事、财政权由省级统管，不再受制于同级人民政府，也只是地方制约的范围稍微上提，并未从根本上解决问题。且在司法改革全面开展之前，法院的独立地位仍难实现。

② 王灿发，程多威. 新《环境保护法》下环境公益诉讼面临的困境及其破解 [J]. 法律适用，2014（08）：46-51.

有法可依。第二，减少柔性立法，增加刚性立法，强化现有环境保护法律体系中的责任制度，适当赋予企业清洁生产、社会经济主体促进循环经济强制性责任，确保相关法律司法适用性落到实处。第三，对现有环境保护法律制度进行梳理，对其中带有部门利益倾向、部门利益矛盾以及忽略公众利益的制度予以修正，让公众环境权益落到实处，确保公众环境维权行为于法有据。第四，修订《人民法院组织法》或者仿照《行政诉讼法》赋予法院设立行政审判庭的做法在现有框架下制定专门法律，赋予各级法院设立环保法庭的权利，从而保证环保法庭设立的合法性。

（二）完善环境诉讼救济制度，畅通公众环境诉讼维权机制

一是扩大环境公益诉讼的主体范围，允许公民提起环境公益诉讼；二是修订《民事诉讼法》相关法条，将环境诉讼原告与环境污染和生态破坏扩大至间接利害关系，并将侵害的客体扩展为人身权、财产权之外的权利，如环境权，保障公民"有损害即有救济"的权利；三是建立合理的诉讼费用分摊机制，对因公益诉讼产生的案件受理费、代理费、鉴定费等统一规定由败诉的被告方承担，如原告方败诉，则通过设立环境公益诉讼基金解决；四是在条件成熟前提下，制定《环境诉讼法》，就环境诉讼的立案、管辖、受理、审理、举证责任等做出专门规定，使环境司法专门化中的环境司法程序专门化落到实处。

（三）强化环境纠纷案件执行效果

在我国整体面临裁判执行难的背景下，环境案件的裁判执行更具复杂性和社会性，这一问题得不到很好的解决，极有可能引发更为严重的社会问题。对此，我们可以考虑通过制度创新加以推动和解决：通过环境审判机构的提前介入和提出法律意见书等制度途径强化人民法院的执行功能和执行力度。其中，提前介入制度的法律依据源于先予执行制度，其目的是加强对严重环境违法行为和行政不作为的司法监督，督促环保行政机关及时利用职权管理破坏环境的违法行为。它包括对行政机关申请的强制执行（在行政机关申请强制执行对企业的关停、罚款等行政处理决定时，经审查符合执行条件的，

法院及时裁定并给予有力的强制执行）和强制令制度（应当事人的请求，法院可以颁发强制令要求环境损害加害者停止污染与破坏行为或要求相关主管部门采取具体措施制止加害者的污染与破坏行为，防止环境污染与破坏的持续、扩大。但在不涉及受害人生命健康以及重大生态环境利益的情况下，可通过"部分排除侵害"和"代替排除侵害赔偿"允许产业活动继续）。而提出法律意见书则更具适用空间，它既可以在环保案件执行中，向相关政府、部门提出法律意见书，请求它们解决一些实际问题，如关停生产线或企业后的职工安置、合理补偿等，也可以在环保行政部门不积极作为的情况下，对一些明确存在严重污染但暂时无人起诉的企业，向相关部门发出法律意见书，建议对严重污染企业停止供电、停止贷款、降低信用等级等。

（四）建立环境保险和环境基金制度，分担环境风险

通过建立环境责任保险与环境基金制度来保障裁判的执行。在我国目前尚未建立强制环境责任保险制度的情形下，当加害人的污染或破坏环境的行为导致他人人身、财产等受到重大损害时，如果其没有坚实的经济基础作保证，受害人的损失就难以得到及时填补。为此，我们可以通过完善保险法相关立法，建立环境责任保险制度，强制要求企业或其他非法人组织缴纳一定的保险费用，以备发生环境损害事件时可以由保险公司分担其赔偿风险，并为受害人提供必要救济和保障。同时，法院亦可尝试设立环保基金来支持适当的环境资源保护项目或支持一定的环境资源维权活动。可以以环境民事罚款、环境刑事罚金与没收的财产以及环境群体诉讼损害赔偿中无人认领的部分等为基金来源。其运作可由法院选择专门的基金经理人来进行，而监督和审核可由环保主管部门和环保组织组成的委员会负责。

（五）完善环境司法外部条件，提高环境司法专门化社会参与水平

一是加强对全社会的环境法制宣传，唤醒公民的环保意识和环境诉讼维权意识，鼓励社会公众在穷尽其他手段和途径仍不能获得有效救济的情况下，参与到环境司法维权中来，在有效维护自己的环境权益的同时，有力地推动环境司法专门化。二是培育和引导非政府社会团体通过公益诉讼手段有效维

护社会公众的环境利益，客观上促进环境司法专门化。三是加强律师队伍的环境科学和环境法学知识培训，引导其参与环境司法活动，从而提高环境司法专门化水平。

参考文献：

［1］张立. 三江源自然保护区生态保护立法问题研究［M］. 北京：中国政法大学出版社，2014.

［2］袁春湘. 2002 年—2011 年全国法院审理环境案件的情况分析［J］. 法制资讯，2012（12）：19-23.

［3］徐以祥，梁忠. 论环境罚款数额的确定［J］. 法学评论，2014，32（06）：152-160.

［4］杨青烨. 全国已建立 95 个环保法庭，环境司法仍落后［EB/OL］. 法制网，2012-11-19.

［5］廖万军. 环保法庭"门可罗雀"在诉说什么？［J］. 环境保护，2011（09）：20-21.

［6］王灿发，程多威. 新《环境保护法》下环境公益诉讼面临的困境及其破解［J］. 法律适用，2014（08）：46-51.

青海省新型城镇化的生态法治建设路径

叶思维①

内容摘要： 新型城镇化内涵丰富，特征多样。新型城镇化客观需要生态法治建设，生态法治是新型城镇化的重要保障。以青海省为例，新型城镇化生态法治建设取得了显著成绩，但还存在城镇生态环保制度不完善、城镇国土资源管理制度不完善、城镇绿色低碳生产生活制度不完善等问题。应健全和完善生态环保法治建设路径；国土资源节约集约法治建设路径和绿色低碳生产生活法治保障路径。

关键词： 新型城镇化；生态法治；现状问题；建设路径

党的十八大提出树立尊重自然、顺应自然、保护自然的生态文明理念，把生态文明建设纳入中国特色社会主义事业"五位一体"总体布局中。《国家新型城镇化规划》（2014—2020 年）明确指出：城镇化是人类社会发展的客观趋势和国家现代化的重要标志。《青海省新型城镇化规划》（2014—2020年）明确指出：把生态文明理念全面融入城镇化进程，坚持节约集约利用自然资源，着力推进绿色发展、循环发展和低碳发展，强化生态建设和环境保护，增强城镇综合承载能力，促进城镇全面协调可持续发展。而新型城镇化过程中的生态文明建设离不开生态法治的保障。包括青海省在内的西北地区新型城镇化应加大生态法治保障力度，着力推动新型城镇化的生态法治建设。

---

① 作者简介：叶思维，青海民族大学法学院硕士研究生。

一、新型城镇化的内涵和特征

（一）内涵

新型城镇化是指大中小城市、小城镇、新型农村社区协调发展、互促共进的城镇化，体现以人为本、城乡统筹、产城互动、节约集约、生态宜居、和谐发展的科学理念①，推动城乡基础设施一体化和公共服务均等化，促进城乡经济社会生态的全面协调可持续发展，实现城乡共同富裕的城镇化发展道路。新型城镇化是相对于传统城镇化而言的。我国的新型城镇化道路伴随着工业化进程快速发展，城镇常住人口和城镇化率不断提高，城市数量和建制镇数量不断增加，非农产业和农村人口不断向城镇集聚和集中。传统城镇化道路面临产业升级缓慢、资源环境恶化、社会矛盾增多等诸多严峻挑战，而新型城镇化道路则是一条转变城镇化发展方式，提高城镇综合承载能力，节约集约利用自然资源，提升城市可持续发展水平，促进经济转型升级和社会和谐进步的具有中国特色的新型城镇化道路。

（二）特征

1. 以人为本与城乡统筹相结合

新型城镇化坚持以人为本与城乡统筹相结合。以人的城镇化为核心，合理引导农业转移人口向城镇流动，稳步推进城乡基础设施一体化和基本公共服务均等化，有序推进农业转移人口市民化，切实保障其经济、政治、文化、社会和生态权益，让社会公平正义和现代化建设成果惠及全体人民，以人的全面发展促进城镇全面协调和可持续发展。同时，推动工业和农业、城市和农村的互动发展，以工业支持和反哺农业，以城市辐射和带动农村，构建以工促农、以城带乡、工农互惠、城乡一体的长效双赢发展机制，促进城乡统筹协调发展，积极建设城乡生产发展、生活富裕和生态良好的文明社会。

---

① 新型城镇化 [EB/OL]. 百度百科.

2. 四化同步与集约发展相结合

新型城镇化坚持四化同步与集约发展相结合。促进中国特色新型工业化、信息化、城镇化和农业现代化同步发展，推动信息化和工业化深度融合、工业化和城镇化良性互动、城镇化和农业现代化相互协调。工业化是城镇经济发展的坚实基础和重要支撑；信息化是提高企业经济效率和核心竞争力的重要手段；城镇化是发展工业化的城镇空间依托和必要条件；农业现代化是城镇化的依托目标和必然趋势。同时，依据城镇资源环境承载能力，科学规划城镇建设布局，优化城镇内部空间结构，严格控制建设用地规模，集约高效利用城镇土地和自然资源，促进城镇紧凑集约发展。

3. 生态文明与绿色低碳相结合

新型城镇化坚持生态文明与绿色低碳相结合。积极培育尊重自然、顺应自然和保护自然的生态文明理念和主流价值观，把生态文明理念和主流价值观全面融入新型城镇化建设的全过程，使绿色发展、循环发展和低碳发展成为城镇发展的内在价值诉求，强化城镇环境保护和自然生态修复，减少城镇发展对自然环境的干扰和损害，坚守城镇发展和生态保护两条底线，形成城镇上下联动推进生态文明的绿色合力，推动形成以生态文明为指导的绿色低碳生产生活方式和城镇建设发展模式，走出一条兼顾经济绿色发展和人的绿色发展的经济技术与社会能力双提升的绿色发展之路①。

4. 文化传承与和谐发展相结合

新型城镇化坚持文化传承与和谐发展相结合。文化既是一个城镇的精神灵魂，也是一个城镇的过去、现在和未来的特色体现②。各地区应充分挖掘城镇的自然历史文化禀赋和文化资源优势，充分传承城镇的历史文化积淀和历史文化血脉，保护和弘扬城镇传统优秀文化，延续和发展城镇乡村历史文脉，充分体现城镇的区域文化差异性和文化形态多样性。新型城镇化的核心不是城镇规模的扩张和城市人口的激增，而是人的城镇化。因而，文化认同和文化传承也是促进城镇社会和谐的根本保证。新型城镇化既要融入现代发展元

---

① 李裴. 政策到位 落实到位 以生态文明理念引领绿色发展［N］. 人民日报，2015-06-09.

② 汤华臻. 新型城镇化要格外重视传承文化［N］. 北京日报，2013-12-20.

素，更要传承优秀传统文化，才能形成符合文化实际、和谐包容、各具特色和竞争力的城镇化发展模式。

二、青海省新型城镇化与生态法治的关系

（一）青海省新型城镇化的生态法治建设现状及问题

青海城镇化水平总体偏低，流动人口市民化率低下，城镇化缺乏特色产业支撑，这是青海城镇化面临的问题，也是青海城镇化的重要特点。受各种因素制约，青海城镇化水平无法与东部沿海地区看齐，与相邻省区之间也有较大差距。据青海省统计局对 2013 年人口变动情况抽样调查结果显示，青海省城镇常住人口中非农户籍人口比重仅为 59.48%，也就是说城镇居民中 40% 左右的人口是"被城镇化"或"半城镇化"。所谓"被城镇化"就是把城市周边农民等纳入城镇化的概率之中，使他们在数据上成为城镇居民，但实际上无论是就业形式还是生活状态，他们主要依托第一产业，与主要依托第二、第三产业的城镇化之间还有较大距离。如果从城镇化率中除去与这些居民有关的数据量，那么青海真实的城镇化与东部地区之间的差距就更大了。如前所述，城镇经济是城镇化发展的动力，城镇经济发展状况决定着城镇化的进程。从纵向比较看，青海第二、第三产业发展较快，但从工业发展的内在质量及第三产业市场发育程度看，仍存在一些问题。比如，青海工业以高耗能、资源类行业为主，链条较短，对就业的支撑作用不明显，第三产业中非营利性服务业占比达 33.1%，虽然旅游服务业增长很快，但季节性因素过于明显，产业内部协调发展的机制也未形成。这些因素既是青海城镇经济面临的问题，也是制约青海城镇化的主要因素，同时也是青海城镇化的重要特征。

（二）青海省新型城镇化客观需要生态法治建设

新型城镇化既是农村经济发展的持续动力和农业现代化的必由之路，也带来了非常严重的生态环境问题。伴随国家深入实施西部大开发战略，构建"丝绸之路经济带"，进一步推进了新型城镇化进程。青海省地处我国西北地区中心地带，由于自然、地理、历史、经济等各种原因，青海省经济社会发

展滞后，其城镇化发展进程与全国有较大差距，而且存在突出的生态环境问题。主要表现为：

一是城镇主要污染物排放量不断增加，资源能源利用效率较低。随着新型城镇化的不断推进，由于城镇生态文明理念普及不够，绿色生产和绿色消费尚未有效推进，城市建成区绿地率较低，城镇绿色建筑少，非化石能源占一次能源消费比重低，城镇资源能源利用效率较低，致使环境污染不断加剧。尤其在农村项目建设施工、城镇人口集中、工业和养殖业发展都带来了严重的环境污染问题。城镇主要污染物二氧化硫、氮氧化物、化学需氧量和氨氮排放量不断增加，减排潜力和减排空间逐渐下降，城镇主要污染物减排形势严峻，持续减排压力大，资源环境问题日益成为制约青海省新型城镇化的重要因素。

二是城镇土地集约发展不足，国土空间利用效率低。青海省自然类型复杂多样，适宜开发土地面积少，资源环境承载力弱。青海省实施生态立省战略以来，90%左右的国土为禁止或限制开发区域，这一战略主要是为了保护青藏高原脆弱的生态环境。正是由于上述这些因素，青海省的产业经济发展只能集中在东部地区及海西格尔木等地，这也就决定了青海城镇经济的非均衡现象。由于各地对城镇化建设认识模糊，城镇化建设急功近利，城镇土地利用粗放，集约发展不足，国土空间利用效率低，可持续发展能力不足。

三是城镇化快速发展过程中环保等基础设施建设严重滞后。青海省城镇环境监管建设经费投入不足，加之缺乏合理、系统的环保设计与建设要求，环保等基础设施建设严重滞后，严重制约城镇环境污染防治进程。存在部分污染源集中地区未及时配套建设污水处理、地下管网等环保基础设施或设施建设进展缓慢等问题，城市污水处理率和城市生活垃圾无害化处理率较低，导致有些城镇污染严重。

上述生态环境问题严重制约着青海省新型城镇化的健康发展，客观上需要加强新型城镇化的生态法治建设，而推动城镇化建设的绿色转型，生态法治则是新型城镇化建设的重要保障。

（三）生态法治是青海省新型城镇化的重要保障

法治是治国理政和建设法治国家的基本方式，生态法治是中国特色社会主义法治的重要组成部分。加强生态法治，促进青海省新型城镇化的绿色转型和绿色发展，实现新型城镇化的绿色治理能力现代化，是新型城镇化的重要保障。

首先，生态法治是新型城镇化的重要立法保障。法律是治国之重器，良法是善治之前提。生态立法是城镇生态法治建设的基础和前提，青海省新型城镇化需要国家法律法规和地方法规规章的立法保障。通过国家立法机关和地方立法机关的共同努力，完善立法体制，促进科学立法、民主立法，增强相关法律法规的及时性、系统性、针对性和有效性，用严格的法律制度依法保护城镇生态环境，实现新型城镇化立法的规范化、制度化和生态化，为全面规范新型城镇化，促进新型城镇化的绿色科学健康发展提供强有力的法治保障。

其次，生态法治是新型城镇化的重要执法保障。法律的生命力和权威性在于法律实施。新型城镇化法律法规有赖于执法机关的有效实施。各级执法机关必须坚持生态法治理念，加大城镇生态执法力度，坚持生态屏障建设与新型城镇化建设相结合，同步推进生态环境保护与城镇化建设，着力改善城镇生态环境，加强城镇生态基础设施建设，强化城镇水资源保护，促进城镇水资源合理开发利用，加强城镇区域生态环境综合治理，提升城镇资源环境承载力，着力打造各具特色的生态宜居城市。

再次，生态法治是新型城镇化的重要司法保障。司法公正是生态法治的生命线。新型城镇化加强生态司法保障，不仅是城镇经济发展方式的变革，也是城镇生态文明建设体制的变革，更是城镇司法体制的创新和变革。司法机关坚持生态公正司法，完善司法管理体制，规范生态司法行为，探索形成诉前、诉中和诉后一体化的生态司法保护机制，形成保障青海省新型城镇化的生态司法正能量，推动构建绿色生产方式、生活方式和消费模式，强化城镇生态环境保护，推动建设环境优美，生态良好的绿色城镇。

最后，生态法治是新型城镇化的重要守法保障。法律的权威源自社会公众的内心拥护和真诚信仰。促进新型城镇化过程中的生态法治建设，必须增强社会公众的生态法治理念，切实提高社会公众的生态法治意识，提高社会公众保护生态环境的积极性和主动性，使每个公民都成为城镇生态法治建设的坚定捍卫者。

三、青海省新型城镇化的生态法治建设路径

（一）生态环保法治建设路径

1. 健全和完善城镇森林、绿地保护法治建设

城镇森林和绿地生态系统是新型城镇化建设的重要生态基础。推动西北地区新型城镇化的生态法治建设，应大力加强城镇森林和绿地生态系统法治建设。首先，建立健全城镇绿化法规规章。可探索制定《青海省城镇森林建设条例》《青海省城镇绿地保护条例》等地方性法规规章，明确规定新型城镇化建设中城镇森林和绿地建设规划、建设主体、建设资金、建设规模、森林和绿地保护等具体内容。大力实施植树造林和绿地建设、加强湿地保护、河流生态治理、防沙治沙和野生动植物保护等生态工程，切实加强森林和绿地保护，扩大森林和绿地面积，提升森林碳汇能力，提高森林和绿地质量，拓展城镇绿色生态空间，改善城镇生态环境和人居条件，建设生态宜居城镇乡村。其次，建立健全城镇绿化管理制度。健全城镇绿化规划制度。合理确定森林和绿地指标，优化各类森林和绿地布局，提高城镇绿化规划的科技和艺术水平；健全植树绿化义务制度。城镇中任何单位和有劳动能力的公民都应按规定履行植树或其他绿化义务；健全绿化补偿制度。合理确定绿化补偿费的收缴标准，绿化补偿费专款用于城市森林和绿地建设补助。健全植树绿化违法举报制度。任何单位和个人对违反城镇植树、绿化规划，损害、破坏城镇森林和绿地的行为，有权制止、检举和控告。

2. 健全和完善城镇环境保护法治建设

加强城镇环境保护是改善城镇人居环境质量的重要举措，新型城镇化的生态法治建设应大力加强城镇环境保护法治建设。首先，健全完善城镇环境保护法规规章。可探索修改完善《青海省环境保护条例》，重点加强农村生态环境保护法律制度，健全农村污染防治、生态保护和资源管理法制规定，加大土壤、化肥农药、禽畜、有毒化学品等污染防治规定，大力开展农村环境综合整治，规范乡镇企业的污染扩散及城乡污染转移问题，全面整治村容村貌，促进城镇化过程中农村的可持续发展。其次，健全完善城镇环境保护相

关制度。完善城镇环境综合整治制度。严格按照新型城镇化发展规划编制环境保护规划，严格把控城镇环境准入关，严格控制大气、地表水和环境噪声等污染物排放总量，加大城镇污染治理力度，确保城镇环境质量按功能区达标；健全城镇污水、垃圾及工业废弃物处理制度。加强城镇污水、垃圾及工业废弃物处理设施建设和运营管理，推进项目建设、运营的市场化和产业化，提高城镇生活垃圾、工业废弃物和污水处理率。鼓励建设污水再生利用和垃圾资源化设施，推动城市污水的再生利用和垃圾的资源化。最后，探索建立城镇化发展的环境保护红线制度。城镇化发展的生态红线区是为保障城镇生态安全，必须严格管理和维护的生态区域。生态红线区的划定应综合考虑区域内的多重环境因子，配套建设生态红线考核机制和经济政策保障制度。

（二）国土资源集约节约法治建设路径

1. 健全和完善城镇土地保护法治建设

统筹利用国土资源是促进城镇可持续发展的重要物质基础，新型城镇化的生态法治建设应大力加强城镇土地保护法治建设。首先，健全完善城镇土地保护法规规章。可探索修改完善《青海省实施土地管理法办法》，或制定《青海省城镇土地管理条例》，实施城乡建设用地统一规划和管理制度。严格执行城市规划用地标准，严格用途管制和用地规划管理，统筹利用城镇国土资源，优化土地利用结构，提高土地利用效率，实现土地资源的优化配置，合理满足城镇化用地需求，确保土地利用经济效益、社会效益和生态效益的统一。其次，健全完善城镇土地保护相关制度。健全城镇土地集约节约利用制度。创新城镇土地集约节约利用制度，合理安排全省各城乡建设用地和生态环境保护用地，控制新增建设用地总量。通过土地集约节约制度引导城镇集约发展，优化城镇建设用地结构，减少城镇发展对优质耕地、重要生态保护地区的影响，提升城镇资源环境承载力，使城镇交通、工业、生活设施在集约化布局中实现节约资源的目标①；完善促进集约用地的激励约束机制。建立有效的土地集约激励与约束机制，形成土地集约利用的外在压力与内在动

---

① 王元京. 城镇土地集约利用：走空间节约之路 [EB/OL]. 新浪网，2007-09-10.

力，加大存量土地粗放利用的成本压力，促进存量土地合理流转，提高土地使用效率，实现城镇粗放用地行为向集约用地行为转化。

2. 健全和完善城镇自然资源保护法治建设

各类自然资源是城镇经济社会发展和提高人类未来福利的重要自然环境因素，新型城镇化的生态法治建设应大力加强城镇自然资源保护法治建设。首先，健全完善城镇自然资源保护法规规章。可探索制定《青海省自然资源保护条例》，重点规定城镇土地资源、水资源、矿产资源、生物资源、农业资源等自然资源的保护规定。加强自然资源保护监管，明确自然资源产权关系，实行自然资源有偿使用制度和自然资源消耗补偿制度，节约和充分利用自然资源，建立资源节约型产业结构，避免自然资源的过度开采，保障自然资源的可持续利用。其次，健全完善城镇自然资源保护相关制度。健全城镇水资源保护制度。实行最严格的水资源管理制度，合理配置水资源，完善水资源管理"三条红线"，统筹城乡发展与水利建设，加强水资源节约利用，开发建设应"量水而行"，优先保障生活用水、大力推进农业节水、优化工业用水、弥补生态用水，促进水资源的可持续利用。完善矿产资源的保护制度。加强对矿产资源的保护，促进资源合理勘查开发和利用，维护矿产资源国家所有权，保护矿业人的合法权益，规范矿产资源监督管理行为，促进城镇矿产资源的可持续发展，建设生态宜居城镇乡村。

（三）绿色低碳生产生活法治保障路径

1. 健全和完善城镇绿色低碳生产法治建设

绿色低碳生产是加强环境保护，增强城镇可持续发展能力的重要举措，新型城镇化的生态法治建设应大力加强绿色低碳生产法治建设。首先，健全完善城镇绿色低碳生产法规规章。可探索制定《青海省绿色低碳发展促进条例》，加快推进城镇工业企业转型升级，引导生产企业实行"绿色设计""绿色生产""绿色包装"和"绿色回收"，有效规范城镇高耗能、高污染企业，推动节能减排和生态环保，加快推动绿色发展、循环发展和低碳发展，建设城镇绿色、循环和低碳的现代产业新体系。通过有效的制度设计倡导、促进和落实城镇绿色低碳生产法制建设。其次，健全完善城镇绿色低碳生产相关制度。健全城镇绿色低碳技术标准制度。制定绿色建材、绿色商场、绿色市场、绿色交通等"绿色"标准，制定煤炭清洁高效利用、清洁能源、可再生能源、农业生产节能、农村生活节能等技术标准。按照"统一生产、统一技术标准、统一产品质量"的要求，实现农业生产全过程的标准化管理；加快农产品深加工、高附加值产品的标准化生产和农产品标准化批发市场的建设力度，提高生产、加工、流通各环节标准化管理水平。

2. 健全和完善城镇绿色低碳生活法治建设

城镇绿色低碳生活是生活方式和消费模式向勤俭节约、绿色低碳和文明健康的方向积极转变，新型城镇化的生态法治建设应大力加强绿色低碳生活法治建设。首先，健全完善城镇绿色低碳生活法规规章。可探索制定《青海省绿色低碳发展促进条例》，通过报刊、广播、电视、互联网等媒体广泛宣传低碳经济、绿色消费、生态人居等低碳知识，培育和提高社会公众的低碳生态理念和环境保护观念，倡导低碳绿色的生活方式和消费模式，引导消费者购买和使用节能、节水、节电、再生产品，减少一次性产品使用，鼓励金融、保险、社会审计机构推行绿色信贷、绿色保险、绿色审计。加快形成简约适度、绿色低碳、文明健康的消费行为，促进城镇生活向绿色低碳发展模式转变。其次，健全完善城镇绿色低碳生活相关制度。健全餐饮、住宿等服务行业低碳生活制度。鼓励引导餐饮、住宿等服务行业推广使用节水、节能环保技术和设备，使用清洁能源；推进餐饮点餐适量化，公务接待简约化，遏制食品浪费；健全完善城镇绿色低碳家庭创建制度。健全低碳家庭创建活动，提倡公众在日常生活中养成节水、节电、节气、垃圾分类等低碳生活方式，积极倡导绿色低碳出行方式，逐步形成绿色低碳的生活方式和价值取向。

参考文献：

[1] 李斐. 政策到位 落实到位 以生态文明理念引领绿色发展 [N]. 人民日报，2015-06-09.

[2] 汤华臻. 新型城镇化要格外重视传承文化 [N]. 北京日报，2013-12-20（003）.

[3] 王元京. 城镇土地集约利用：走空间节约之路 [EB/OL]. 新浪网，2007-09-10.

民族地区自然资源与环境保护法律问题

——以拉萨拉鲁湿地为例

索　珍①

内容摘要：拉鲁湿地自然保护区是世界罕见的、国内最大的城市湿地，属于河流淤塞而成的内陆沼泽。它对整个拉萨城市生态平衡、维护生物多样性、调控空气质量、防洪防涝、涵养水源等起到极为重要的作用。近年来由于全球气候变暖，西藏旅游业发展带来人口增加，加之湿地本身处于脆弱的高原生态屏障地区，拉鲁湿地面临面积萎缩、荒漠化、湖泊污染、植被干枯、生物种类减少等问题。本文以拉萨拉鲁湿地的情况为切入点，试图分析保护拉鲁湿地的合理性与价值，结合环境保护相关规定对拉鲁湿地保护问题提出个人之意见。

关键词：拉鲁湿地；问题；生态；法律保护

一、拉鲁湿地概述

根据《关于特别是作为水禽栖息地的国际重要湿地公约》，即《湿地公约》，湿地是指天然或人工、长久或暂时之沼泽地，湿原、泥炭地或水域地带，带有静止或流动的淡水、半咸水水体，包括低潮时水深不超过 6 米的水域。而拉鲁湿地，藏语为"当惹钦波"，意为一大片芦苇荡。拉鲁湿地位于拉

---

① 作者简介：索珍，女，藏族，西藏民族大学 19 级研究生。

萨市区的西北角，平均海拔 3645 米，规划保护总面积 6.2 平方千米，是目前我国城市范围内面积最大的天然湿地，也是海拔最高、世界罕见的城市湿地。它与其他的远离人类干扰的湿地有着很大的区别，拉鲁湿地受到如建筑、捕捞、采石、放牧等人类活动的影响，以及城市的污染物、生活垃圾随着水渠和洪水冲刷进入湿地，因此拉鲁湿地是一个城市湿地。也因此，拉鲁湿地的安全保护面临极大的挑战。据西藏科技厅有关专家调查分析，拉鲁湿地现有植物种类约 30 科 52 属，水生及湿生植物 18 种，其余为中生和旱生植物，蒿草、苔草、香蒲、莎草、灯芯草、水葱、眼子菜、杉叶藻、芦苇等植物。据中科院的研究统计，拉鲁湿地的动物有 9 目 17 科 20 属，其中斑头雁、赤麻鸭、黑颈鹤、藏马鸡等是国家一级保护动物。1999 年 5 月，拉鲁湿地批准为区级自然保护区，2000 年建立拉鲁湿地保护区管理站，2005 年 8 月晋升为国家自然保护区。

拉鲁湿地是拉萨的"大氧吧"①。西藏自治区位于世界屋脊的青藏高原，其具有海拔高、氧气稀薄、空气干燥等特征，拉鲁湿地供氧功能对整个城市起着不可估量的作用。经研究表明，拉鲁湿地现有的保护面积范围之内，湿地植物每年吸收 1.52 万~3.54 万吨的二氧化碳，释放 1.11 万~2.58 万吨的氧气。② 植物光合作用下湿地吸收二氧化碳并释放氧气，在一定程度上缓解拉萨市民含氧量不足的状况，促使整个生态平衡达到最佳稳定状态。拉鲁湿地中生长的大量水草既对水环境状况、水生动植物的种类和数量有着重要的调节作用，同时也对湿地中各种陆生动植物的协调发展、保持湿地生态系统功能的完整性等方面具有至关重要的作用。湿地对水环境的改善主要体现在吸收净化、促淤防蚀、澄清水质、抑制藻类生长等方面，保证了拉萨市民饮水的安全性。

---

① 西藏拉萨市教体委教研室. 世界上面积最大的城市天然湿地——拉萨拉鲁湿地 [J]. 陕西师范大学（月刊），2001（04）：16-17.

② 罗怀斌. 西藏高原湿地面临主要问题及保护对策 [J]. 国家林业局中南林业调查规划设计院，2014（33）：1.

二、拉鲁湿地面临的问题

拉鲁湿地对拉萨市区起着调节气候、增加空气湿度、增加空气中的含氧量、过滤净化污水、保持地下水位、维持生态平衡以及美化城市环境等重大作用，也是进行环境保护教育、科学研究的重要基地。但是，过去由于人们的环境保护意识淡薄，对拉鲁湿地的重要性和珍贵性的认识程度不够，而盲目开发、过度放牧，以及排放未处理的生活、生产垃圾和污水，造成一定程度上的破坏，忽视了拉鲁湿地的生态环境保护问题。

（一）拉鲁湿地本身所面临的问题

1. 面积缩小

拉鲁湿地属于沼泽湿地，其土壤有机物质含量较高，土壤黏性相对较强，因此，被大量开挖用于建造房屋或者围墙。随着城市化进程的加快，城市内和临近郊区的湿地大量被用于围垦或建设用地，导致拉鲁湿地总面积不断萎缩，面积从原来的 10 平方千米，缩小到 6.2 平方千米。湿地景观镶嵌度下降，适宜于湿地生存的动物数目减少，甚至出现种类灭绝等严重后果。

2. 水质下降

随着西藏人口的不断增长，工农业生产的快速发展以及城市规划建设不断扩大，城镇区的工业废水、废渣、生活污水、化肥农药等有害物质排放，在一定程度上污染和损害湿地的水质，打破了湿地良性生态循环系统。

3. 生物种类减少

城市湿地的生物多样性、景观多样性和可视性是城市湿地休闲功能的基础。近年来，由于拉萨旅游业迅速发展，大量外来物种盲目入侵，致使一些乡土植物在生物竞争中大量死亡，破坏拉鲁湿地的生态链。

（二）法律法规层面存在的不足点

1. 缺乏湿地在立法上的保护

根据《中华人民共和国环境保护法》第 2 条规定："本法所称环境，是指影响人类社会生存和发展的各种天然的和经过人工改造的自然因素总体，包括大气、水、海洋、土地、矿藏、森林、草原、野生动物、自然古迹、人文遗迹、自然保护区、风景名胜区、城市和乡村等。"从该法条字面意义来看，并没有将湿地纳入其中，显然在立法上忽略了湿地的重要性和法律地位。同时，对于与湿地共同组成三大生态系统的森林、海洋，已经颁布有相应的《森林法》《海洋环境保护法》，仅仅湿地保护没有在立法层面上加以确定。目前我国对湿地方面专门、统一的规定是部门规章，即2013年国家林业局颁布的《湿地保护管理规定》，该规定是我国目前对湿地保护最高位阶的法律规范。

2. 我国未明确湿地的法律定义

1992年我国加入国际《湿地公约》，受该公约的约束，启动保护湿地相应行动。但我国并未在立法上明确界定湿地的定义，纵观其他国家都对湿地的法律概念做了明确规定，例如丹麦《自然保护法》中湿地是指沼泽、湖泊、泥炭地、水道、永久性湿地草地等野生动植物栖息地类型的湿地；又如法国《水法》中湿地是指已经被开发或者尚未被开发的，永久性或者暂时性的充满淡水或者咸水的土地。[①]

我国对湿地概念进行界定是在《湿地保护管理规定》中，"湿地是指常年或季节性积水地带、水域、和低潮时水深不超过6米的海域，包括沼泽湿地、湖泊湿地、滨海湿地等自然湿地，以及重点保护野生动物栖息地或者重点保护野生植物原生地等人工湿地"。这个界定与国际湿地公约中的规定有相似之处，但由于此概念出现在行政法规中，行政法规的法位阶低于法律，因此该规定中确定的湿地概念依然不能代表法律层面上湿地的内涵。由于湿地法律概念的模糊性、不统一，导致不同地方、区域之间不能形成严格、准确的湿地保护种类、范围、资源开发限度以及奖惩等监管机制，使实践中虽有相关地方性法律法规，但实施开展具体工作仍存在诸多困难与障碍。

三、保护措施

在开发自然、利用自然的过程中，人类不能凌驾于自然之上，人类的行

---

① 何茂秋. 论我国湿地保护的法律问题［J］. 贵州广播电视大学学报. 2019，（01）：56-61.

为方式必须符合自然规律。人与自然是相互依存、相互联系的整体，对自然界不能只讲索取不讲投入、只讲利用不讲建设。保护自然环境就是保护人类，建设生态文明就是造福人类。我们既要绿水青山，也要金山银山。全球三大生态系统中湿地生态系统和森林生态系统分别被誉为"地球之肾""地球之肺"。由于湿地生态系统拥有极大的生态环境价值和效益，因此当今国际社会都极度重视对湿地的保护与管理水平的提高。① 为贯彻新时代对于生态文明建设的要求，从立法层面到政府层面，从中央层面到地方层面再到每个公民，都要把握好、实施好拉鲁湿地保护的各项工作。

（一）合理规划

习近平总书记讲过，生态环境没有替代品，用之不觉、失之难存。吸取欧美国家曾走过的"先破坏后治理"的惨痛教训，我国应在环境保护、资源利用方面严格遵循可持续发展原则，其核心思想是"既满足当代人的需要，又不对后代人满足其需要的能力构成危害"。应充分落实环境法的保护优先原则、预防为主原则、公共参与原则等基本原则，确保自然资源的合理开发利用，防止环境污染和生态失衡，协调人与自然和谐共处。目前出台了全国性的《全国湿地保护"十三五"实施规划》、自治区的《西藏自治区拉鲁湿地国家级保护区总体规划（2013—2025）》，以及2017年2月25日由西藏自治区政府召开的拉萨市城乡规划建设委员会第二十一次会议通过的《拉鲁湿地保护与恢复规划》等相应的规划对拉鲁湿地的保护区建设、科学研究、生态旅游、宣传教育等方面做了符合拉萨乃至整个西藏经济发展规律的计划或安排。因此，在生态环境保护问题上，绝不能越雷池一步，否则就要受到惩罚。要设定并严守资源消耗上限、环境质量底线、生态保护红线，将各类开发活动限制在资源环境承载能力之内。城市的建设规划中，应对现有的城市湿地生态系统进行系统的研究，进行合理的规划和设计，以确保城市湿地生态系统的稳定，防止人为的干扰和破坏。

---

① 耿千翔. 新时代生态文明思想指导下西藏湿地法律保护研究——以拉萨湿地为例 [J]. 法制博览，2019（18）：1-2.

（二）提升公民的保护意识

环境就是民生，青山就是美丽，蓝天也是幸福。要像保护眼睛一样保护生态环境，像对待生命一样对待生态环境，把不损害生态环境作为发展的底线。① 广泛开展生态文明的宣传、教育活动，增强市民爱护环境的环保意识、节能意识，提高广大拉萨市民对拉鲁湿地的认知度，灌输保护拉鲁湿地并不是某个单位或者某个别人的职责，而是市区所有人义不容辞的责任与义务的思想。生态环境的优与劣，体现一个国家经济发展程度，代表全民素质的高低，更说明一个国家治国理政的方式方法。因此，拉萨市环保局摸排调查了解拉萨居民环境保护意识，由拉萨本地的人民法院、检察院以及司法局等司法机关定期开展关于环境保护、资源利用的法治宣传，让市民不仅仅从思想上认识到保护环境的紧迫性与重要性，更能在实际行动上落到实处。拉萨市环保局以及各相关部门积极引导广大市民主动参与拉鲁湿地的环保工作，为建设美丽、和谐的拉萨贡献出一份力量。

（三）弥补立法空白

纵观世界各国，各个国家都结合自身国情，制定相应的湿地保护方面的法律法规。每一部法律法规颁布之后，都以最快速度构建与其立法相配套相适应的各项制度，来辅助法律法规在实践中有序开展与健康实施，继而形成较为完备的湿地保护法律体系。在它们的湿地保护法律体系中，并不仅仅将湿地看作单独的保护对象，而是将湿地作为一个复杂的体系，从控制污染保护湿地水源、限制湿地开发、保护湿地物种、恢复湿地等方面入手，运用法律规制各种利用、开发湿地的行为。诸多学者呼吁解决这一问题，比如，吉林大学王小钢教授提出了"全面框架立法，渐进的法律安排，湿地生态保护法律制度调整的建立，巩固在立法性上提出的特殊区域环境保护法，对生态价值的立法价值取向是大于社会价值和经济价值"②。

---

① 中共中央宣传部. 习近平总书记重要讲话读本 [M]. 北京：人民出版社，2016.
② 冯嘉. 生态环境保护走出困境的良方 [J]. 四川党的建设（城市版），2010（10）：30-31.

目前立法有《中华人民共和国环境保护法》《中华人民共和国自然保护区条例》，以及西藏自治区根据拉鲁湿地当前的实际情况结合以上两部法律法规制定了《西藏自治区实施〈中华人民共和国自然保护区条例〉办法》《拉萨市拉鲁湿地国家级自然保护区管理条例》，但是这些规定并不足以有效保护拉鲁湿地乃至祖国各地湿地，湿地保护的相关规定零散于各个条文之中而没有统一、准确的标准可循，使得各个地方存在自有一套的处理方式。因此，为了更好地开展湿地保护的各项工作，有必要制定具有中国特色的《湿地法》，以立法的形式加以确定湿地的概念、种类、保护方式，使湿地在整个国家乃至整个地球的生态平衡中起到作用与价值更加明确化、制度化、法律化。青山绿水就是金山银山，立足现在展望未来，始终坚持可持续发展战略，在新时代生态文明思想指导下，湿地的保护条例定将越来越完善和全面。这也充分体现了我国对待本国生态环境甚至全球生态环境问题的重视度与关心度。

（四）明确湿地的概念

要解决湿地概念不统一的问题，首先要利用中央立法明确湿地的法律概念。如果中央从立法中明确了湿地的法律概念，那么地方政府在制定湿地保护立法时自然会采用此概念，既能减少概念不统一而带来的地方政府之间的法规冲突，又能提高工作效率与质量。另外，准确定义湿地的法律概念关系着我国能否正确认识湿地的生态价值和经济价值，能否真正认识湿地本身具有的特点，即湿地不仅是一个复杂的生态系统，而且更具有脆弱性和多样性。统一湿地法律概念之后，不论是开发、利用湿地的生态效益，还是科研基地的构建与发展，都将被纳入法治的轨道，进而更便于管理和规制与湿地相关联的各项工作。那么，我国现在湿地保护中存在的以破坏湿地生态环境换取经济利益的问题便会得到解决，从而有利于对湿地进行长期的保护。

针对现存一系列问题，发布长期性政策指示或法律，借此形成一套完善的监督管理保护机制。单线的管理并不能面面俱到，纵使穷尽人力、物力、财力也很难达到对于湿地保护的要求，因此，多元统一的管理就显得迫在眉睫。这不是纯粹为了立法而立法，而是顺应新时代生态文明建设的要求。习近平总书记强调，生态文明建设事关中华民族永续发展和"两个一百年"奋斗目标的实现，保护生态环境就是保护生产力，改善生态环境就是发展生产力。生态环境问题归根到底是经济发展方式问题。要正确处理好经济发展同生态环境保护的关系，切实把绿色发展理念融入经济社会发展各方面，推进形成绿色发展方式和生活方式，协同推进人民富裕、国家富强，更重要的是充分贯彻落实经济建设、政治建设、文化建设、社会建设、生态文明建设的"五位一体"的总体布局，构建和谐、稳定、美丽的西藏。

参考文献：

[1] 西藏拉萨市教体委教研室. 世界上面积最大的城市天然湿地——拉萨拉鲁湿地 [J]. 陕西师范大学（月刊），2001（04）：16-17.

[2] 罗怀斌. 西藏高原湿地面临主要问题及保护对策 [J]. 国家林业局中南林业调查规划设计院，2014（33）：1.

[3] 何茂秋. 论我国湿地保护的法律问题 [J]. 贵州广播电视大学学报. 2019，（01）：56-61.

[4] 耿千翔. 新时代生态文明思想指导下西藏湿地法律保护研究——以拉萨湿地为例 [J]. 法制博览，2019（18）：1-2.

[5] 中共中央宣传部组织. 习近平总书记重要讲话读本 [M]. 北京：人民出版社，2016.

[6] 冯嘉. 生态环境保护走出困境的良方 [J]. 四川党的建设（城市版），2010（10）：30-31.

西宁城市生活垃圾分类回收的立法问题研究

邹 燕①

内容摘要： 西宁市作为我国西北地区经济较发达的城市，有着良好的环境质量，但是经济发展的同时也带来了环境问题，生活垃圾与日俱增就是主要表现之一。尤其是旅游经济的发展，使得西宁的旅游人口迅速增长，生活垃圾的产量也随之增加。为了解决生活垃圾这一环境问题，西宁市 20 世纪 90 年代就开始进行研究、探讨，虽然制定了《西宁市垃圾管理规定》等一系列的规范性文件，初步建立了生活垃圾治理的法规体系，但仍然存在着立法的漏洞，缺少相应的配套法规。本文通过对比国内外垃圾分类回收的立法模式，以西宁市为例展开实地调研，探析、寻找西宁市目前在这方面的状况和存在的一些问题，通过借鉴发达国家的成功经验，联系西宁市的实际情况和特殊定位，在建立和完善西宁城市生活垃圾分类回收的法律制度方面，整理问题并设定思路，希望在学术研究和制定政策方面能够献策献力，为西宁市政府在应对城市生活垃圾分类回收的立法方面提供理论支持，并且在一定程度上提升西宁城市生活垃圾分类回收的立法水平。

关键词： 城市生活垃圾；分类回收；立法问题

随着我国人口数量的不断增长和社会经济水平的不断提高，生活垃圾也逐渐增多，"垃圾围城"成为越来越多的城市必须解决的问题之一。根据国家

---

① 作者简介：邹燕，女，青海民族大学法学院 2018 届硕士研究生。

统计局的资料显示，从2006年开始，各城市年垃圾清运量都逐年增加，增幅为0.44%~4.88%，垃圾清运量的增长没有明显的规律，但我国城市生活垃圾产量以年增长率9%左右的速度持续增加。虽然目前垃圾无害化处理率已高达90%以上，但生活垃圾产量的激增，仍然造成了严重的环境危害。首先，大部分生活垃圾的处理方式是填埋，不仅要占用大量的土地资源，易腐烂、难分解的生活垃圾还会污染土壤和水质。其次，生活垃圾在某种程度上会对空气造成污染，因为长时间堆积的垃圾会产生难闻的气体散播到空气中，从而影响空气质量。

从20世纪90年代开始，城市生活垃圾分类回收问题就开始成为我国政府和诸多学者关注的热点。2000年住建部确定北京、上海、南京等八个生活垃圾分类收集试点城市。但是，经过这么多年的实践，城市生活垃圾分类回收却没有达到理想的效果。

虽然西宁市的环境质量一直居于全国前列，但对于城市生活垃圾分类回收的重视相对较晚。2015年12月22日才开始将景林佳苑小区、经贸委小区、林业小区3个小区设为垃圾分类回收试点，2016年垃圾分类回收试点新增11处。两年过去了，垃圾分类回收效果却并不理想。试点小区中可回收的垃圾桶内还是有很多餐厨垃圾，甚至部分居民将所有垃圾混装扔进一个垃圾桶等现象仍然存在。引起这些问题的原因有很多，除了居民环境保护意识的缺位之外，西宁现行法律没有为开展垃圾分类工作提供足够的法律保障也是主要原因之一。

在这样一种背景下，有必要以西宁市生活垃圾分类回收现状为出发点，针对分类回收过程中出现的问题，结合国内外学者的理论研究成果，同时借鉴发达国家的成功经验，为完善西宁城市生活垃圾分类回收的法律制度提出有效的建议。

一、城市生活垃圾的概念和分类

(一) 城市生活垃圾的概念

关于生活垃圾的概念界定，我国法律已经有了明确规定。固体废弃物作为生活垃圾的上位概念，于《中华人民共和国固体废物污染环境防治法》（以下简称《固体废物法》）中规定：固体废弃物是指在生产、生活和其他活动中产生的丧失原有利用价值或者虽未丧失利用价值但被抛弃或者放弃的固态、半固态和置于容器中的气体的物品、物质以及法律、行政法规纳入固体废物管理的物品、物质。同时，《城市生活垃圾管理办法》中对城市生活垃圾的定义是：城市中的单位和居民在日常生活及为生活服务中产生的废弃物，以及建筑施工中产生的垃圾。

（二）城市生活垃圾的分类及其意义

1. 城市生活垃圾分类的定义

目前，国内的标准及相关应用研究对垃圾分类没有一个标准的定义，应用较为广泛的定义为：按照城市生活垃圾的组成、利用价值以及环境影响等，并根据不同处理方式的要求，实施分类投放、分类回收、分类运输和分类处置的行为。2011 年施行的《广州市城市生活垃圾分类管理暂行规定》、2013年实施的《青岛市城市生活垃圾分类管理办法》以及 2014 年的《苏州市生活垃圾分类促进办法（征求意见稿）》都采用了这个标准。

在其他的地方性法规和一些有关垃圾分类及其标准的研究中，还有各种各样的垃圾分类的定义。2014 年制定的《深圳市生活垃圾减量和分类管理办法（试行）（草案稿）》的第三条对垃圾分类进行了定义：本办法所陈述的生活垃圾分类，是指按照生活垃圾的属性、成分、利用价值、处置方式及对环境的影响等，分成若干种类。陈海滨将垃圾分类定义为：垃圾生产的源头或投放环节，按照垃圾产生源、垃圾组分性质或末端处理方式的不同，将垃圾分门别类或部分分类回收的行为及过程。① 汪文俊认为垃圾分类是指城市生活垃圾按照成分、性质或用途，由相关的分类主体进行分类，每类生活垃圾根据各自的特性，由专门清运机构负责运收处理。② 严锦梅对垃圾分类的定义

---

① 陈海滨，张黎，等. 低碳理念与生活垃圾分类收集［J］. 建设科技，2011（15）：35-37.

② 汪文俊. 家庭—小区相结合的垃圾分类处理模式研究［D］. 武汉：武汉理工大学，2012.

为：按照垃圾的不同成分、属性、利用价值以及对环境的影响，并根据不同处置方式的要求，分成属性不同的若干种类。① 孟秀丽关于垃圾分类的定义为：按照垃圾的可回收可利用性、有毒有害性、有机无机性以及对环境的影响等，并根据不同处置方式的要求分成属性不同的若干种类，其目的是为后续处置和资源回收带来便利。②

综合以上国家标准规范、地方性法规和相关学者的研究，垃圾分类可以简单地分为"狭义"和"广义"两种。狭义的垃圾分类是指从源头居民家庭、企事业单位等开始，按照垃圾的不同成分和性质进行分类投放的过程。狭义的垃圾分类多以居民家庭产生的生活垃圾为对象，并且多将重点放在回收环节。广义的垃圾分类是指从垃圾产生的源头开始，按照垃圾的不同成分、属性、利用价值以及对环境的影响，并根据不同处置方式的要求，将垃圾分类收集、储存及运输以及最后分类处置的全过程。广义垃圾分类的对象包括除居民家庭之外的其他生活垃圾，如建筑垃圾、园林绿化垃圾、餐厨废弃物等，且将垃圾分类的理念贯穿于回收、运输和最终处置全过程。

2. 城市生活垃圾分类的意义

第一，垃圾分类回收能够实现垃圾资源化利用。当前生活垃圾被认为是具有开发潜力的"城市矿藏"。这既是对生活垃圾认识的深入和深化，也是城市发展的必然要求。应该尽可能对生活垃圾进行充分的资源化利用，使更多的垃圾作为"二次资源"进入新的产品生产循环。

第二，垃圾分类回收还能促进垃圾无害化处理。垃圾混合收集会加大垃圾分拣、处理的难度，甚至会使这些垃圾产生化学反应，从而增加垃圾的毒性和危害性，加剧环境污染。垃圾分类回收可以避免垃圾之间的相互污染，降低垃圾处理成本，为卫生填埋、堆肥、焚烧发电、资源综合利用等先进垃圾处理方式的应用奠定基础。

第三，垃圾分类回收可以减少垃圾的最终处置量。生活垃圾在源头、中转、运输等环节经过分类回收后，不同类型的垃圾被分离出来：可回收利用

---

① 严锦梅. 北京市垃圾分类投放影响研究 [D]. 北京：中国社会科学院，2013.
② 孟秀丽. 我国城市生活垃圾分类现状及对策 [J]. 中国资源综合利用，2014，32 (7)：32-34.

的重新进入物质的循环过程当中；有毒有害的垃圾被纳入危险废物收运处理系统；其他垃圾根据末端处理流向分类处理。在垃圾被分流后进入生活垃圾终端处置的垃圾量会相应减少。

第四，垃圾分类回收能够减少垃圾收运处理费用。在经过分类回收后，一方面，部分垃圾作为再生资源重新投入生产，降低了生产成本；另一方面，最终需处理的垃圾量也大大减少，垃圾处理费用也随之降低，防治环境污染的工作量及难度降低，相应的工程费和运营费也减少。

第五，推广垃圾分类是对居民和社会进行环境保护教育的过程，可以增强市民环保意识，增强市民的社会责任。通过推广垃圾分类回收工作，加强公众非利益驱动下的环境友好行为引导，可以培养公众的环境保护意识和卫生意识。

二、我国城市生活垃圾分类回收的理论基础

（一）循环经济理论

循环经济理论起源于 20 世纪 60 年代，是环境保护主义兴起的产物。"循环经济思想"是将原来的消费资源转换为将资源循环利用的思想。最早从经济学的视角对环境问题进行思考，后来成为循环经济思想的萌芽。[①] 循环经济的宗旨是通过对废物的回收利用从而达到发展经济的目的，在自然资源的生产和消费过程中，要做到物尽其用，尽量减少废物排放，减少对环境的污染和破坏。

20 世纪 90 年代，循环经济的理论和实践有了进一步的深入和完善，并逐渐成为人类经济发展模式的大趋势。纵观人类社会的发展历史，从最开始传统的粗放式经济发展模式，到"先污染、后治理"的末端治理发展模式，都对生态环境造成了严重的破坏，而循环经济作为一种新的发展模式是人类实现可持续发展的重要途径。"事实上，循环经济理论是可持续发展理论的具体

[①] 冯之浚. 循环经济立法研究，中国循环经济高端论坛 [M]. 北京：人民出版社，2006：205.

化。"①"循环经济倡导的是'资源—产品—再生资源'的物质反复循环流动的经济发展模式，其核心在于物质的闭合循环"，在现实生活中以"资源的利用率最高、废弃物的排放量最小"为目的，即实现"经济系统中的物质能够得到最大程度的闭合循环"。②

总而言之，实现循环经济就是要实现城市生活垃圾的减量化（Reduce）、重复利用化（Reuse）和回收利用化（Recycle），俗称"3R原则"。其内涵是减少垃圾的产生量，改事后处理为源头预防，降低垃圾处理的成本，提高资源的利用率。循环经济理论在法律领域统领城市生活垃圾分类的法律法规和相关政策，为城市生活垃圾分类的实现提供了法律保障。

（二）可持续发展理论

"可持续发展"一词是挪威首相布伦特夫人于1978年在首届联合国世界环境与发展委员会上首次提出的，其基本含义是"既满足当代人的需要，又不损害子孙后代满足其自身需求的能力"，它不是一味地开发自然资源来满足当代人类发展的需要，而是在开发自然资源的同时保持资源的潜在能力，以满足未来子孙后代发展的需要，简单理解就是实现社会发展的可持续性。随着社会和经济的不断发展，该理论得到进一步的完善和补充，认为可持续发展就是"综合调控经济—社会—自然三维结构的复合系统，以期实现世世代代的经济繁荣、社会公平和生态安全"③。通过上述含义可以得出，在可持续发展理论中，经济、社会和生态是组成该理论的重要因素，三者之间相互作用、相互制约。对生态环境与经济发展之关系的正确认识与理解是社会实现可持续发展的前提条件。在城市生活垃圾分类回收领域，经济的发展没有与生态环境有机结合起来，一味追求经济的快速发展而忽视了高消耗、高污染给生态环境和社会环境带来的问题，我们应该在保证生态和社会健康良好发展的前提下推动经济的增长。同时，可持续发展理论并不意味着否定经济增

---

① 戚道孟．循环型社会法律研究［M］．北京：中国环境科学出版社，2008.
② 张越．城市生活垃圾减量化管理经济学［M］．北京：化学工业出版社，2004：94-96.
③ 戚道孟．循环型社会法律研究［M］．北京：中国环境科学出版社，2008：41.

长，而是提醒人们重新思考实现经济增长的目的，它主张"既要生存，又要发展"，反对以破坏环境为基础追求利润最大化，它所追求的经济增长是在不损害环境的前提下适度增长。

20世纪初，环境与资源危机呈现出全球性趋势，生态环境遭到严重破坏，而可持续发展理论的出现为解决生态环境问题提供了扎实的理论基础。该理论作为生态环境领域一种新的发展观和发展战略，改变了过去人与自然的对立关系，主张人与自然的和谐相处，要求经济、社会的发展同自然资源的开发利用和环境保护相协调。用可持续发展理论的思路来解决城市生活垃圾分类回收的相关问题，正是对该理论最贴切的应用和表达。将城市生活垃圾分类回收问题从以往"末端处理"的治理模式改变为"源头预防"，改变以往粗放型的经济发展模式，同时从可持续发展的视角去思考，垃圾不再是"无用的废弃物"，而是"放错地方的资源"。

总之，可持续发展理论以改善人民生活水平为目的，推动传统的粗放型经济增长模式逐步转变为可持续型经济增长模式，通过这种模式上的转变，将我们日常生活中产生的垃圾尽可能地资源化，使生活垃圾对生态环境的影响降到最低。可持续发展理论对城市生活垃圾分类回收等相关问题的法律规制具有重大影响，直到今天，如何实现社会、经济、生态环境三者的可持续发展，仍是我们需要继续深入研究的理论课题。

（三）生态权利理论

生态权利理论是我们在面临全球性生态危机的情势下，抛弃"人类中心主义"环境权观的不合理因素，引入"生态中心主义"生态权利观的积极成分①，从而形成的生态权利结构体系，后代人的权利与人类环境权是其重要组成部分。

关于后代人的权利，最早是由 J. 法因伯格在《动物与未出生的后代的各种权利》一文中提出的，该文肯定了把权利概念扩展到未出生后代上去的做

---

① 郑少华. 生态主义法哲学 [M]. 北京：法律出版社，2002：101.

法。① 后代人至少具有两种权利：后代人具有享用地球资源的权利；后代人具有享受美好环境的权利。这两种权利的存在，就要求当代人具有保护地球、保护环境之义务。后代人权利这一理念一方面体现了隔代契约，即人类的发展，离不开前人的知识传统积累，而这种知识传统，包括了最基本的道德、最基本的利益观的大致相同。这种大致相同的传统，构成一种代与代之间的契约关系，在生态环境方面，则表现为一种生态信托契约关系。另一方面体现了代际公平，代际公平要求当代人考虑作为先占者不能竭尽资源，资源在代与代之间要有公平的分配观与分配机制。如此，方能促进人类的持续发展。

关于人类环境权，是指人类作为整体有享用良好环境的权利，其主体既包括当代人类，也包括后代人类。人类环境权的提出，一方面有利于人们在整个生态权利谱系中，将人类作为一个物种所应具备的权利予以衡量；另一方面有利于对公众开发、利用地球资源以及主权国家对资源利用的限制，从而有利于人类社会的永续发展。城市生活垃圾是人类共同面临的生态危机，而要处理这种危机，是人类共同的需求。

综上所述，我们可以从当代人享用地球资源与追求美好环境的权利来推论后代人拥有相同的权利。空气、水等自然资源是城市市容环境的重要组成部分，也属于人类所共享的自然资源。因此，当代人作为后代人地球权益的托管人，必须以负责任的心态更加积极地推进生活垃圾分类工作的开展。

(四) 生态文明建设思想

"生态文明"一词作为全新理念是于 2005 年中国政府首次提出，随着社会的进步和时代的发展，该思想的内涵一直在不断完善和创新。党的十七大把建设生态文明列为全面建设小康社会目标之一；党的十七届四中全会把生态文明建设作为中国特色社会主义事业总体布局的有机组成部分；党的十七届五中全会提出要把"绿色发展，建设资源节约型、环境友好型社会"作为"十二五"时期的重要战略任务；党的十八大报告明确指出："建设生态文明，实质上就是要建设以资源环境承载力为基础、自然规律为准则、可持续发展

---

① 岩佐茂. 环境的思想［M］. 韩立新，等译. 北京：中央编译出版社，1997：54.

为目标的资源节约型、环境友好型社会。"① 可见，生态文明建设与经济建设、社会建设、政治建设和文化建设之间相互联系、相辅相成，须将其贯穿于经济建设、社会建设、政治建设和文化建设的各方面和全过程。以生态文明建设思想为理论支持和制度基础，建设我们共同的美好家园，是全面建成小康社会的重要标志和目标。

生态文明建设主张人们节约资源，并合理利用自然资源，保护生态环境，维持和修护好生态系统，为国家和人民的可持续发展打好坚实的基础。② 如今，生态文明建设已经成为衡量一个国家进步与发展标准之一，它与经济建设、社会建设、政治建设和文化建设是共同发展、并列存在的关系。与此同时，创建全国文明城市的热潮也是生态文明建设思想的内在要求和具体表现，是构建社会主义和谐社会的重要内容和有效途径，是提升城市魅力和综合竞争力的重要举措，也是城市整体形象和发展水平的集中体现，有助于进一步提高群众的生活质量，从而造福广大人民群众。

总而言之，随着经济和社会的日益发展，城市生活垃圾逐渐增多，严重影响了城市环境和市容市貌，阻碍了生态文明建设和文明城市的创建与发展。而实施生活垃圾分类回收作为生态文明建设和全国文明城市创建的重要环节之一，不但可以使民众提高环境保护意识、增强社会责任感，更可以解决由资源短缺、环境污染和生态破坏所造成的矛盾，为实现社会全面协调可持续发展创造良好的环境。

三、西宁城市生活垃圾分类回收现状

青海省作为我国西北部地区的旅游强省，一直以良好的生态环境位居前列，但是因为经济的快速发展，省内一些城市，如省会西宁的环境卫生问题日益突出。据西宁市统计部门的统计，2016 年年末全市常住人口为 233.37 万人，同比增长 1.03%，在有限的地域面积里人口的不断增长导致了西宁城市

---

① 谷树忠，胡咏君，周洪．生态文明建设的科学内涵与基本路径 [J]．资源科学，2013，35（01）：2-13.
② 陈效卫．推进生态文明 建设美丽中国 [J]．环境保护，2012（23）：13.

生活垃圾产量逐年增加。

（一）西宁城市生活垃圾现状概述

1. 西宁市生活垃圾的产量情况

近年来，西宁市正在积极进行经济建设，大力发展国民经济。然而，在城市社会经济得以发展的同时，高楼住宅区、工业园区、新城区的创建等也在随之不断地增加。2016 年人均生活垃圾产生量为 0.5kg/人/天，垃圾产生总量为 3.6560 吨/天。① 生活垃圾的数量越来越多，垃圾的成分也越来越复杂。垃圾的产生和地理位置、人口稠密度、生活方式等有着较大的关系。一般来讲，人口稠密的地方产生的生活垃圾高于人烟稀少的地区。

2. 西宁城市生活垃圾的主要成分

一是家庭生活垃圾：家庭生活垃圾主要是人们在日常生产、生活过程中所产生的垃圾。家庭生活垃圾主要为有机垃圾，残渣一般可以被用来堆肥。

二是自贸市场所产生的生活垃圾：自贸市场所产生的生活垃圾，占了垃圾来源相当大的比例。除了相对集中的自贸市场外，同时还存在着临时市场、路边市场，由于这些市场各个方面相对不稳定，所产生的垃圾也较难收集。自贸市场所产生的生活垃圾具有多样性和成分复杂性，但这些多为有机成分，如蔬菜烂叶、残次水果之类的。塑料袋和纸箱是人们在进行交易的过程中产生的垃圾。

三是学校、工作场所产生的垃圾：一般学校的学生和办公室的办公人员会在便利店、餐厅进行消费，在消费过程中产生纸张、食物残渣等易分解的有机垃圾。

四是道路垃圾：主要来源于交通运输、民众丢弃物以及落叶等，这一部分的垃圾管理主要依赖于人们环保意识的提高和对环境保护的积极参与。

3. 西宁城市生活垃圾分类回收情况

西宁市从 20 世纪 90 年代末就开始进行生活垃圾分类回收的尝试，但因管理手段落后、法律法规不健全、对应的分类处理及回收利用技术不配套等，

---

① 调研数据来自西宁市城市管理局法规处。

导致生活垃圾分类回收效果并不明显。2015 年以来，为进一步促进生活垃圾无害化、资源化和减量化处理，西宁市城管部门专门成立了垃圾分类回收试点工作领导小组，并将 3 个小区设定为生活垃圾分类回收试点，采取云智能分类收集、广元人工分类收集两种模式同步进行，同时成立了辖区内首个垃圾分类站。① 目前，西宁市城管部门已在试点小区修建了垃圾回收、废品回收等垃圾收集屋，配送了统一垃圾收集袋、垃圾收集桶等收集容器，配备专门管理人员，帮助、引导市民准确投放垃圾。分类收集袋和收集容器有统一的外观、规格及标志。

　　值得一提的是西宁市餐厨垃圾一体化处理，又被称为"西宁模式"。餐厨垃圾作为生活垃圾的一种，产生量巨大而且极易腐烂变质，一旦处理不好，将会对环境卫生造成恶劣影响。西宁市在餐厨垃圾实施集中收运和统一处理以前，大部分餐厨垃圾要么被私自运往城郊农村用于畜禽喂养，要么和其他生活垃圾混在一起，给分拣工作带来困难，甚至还有部分餐厨垃圾被随意排入城市窨井、泄水孔等地下污水收集管网。2007 年，西宁市人民政府引入市场机制，对餐厨垃圾实行集中收运和统一处理。2008 年 6 月，西宁市餐厨垃圾处理项目正式投产运行。据统计，截至 2017 年餐厨垃圾每天平均处理量150 吨，累计处理近 50 万吨，基本实现了全市餐厨垃圾的无害化处理，不仅使餐厨垃圾得到了资源化利用，还有效保障了食品安全和市民的身体健康。

　　目前，西宁市在餐厨垃圾无害化处理和资源化利用领域处于全国领先地位，因为其有较为先进的处理技术、健全的管理法律法规制度、规范的餐厨垃圾管理工作以及政府的引导，形成"政府主导、市场参与、法制化管理"的餐厨垃圾处理模式，被国家相关部委誉为城市餐厨垃圾处理的"西宁模式"。近年来，先后有北京、天津、广州等多个城市的政府和企业专程来学习西宁市在餐厨垃圾处理方面的成功经验。②

　　通过上述介绍可以得出，西宁市餐厨垃圾的处理水平已经处于全国前列。除此之外，可回收垃圾作为一种可以为市民带来经济利益的垃圾，激发了市

---

① 吴亚春. 推进生活垃圾利用率　西宁 3 小区成分类首批试点［EB/OL］.青海都市报，2015-12-09.

② 侯世蕾. 垃圾分类　探索"西宁模式"［EB/OL］.青海新闻网，2017-04-24.

民分类回收的积极主动性。西宁市目前可回收垃圾的基本处理情况是：首先，居民在家中会将可回收垃圾单独分类，用于积分兑换或者卖给废品回收站。其次，环卫工人、拾荒者会将垃圾桶内可回收垃圾分拣出来。最后，进入垃圾中转站的垃圾中可回收垃圾很少，可以通过自动分拣设备将其分拣出来。

综上所述，目前西宁市城市生活垃圾中的可回收垃圾和餐厨垃圾的分类回收已经有了初步的处理模式，取得了较好的效果，需要政府和市民共同努力解决的是有害垃圾和其他垃圾，这在即将出台的《西宁城市生活垃圾垃圾分类管理办法》中需要重点解决。

（二）西宁城市生活垃圾分类回收的立法现状

1. 西宁现行城市生活垃圾分类回收的法律法规

西宁市对生活垃圾分类回收问题进行研究、探索始于 20 世纪 90 年代，为了加强环境保护和环境卫生管理，建设一个资源节约型和环境友好型的城市，西宁市委和各政府部门制定了一系列的法规和规范性文件。从目前收集到的资料来看，西宁市涉及垃圾处理的法规和规范性文件主要包括：《西宁市垃圾管理规定》（1994 年）、《西宁市城市市容和环境卫生管理条例》（1999 年）、《西宁市生活垃圾填埋场和填埋作业管理规定》（2009 年）、《西宁市餐厨垃圾管理条例》（2009 年）、《西宁市环境条例》（2011 年）、《西宁市城市建筑垃圾管理办法》（2012 年）等。其中，2009 年 11 月 1 日，作为我国首部餐厨垃圾管理方面的地方性法规——《西宁市餐厨垃圾管理条例》正式实施。目前，西宁市对餐厨垃圾的规范管理，被国家发改委、建设部等部委誉为城市餐厨垃圾处理的"西宁模式"。遗憾的是至今还没有一部专门有关生活垃圾分类的规章办法。

另外，为做好生活垃圾分类回收体系建设，还出台了一系列具体的实施意见，从目前收集到的资料来看，主要包括：《深入推进城市执法体制改革改进城市管理工作的实施意见》《关于进一步加强城市规划建设管理工作的实施意见》《关于加快推进城镇基础设施建设的意见》《关于城镇清洁环境行动的意见》等。此外，西宁市还将调研起草了《西宁城市生活垃圾分类管理办法》，将垃圾分类回收问题进一步法律化、制度化。

2. 现有法律法规中存在的问题

通过以上对西宁现行有关垃圾分类回收的法律法规以及规章的简单梳理，可以发现西宁市生活垃圾分类起步较晚，相应的法律体系也不够健全。虽然在一些法律条文中对垃圾分类做出了规定，可是存在的问题仍然很突出。

第一，立法过于原则性、缺乏可操作性。《西宁市垃圾管理规定》《西宁市城市建筑垃圾管理办法》《西宁市城市市容和环境卫生管理条例》中都提到了城市生活垃圾的分类，但对究竟如何分类、分为哪几类都没有明确规定。这就给管理部门的具体实施带来了一定难度，使得执行力度大大减弱。

第二，缺乏具体的实施细则和配套法规。全国仅上海、广东等少数几个城市制定了城市生活垃圾分类的地方法规，西宁市多以通知形式下达。缺少对城市生活垃圾分类回收的配套法规和实施细则，在一定程度上影响了城市垃圾分类回收立法的严肃性、稳定性，也使得城市生活垃圾具体怎样实施分类回收没有法律依据。

第三，权责制度不清晰，政府责任问题有待进一步明确。城市生活垃圾分类是一项长期而艰巨的任务，不仅需要政府在资金、政策等方面给予大力支持，更要求政府各部门在宣传、人员等方面给予密切配合。西宁市现有的法律法规中并没有严格和明晰的权责制度，并且在生活垃圾分类试点工作中，政府各部门在经费投入、人员配备、宣传动员上还存在很多问题。

第四，公众的社会责任不强，参与程度不高。生活垃圾分类是一项社会系统工程，需要社会力量的广泛参与和积极配合。公众参与生活垃圾分类活动积极性的高低，是影响生活垃圾分类顺利进行的重要因素之一。西宁市在生活垃圾分类试点工作中，社会力量参与不足、大部分公众反应较为冷漠等现象还大量存在。

（三）西宁市生活垃圾分类回收试点的调查

虽然垃圾分类回收问题越来越受到重视，在法律不断完善和科技不断发展的情况下也取得了巨大的进步，但中间仍然存在很多实际问题。例如居民对生活垃圾分类的意识薄弱、自觉性较差，政府宣传教育不到位等。为深入调查西宁市生活垃圾分类回收的实际情况，研究其存在的具体问题，分析其背后的原因并提出相应的解决对策，笔者进行了西宁市生活垃圾分类回收的问卷调查。

　　本次调查主要采用随机的方式，对象是西宁市景林佳苑小区、园林小区、经贸委小区三个实施垃圾分类回收试点的居民和城西区盐湖巷 6 号院首个垃圾分类站的工作人员。调查共发放了 132 份问卷，回收问卷 132 份，有效率为 100%。同时还辅以访问的方式走访了西宁市城市管理局的固体废弃物管理处、统计信息局等政府部门。本次调查以数据为依据，得出最终的结论。

　　1. 生活垃圾处理方式的调查

　　调查显示，居民在家中处理生活垃圾的方式主要有四种：一是将所有垃圾混合，直接丢弃；二是将能回收的废品留起来卖给回收站；三是将垃圾分类丢弃；四是其他。从图 1 可以看出，受访者中约 30% 的受访者能够做到将垃圾分类丢弃，约 27% 的人会将可回收的废品出售，但仍有高达约 40% 的受访者将垃圾直接丢弃。一方面说明居民已经开始慢慢接受并实际去进行生活垃圾分类，另一方面说明这一行为还有待继续普及。

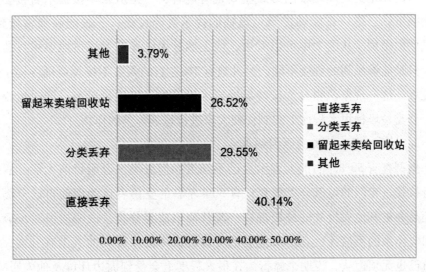

图 1　居民在家中处理生活垃圾的方式①

————————————

　　①　图表中数据都是遵循四舍五入，只取小数点后两位。

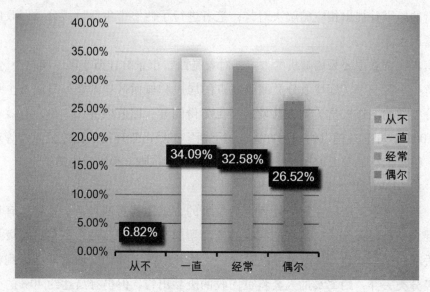

图2 居民在路上处理垃圾的方式

　　居民在路上处理垃圾的方式主要也有四种：一是从来不按提示直接丢在垃圾桶里；二是一直能够按照垃圾桶的提示丢弃垃圾；三是能够经常做到；四是偶尔做到。从图2中可以看出，绝大部分人已经有意识按照要求投放垃圾，只是能够做到的程度不同，另外只有7%左右的人会不按垃圾桶的提示投放垃圾。这一现象说明自觉按垃圾桶要求投放的人群比例较高，同时也说明我市分类垃圾桶很大程度上起到促使大家进行垃圾分类的作用。

　　2. 生活垃圾不分类的原因调查

　　据调查有50%左右的人表示自己不知道如何分类，说明目前大部分居民没有接受过专门的垃圾分类教育；有50%左右的受访者认为即使自己分类之后还是会被其他人投放的垃圾混在一起从而也放弃分类，说明居民对垃圾分类回收体系的不信任；有30%左右的受访者认为已经有其他人没有分类，所以自己也无须遵从，说明个体行为在很大程度上会受到周边环境及他人影响；还有35%左右的人认为垃圾分类太过麻烦，不如将垃圾混在一起方便快捷，说明很多居民以个人利益为中心，缺乏环境保护意识。

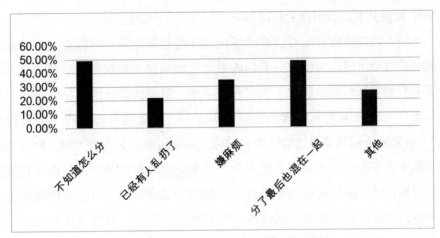

图 3　生活垃圾不分类的原因

3. 垃圾分类的了解途径调查

调查显示，居民主要是通过电视、网络等宣传媒介和自我学习两个途径了解垃圾分类回收的相关内容，这反映了我国居民的环境保护意识开始增强，而且大部分居民对环境问题也越来越关注和重视。另外33%左右的居民是通过政府相关部门的宣传教育了解到生活垃圾的分类回收，但相对来说政府宣传教育起到的作用远远比不上前面二者，这也反映了政府部门在城市生活垃圾分类回收宣传方面的缺位和不足。与西方发达国家相比，我国政府完全处于主导地位，影响力不仅体现在宣传教育方面，在资金和技术的支持上也做出了巨大的贡献。

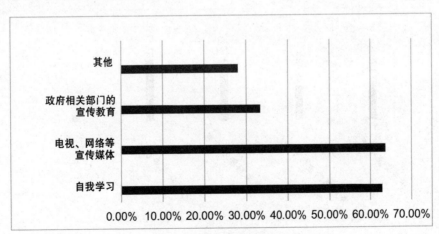

图 4　垃圾分类的了解途径

4. 垃圾分类回收困难的原因调查

从图 5 的调查数据来看，虽然居民的环境保护意识有所提高，但是在该问题的调查中居民认为垃圾分类回收最大的困难在于环保意识的缺失。二者表面上看似乎是相互矛盾的，但实际却不然。笔者认为这恰恰反映了当前生活垃圾分类回收未达到成效的关键原因之一，就是因为居民的"伪环保意识"。通俗地来说就是居民的环保意识较之以往的确有了质的飞跃，然而具体到实践中真正去践行这一理念的人少之又少，比如在马路上你是否会将喝完的饮料瓶扔到可回收利用的垃圾桶里。据笔者观察，西宁市各处垃圾桶里的垃圾都是干湿混合，没有可回收与不可回收垃圾之分。另外主要原因还包括配套措施的不完善，导致垃圾分类的很多政策落实不了，即使立法内容再完善，最后也只能是纸上谈兵。

（四）西宁城市生活垃圾分类回收存在的问题及原因分析

虽然西宁市相关政府部门对城市生活垃圾处理问题越来越重视，也逐步采取了一些有效的措施，使西宁的城市环境有了很大的改善。但通过实地调查研究可以发现，还是存在一些问题，使得西宁市的生活垃圾分类回收工作进展缓慢。本小节主要就西宁市在生活垃圾分类回收方面存在的问题及产生的原因进行总体情况介绍。

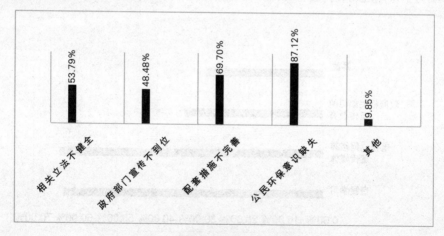

图 5　垃圾分类回收困难的原因

1. 存在的主要问题

第一，城市生活垃圾依然混合投放，混合收集。垃圾分类回收是实现垃圾资源化、无害化的前提和基础。目前，西宁市的垃圾回收方式仍采用混合收集，各种垃圾无论是否可再生利用，全部混在一起运到垃圾站点。这种回收方式不仅严重降低了垃圾的回收利用率，增加了垃圾产量和处理难度及费用，还造成可回收利用物被污染，从而降低甚至失去了再生利用价值。总之，生活垃圾混合投放、混合收集使得垃圾的源头回收和后期处理变得更加困难。

第二，垃圾分类回收的基础设施不健全，分类系统建设和运行体系尚未形成。目前，西宁市垃圾分类的系统建设和运行体系尚未形成，垃圾分类回收执行情况不乐观，市民实行垃圾分类的意识还有待加强。绝大部分居民小区设置的分类投放垃圾箱形同虚设，混装垃圾、混合收集、混合运输的问题尚未根本解决。尤其是对日常生活中产生的有害垃圾也没有相应的收集处理办法，大量的废旧电池、荧光灯管等在收集后如何进行处置及处置的费用来源尚未明确。

第三，缺乏简单易懂的生活垃圾分类标准。分类标准是从垃圾处理的专业角度进行划分的，普通市民很难理解，不同市民往往有不同的理解。比如其中的可回收垃圾中含有纸和塑料，这就使得老百姓在投放垃圾时必须先明白可回收垃圾的含义，再去判断是否属于可回收垃圾。根据调查，大部分市民本身并不具有分类收集的习惯和意识，很多时候，虽然有分类收集的想法，但却实在搞不清楚自己的垃圾到底该投放到哪个垃圾箱而放弃分类。当被问及如何区分可回收垃圾与不可回收垃圾时，大部分受访者概念模糊，这就直接导致了分类垃圾收集箱不能很好地发挥作用。

第四，相关政府部门对生活垃圾分类回收问题不重视，导致资金支持不到位。垃圾分类需要投入大量的资金进行设备、设施和人员的配置，并且要持续地开展宣传，无论哪个环节都需要增加资金的投入，目前对垃圾处理的投入更多的是在末端处置环节，对于显效较慢的垃圾分类回收的投入不够。

2. 原因分析

首先，垃圾分类回收的宣传教育不到位。垃圾分类回收宣传教育尚未引起全社会的高度重视，政府的主导宣传力度还不足，在垃圾分类回收的宣传上尚未达成共识，在进行垃圾分类宣传教育时，未能让公众真正理解垃圾分类回收的必要性和迫切性。多数市民不了解垃圾分类回收的必要性，也不知道垃圾该如何分类。而且公共媒体的支持度也远远不够，垃圾分类宣传的范围、层面、途径、形式、持久性都有待加强。

其次，公众的生活垃圾分类意识淡薄。尽管市民通过各种渠道已经了解了垃圾分类工作，但由于缺乏对垃圾分类整体知识的了解，很多人还不知道具体如何分类，长期以来形成的生活习惯也难在短期改变，市民真正投入生活垃圾分类回收工作的人数还是有限的。

最后，生活垃圾分类回收的相关法律法规体系不完善。政策法规是推行分类回收管理的基准性文件，是推行分类回收的一个基准依托。目前西宁市虽然在一些法律条文中对垃圾分类做出了规定，但其立法原则、思想相对滞后，框框多，有实质性和可操作性的内容少。例如，在《西宁市市容环境卫生管理条例》《西宁市餐厨垃圾管理条例》中都提到了生活垃圾的分类，但是对于具体分类方式、如何分类没有明确规定，这就给管理部门的具体实施带来了一定难度。此外，缺乏实施细则和配套法规影响了垃圾分类立法的严肃性、稳定性和强制性。

四、国内外城市生活垃圾分类回收经验及借鉴

发达国家的垃圾分类收集工作一般是从有毒有害垃圾和大件垃圾的分类收集开始，逐步推广到玻璃、废纸等有用物资的分类收集。国外垃圾分类回收的水平较高，也比较细致。这主要与国外发达的经济水平、人们较高的文化素养以及政府的大量资金投入、相应政策的制定、配套设施的建设等相关。

（一）国外城市生活垃圾分类回收的经验

1. 德国

德国是最早实行循环经济理念的西方发达国家之一，也是实施最为成功的国家之一。在城市生活垃圾分类回收处理上首先坚持实现城市生活垃圾减量化，其次是实现城市生活垃圾处理资源化，最后进行综合处理。

1972 年，德国开始对垃圾的环保有效处理进行立法，并通过了首部《废

物避免生产和废物管理法》，旨在减少工业和居民用户的废物量并提高废物回收率，同时采取强制生产商回收利用其包装物的措施，其核心原则即"生产者负有回收和处理其产生的包装物的责任和义务"。1991 年，德国又颁布实施了《废物分类包装条例》和《包装条例法》；1996 年，颁布实施了《循环经济与废弃物处理法》；1998 年，德国在产品税制改革中引入生态税，即通过对那些使用了对环境有害的材料和消耗了不可再生资源的产品增收生态税，来促使生产商采用先进的工艺和技术，进而达到改进消费模式和调整产业结构的目的；2000 年，德国正式实施《可再生能源法》。正因为德国对于垃圾分类的重视，德国的垃圾回收利用率位居欧洲第一。目前，德国城市生活垃圾中玻璃的回收量已达到其生产量的 55%，纸张的回收量达到其生产力的 48%，塑料的回收量达到其生产量的 11%，纸板的回收量达到其生产量的 36%。①虽然德国的垃圾分类系统非常复杂，但是绝大多数德国民众对复杂的垃圾分类持支持态度。

德国通过投资主体多元化、投资运作市场化、运用原则商业化、设施经营多样化等途径获取城市生活垃圾处置资金，在城市生活垃圾处理过程中，有一套完整的城市生活垃圾回收处理体系，该体系不仅能使城市生活垃圾得到合理的回收、利用、处置，还使德国人的城市生活垃圾分类意识得到了提高。德国巴伐利亚州统计局的数据显示，2011 年巴伐利亚州共处理了 5580 万吨垃圾，其中，82.6%即 4610 万吨的垃圾经过处理后被回收再利用。

德国将垃圾分为塑料包装垃圾、有机垃圾及纸类垃圾等。垃圾被分门别类地投放在庭院门口的各种颜色的垃圾桶内，由专业人员定期来收运。在巴伐利亚州，垃圾桶分为 3 种颜色：黄色、黑色和绿色。黄色桶用于收集塑料等轻型的包装垃圾，如塑料袋、塑料盒等，负责回收垃圾的工作人员每个月来收一次黄色桶内的垃圾。黑色垃圾桶用于收集有机垃圾，如食物残渣、菜叶和植物残枝等，由于有机垃圾容易腐烂变质，自 6 月份至 11 月中旬每周清运一次。绿色桶是用于回收纸类垃圾的，如报纸、纸箱等，一个月回收一次。

---

① 周素文. 德国城市生活垃圾回收处理体系详解及启示 [J]. 环境科技, 2011 (1)：91-94.

但是在汉堡垃圾却分得更细，有4类，在黄色、黑色和绿色这三种颜色的基础上添加了一个棕色垃圾桶用于盛放自然垃圾。① 更有甚者，全德国除法兰克福外，各城均设有专门放玻璃瓶的垃圾桶。这样既有利于降低垃圾处置难度，也有利于提高垃圾中资源的回收利用率。

除了公众的自觉性外，必要的外界监督和处罚也必不可少。德国有一类专门检查垃圾分类执行情况的工作人员，他们被称为"环境警察"。他们会偶尔登门拜访，抽查居民是否把垃圾正确分类并分别放到指定的垃圾桶里。如果发现居民分类不当，他们会及时指出，对严重者还会开出罚单。

2. 日本

亚洲人口大国日本是世界上实施垃圾分类比较成功的国家之一，由于日本土地资源匮乏，垃圾填埋成本高昂，发展空间有限，因此日本采用了焚烧的方法来处理生活垃圾。另外，日本非常重视资源回收再利用研究，为了最大化地减少焚烧垃圾或填埋垃圾产生的空气污染和环境污染，最大限度地实现资源垃圾的回收再利用，日本对生活垃圾分类有着十分严格而细致的规定，而且不同地区和街道也有各自更为具体的规定。

为了促进生活垃圾资源化，日本制定并实施相关法律对垃圾分类处理进行规范，如《废弃物处理法》《关于包装容器分类回收与促进再商品化的法律》《家电回收法》《食品回收法》等与垃圾减量相关的法律。其中，《废弃物处理法》第25条14款规定：胡乱丢弃废弃物者将被处以5年以下有期徒刑，并处罚金1000万日元（约合人民币83万元），如胡乱丢弃废弃物者为企业或社团法人，将重罚3亿日元（约合人民币2500万元）。法律还要求公民如发现胡乱丢弃废弃物者请立即举报。②

在日本，生活垃圾分类要在家庭中完成，垃圾分类的方式近乎苛刻，各地的垃圾分类方式不尽相同，一般将生活垃圾分为四类：③

第一类：一般垃圾，包括纸屑类、草木类、包装袋类、皮革制品类、容

---

① 孟帮燕，唐龙. 日本、德国的垃圾分选模式及其启示 [J]. 重庆科技学院学报，2010 (11)：65-67.

② 西伟力. 日本垃圾分类及处理现状 [J]. 环境卫生工程，2007 (02)：23-24，28.

③ 李露一. 日本的垃圾分类 [J]. 社区，2010 (9)：59.

器类、玻璃类、餐具类、非资源型瓶类、橡胶类、塑料类、棉质白色衬衫以外的衣服毛线类等。

第二类：可燃性资源垃圾，包括报纸（含传单、广告纸）、纸箱、纸盒、杂志（含书本、小册子）、旧布料（含毛毯、棉质白色衬衫、棉质床单）、装牛奶饮料的纸盒子。

第三类：不可燃性资源垃圾，包括饮料瓶（铝罐、铁罐）、茶色瓶、无色透明瓶、可以直接再利用的瓶类。

第四类：可破碎处理的大件垃圾，包括小家电类（电视机、空调机、冰箱、冰柜、洗衣机）、金属类、家具类、自行车、陶瓷器类、不规则形状的罐类、被褥、草席、长链状物（软管、绳索、铁丝、电线等）。

每一种垃圾都有不同的收集时间，一般垃圾每周2次，其他垃圾每月2次。每到收集垃圾的日子，居民便将装着垃圾的透明塑料袋放到指定的地点。

3. 澳大利亚

澳大利亚地广人稀，绝对不缺少填埋垃圾的场地，但是，为了保护环境，该国十分重视垃圾的管理和处理工作，首都堪培拉堪称处理垃圾的楷模。20世纪90年代初，堪培拉地方政府就制定了《垃圾处理战略》，经过几年的努力，取得了明显的效果。

堪培拉市制定了一套限制垃圾产生的法规，不论单位和个人，都要努力避免产生垃圾，如果不可避免，则应设法减少垃圾的数量。商家出售商品，要向消费者提供该产品的能源、资源消耗控制表，使消费者了解其能源、资源消耗和废物处理情况。人们的消费意识因此改变，比如欢迎节约能源、资源的产品，拒绝浪费能源、资源的产品，更加促进制造商想方设法降低能耗、节约资源、减少废弃物。在居民中则提倡"避免过度包装行为"，以免产生大量垃圾。同时，澳大利亚的地方政府对垃圾分类回收制定了详细的管理规定。澳大利亚各地生活垃圾分类的标准基本相同，一般分为普通垃圾、可回收垃圾、花园有机垃圾和大型固体垃圾等。为了回收那些因太大或易碎而无法放入垃圾桶中的物品，政府还提供可重新使用物品的收集服务，主要是回收居民不再需要但仍可以使用的家用物品。

澳大利亚的垃圾回收时间各地并不一样，普通垃圾一般1周收集1次，可回收垃圾和有机垃圾两周收集1次，大型固体垃圾1年收集2次，具体频率根据垃圾量和居民需要来确定①。

在澳大利亚，居民只需向当地的市政委员会缴纳市政费，不需单独缴纳垃圾处理费，垃圾处理费包括在市政费中。澳大利亚并没有针对居民垃圾分类违规的处罚制度，更多的是培养居民的环境保护意识，提倡和鼓励居民做好垃圾分类。但是，如果居民对家庭垃圾没有分类，或是分类不到位，政府有权拒绝收集他家的垃圾。政府对于垃圾管理违法违规的处罚，主要是针对商业企业的违法违规行为和居民乱扔废弃物的行为。对于乱扔垃圾行为的处罚，澳大利亚各州不尽相同。

澳大利亚的垃圾分类回收能够取得如此的成效，与政府、社区居民以及社会组织等的积极作为紧密相关，也与政府和民间社会对环境保护的重视紧密相关。首先，澳大利亚中央政府和地方政府对环境保护十分重视，建立了完善的环境保护和垃圾管理的法律法规体系。地方政府制定了相应的、具体的法律法规。其次，澳大利亚十分重视环境保护和垃圾分类的教育与宣传，重视社区居民的参与。

科学的环境保护理念，是澳大利亚垃圾分类取得良好成效的重要基础。在强调垃圾分类的同时，地方政府提倡居民尽可能地做到垃圾减量、垃圾再利用和垃圾回收。提倡居民避免购买过度包装的物品，尽可能地做到垃圾减量、重复利用和回收。具体做法：提倡居民在购物时自带环保购物袋或可重复使用的布质购物袋；尽量在本地购物；购买低度包装商品；购买大批量或大包装商品；购买耐用商品；将旧衣服、家具、玩具和工具送给需要的朋友、二手商品商店或予以捐献而不是直接作为填埋垃圾等。

（二）国内城市生活垃圾分类回收经验

2000年6月，国务院建设部将北京、上海、广州、深圳、杭州、南京、厦门、桂林8个城市作为生活垃圾分类回收试点城市，旨在通过对这8个城

①　彭德雷. 城市生活垃圾分类回收的法律规制——基于对澳大利亚城市的考察［J］. 政法学刊，2011（3）：86-91.

市的生活垃圾分类回收工作进行探索和总结,为在全国范围内实行生活垃圾
分类回收工作创造条件,促进我国生活垃圾管理和处理水平的提高。目前,
这 8 个试点城市形成了各具特色而又符合本地实际的垃圾分类回收实施原则、
指导思想和具体方法,生活垃圾分类回收工作取得了进展。

1. 北京市

1996 年,北京开始在西城区大乘巷开展垃圾分类试点。2000 年,北京市
成为我国第一批生活垃圾分类试点城市。2009 年 8 月 4 日,北京市委、市政
府发布了《关于全面推进生活垃圾处理工作的意见》,确立了"全程管理、系
统衔接、科学分类、适应处理"的垃圾分类工作基本原则。2012 年 3 月 1 日,
《北京市生活垃圾管理条例》正式实施,逐步建立了计量收费、分类计价的生
活垃圾处理收费制度。① 北京市人民代表大会常务委员会先后于 2019 年 11 月
27 日及 2020 年 9 月 25 日,对《北京市生活垃圾管理条例》进行两次修正。②

在现阶段,北京市的垃圾分类基本遵循"大类粗分"的工作原则,并针
对不同区域类型所产生垃圾的特点制定了不同的分类方式。针对居民生活区
与单位办公区将垃圾区分为厨余垃圾、可回收物、有害垃圾、其他垃圾四类,
而针对公共场所则只做可回收物与不可回收物的区分。第一类:可回收物。
主要指回收后经过再加工可以成为生产原料或者经过整理可以再利用的物品,
主要包括废纸类、塑料类、玻璃类、金属类、电子废弃物类、织物类等。第
二类:餐厨垃圾。它既包括居民家庭中产生的易腐性食物垃圾,如菜叶菜帮、
剩饭剩菜、瓜果皮壳、废弃食物等;又包括餐饮企业和机关、部队、学校等
单位食堂或餐厅在食品加工、饮食服务、单位供餐等活动中产生的食物残渣、
残液和废弃油脂等餐厨废弃物。第四类:有害垃圾包括废电池、废日光灯管、
废水银温度计、过期药品等需要进行特殊处理的垃圾。第四类:其他垃圾。
指除以上垃圾之外的垃圾,包括废弃食品袋、废弃保鲜膜、废弃瓶罐、灰土、

---

① 贾子利. 北京市生活垃圾分类及处置方式研究 [D]. 北京:北京林业大学,2011.

② 2019 年 11 月 27 日北京市第十五届人民代表大会常务委员会第十六次会议通过《关于
修改〈北京市生活垃圾管理条例〉的决定》对其进行第一次修正,2020 年 9 月 25 日北
京市第十五届人民代表大会常务委员会第二十四次会议通过《关于修改〈北京市生活
垃圾管理条例〉的决定》对其做出第二次修正

烟头等。

北京市实施垃圾分类的过程中，形成了自己的一些经验，一是完善垃圾分类基础设施建设。根据垃圾分类的原则配置了用户垃圾桶、小区垃圾分类投放站、厨余和再生资源专用车辆，初步实现了垃圾分类投放、分类收集、分类运输和分类处理各个环节的相互衔接。二是根据不同区域的垃圾产生现实情况制定不同的分类收集政策，降低居民生活区域可回收物、有害垃圾两类垃圾配套设施建设成本①，在公共场所对垃圾只做可回收物与其他垃圾的区分，减少市民及游客因不了解垃圾分类标准错投的可能。三是建立长效日常运行监管机制，重点检查设施设备配置维护、厨余垃圾分类效果、分类收集运输处理各个环节衔接情况。针对各市辖区垃圾分类日常管理情况考核评价，同时每月向各市辖区通报检查结果，初步建立了"日检查、月考核、季评价"的考核制度。②

2. 上海市

上海市尝试开展生活垃圾分类始于 20 世纪 90 年代。1995 年，上海开始试点废电池、废玻璃的专项收集工作，同时逐渐以居住区为重点，开展有机垃圾和无机垃圾等分类。除了分类回收，全市还在小区、单位食堂和餐饮单位投放了 200 台生化处理机，用于就地处理餐厨等有机垃圾。2000 年，上海成为全国生活垃圾分类试点城市，上海根据不同区域生活垃圾末端处置方式的不同，在焚烧厂服务地区将生活垃圾分为废玻璃、有害垃圾、可燃垃圾三类，在其他地区分为干垃圾、湿垃圾、有害垃圾三类。2003 年，将干垃圾、湿垃圾更名为可堆肥垃圾和其他垃圾。2007 年，上海市确定了"大分流、小分类"的垃圾分类模式，具体是指将装修垃圾、大件垃圾、单位餐厨废弃物等与日常生活垃圾分开，实施专项分流管理，日常生活垃圾则按照场所的不同，实施适于不同场所实际情况的生活垃圾分类回收办法。

2010 年，上海市提出要围绕生活垃圾减量这一目标，推进新一轮的生活

① 参见《北京市生活垃圾管理条例》第 37 条第 2 款："住宅小区和自然村应当在公共区域成组设置厨余垃圾、其他垃圾两类收集容器，并至少在一处生活垃圾交投点设置可回收物、有害垃圾收集容器；"
② 严锦梅. 北京市垃圾分类投放影响研究［D］. 北京：中国社会科学院研究生院，2013.

垃圾分类。上海市先后下发文件要求全市加强对于生活垃圾的管理，共同开展生活垃圾分类以促进源头减量。垃圾减量指标被纳入上海市"十二五"规划，并且被列为一个三年连续的市政实施项目。2011年，上海市进一步推动了垃圾分类试点工作，从居住区开始，延续"大分流、小分类"工作模式，并对原有的分类回收方式进行优化。居民户内开展"厨余果皮、其他垃圾"分类回收，公共区域实施"有害垃圾、玻璃、废旧衣物"专项收集。2011年，上海市新增垃圾分类试点小区1080个。2012年，上海市设立了"上海市生活垃圾分类减量工作联席会议"，将绿化和市容管理局、文明办、妇联等横向部门以及17个区县政府纳入统一工作平台，集全社会之力共同推进生活垃圾分类减量工作。2012年1月，上海市印发了《上海市城市生活垃圾分类设施设备配置导则（试行）》，明确了份额标准、收集容器设置、分类标识等规范。到2013年，上海市垃圾分类已覆盖居民196万户。

经过十多年的探索，上海市垃圾分类的经验主要是：

（1）政策法规和标准制定相结合，完善政策法规体系。上海市出台了《上海市促进生活垃圾分类减量办法》《上海生活再生资源回收管理办法》《上海市餐厨废弃油脂处理管理办法》《上海市商品包装物减量若干规定》等一系列法规，支持生活垃圾分流分类。此外还出台了《生活垃圾跨区县转运处置环境补偿资金管理办法》《推进生活垃圾分类促进源头减量支持政策实施方案》等配套的政策，采取环境补偿费、以奖代补补贴费等各类措施，鼓励区级和街道级政府落实垃圾分类责任，采取行动措施。上海市还制定了《上海市生活垃圾分类投放指南》《分类容器设置规范》《生活垃圾清运作业服务规范》等，指导生活垃圾分类全程系统建设和运营。

（2）"线路图"和"时间表"相结合，明确顶层设计。上海市坚持"规划引领、政府主导、市场运作、社会参与"的基本思路，推动"分类投放、分类收运、分类处置"，完善"技术系统、政策系统、社会系统"，确立了生活垃圾分类减量的整体框架。围绕上海市"十二五"规划2015年年底人均末端生活垃圾处理量比2010年减少25%以上的总体目标，2013年明确了2015年、2018年、2020年三个时间节点上海垃圾分类推进覆盖面、分类收运体系建设、分类末端处理设施的路线图。

3. 广州市

广州市从 1998 年开始对生活垃圾分类回收处理进行初步探索。2011 年，广州市通过了《广州市城市生活垃圾分类管理暂行规定》，将生活垃圾分类为可回收物、餐厨废弃物、有害垃圾和其他垃圾四类，垃圾分类将贯穿垃圾产生、投放、收运和处理的全过程。广州市还提出了力争垃圾分类率达 50%、资源回收率达 16%、末端处理率达 90%、无害化处理率达 85% 的垃圾分类目标。①

2013 年，广州市重新修订《广州市城市生活垃圾分类管理暂行规定》，由《暂行规定》变为正式《规定》。《规定》中明确了罚款的数额，个人若不按规定分类投放城市生活垃圾，在责令后仍拒不改正的，处以每次 50 元罚款，单位若不按规定分类投放城市生活垃圾，则处以每立方米 500 元罚款。

2014 年，广州市开展了"定时定点按袋分类计量""定时上门按袋分类计量""按桶分类计量"的收费模式试点，加强各类试点的数据研究和可行性论证。7 月 14 日，广州市通过了《完善生活垃圾处理制度体系的工作方案》，使生活垃圾的治理观念从原来的片面强调终端处置向与源头减量并重转变。②

当前，广州市城市生活垃圾分为四类：可回收垃圾、厨余垃圾、有害垃圾和其他垃圾。

第一类：可回收垃圾，指生活垃圾中未污染的适宜回收和资源化利用的垃圾，主要包括废纸张、塑料、玻璃、金属和布料五大类。

第二类：厨余垃圾，指家庭产生的有机易腐垃圾，包括剩菜剩饭、骨骼内脏、菜梗菜叶、果皮、残枝落叶等。

第三类：有害垃圾，包括废电池、废灯管、过期药品、废化妆品、废油漆桶等，这些垃圾对人体健康或自然环境会造成直接或潜在的危害，因此这些垃圾需要进行特殊安全处理，以防止污染。

第四类：其他垃圾，包括可回收物、厨余垃圾、有害垃圾以外的其他生活垃圾，主要包括砖瓦陶瓷、尘土、污染纸张、烟蒂、纸尿裤、纺织品等难

---

① 袁珍. 城市生活垃圾分类政策执行梗阻及消解 [D]. 广州：广州大学，2009.
② 熊文辉，孙水裕. 广州市居民生活垃圾分类收集的探讨 [J]. 广东工业大学学报，2004（9）：16-18.

以回收的废弃物，通常根据垃圾特性采取焚烧或者填埋的方式处理。

广州市垃圾分类的经验主要有：

第一，加强经费和制度保障，率先出台垃圾分类法规。广州市不断加大对垃圾分类的投入，2011 年出台了《广州市生活垃圾分类管理暂行规定》，此外还出台了《广州市再生资源回收利用行业发展规划（2013—2020）》等一系列行业发展纲领、规章规范以及行业标准。广州市还出台了《广州市生活垃圾分类设施配置及作业指导规范（试行）》，规范了垃圾分类设施配置及分类作业的指导；出台了《生活垃圾中有害垃圾分类处理办法》，加强了有害垃圾的分类收运处理；出台了《广州市生活垃圾处理阶梯式计费管理暂行办法》，明确了经费包干到区、垃圾超量部分按照阶梯计量方式收费的原则；出台了《广州市生活垃圾终端处理设施区域生态补偿暂行办法》及其实施细则，建立了垃圾源头减量的经济杠杆。

第二，健全垃圾分类流程和模式，形成全民垃圾分类态势。推进"能卖拿去卖，有害单独放，干湿要分开"的四类垃圾分类处理体系建设，实现废旧商品回收网络、有害垃圾收集网络全市覆盖，低值可回收物网络和餐厨废弃物分类收集网络初具规模，剩余其他垃圾科学处理，基本建立先分流、再分类的生活垃圾分类运行体系，将减量化、资源化、无害化原则贯穿到生活垃圾分类处理全过程。

第三，加强沟通，赢得全民参与垃圾分类主动权。广州市主动引导，组织媒体直接参与垃圾分类宣传，凝聚各方力量，突出宣传重点，强化舆论引导，营造出了"垃圾分类人人有责，垃圾分类人人参与"的良好舆论环境。

（三）国内外城市生活垃圾分类经验对西宁市的启示

1. 确定减量化为首要目的、资源化为实现途径的垃圾分类策略

在经济社会高速发展进程中，国内外各大城市逐步意识到生活垃圾的快速增长给城市的生态环境安全带来了沉重压力，进入生活垃圾填埋场的垃圾量急剧增加。考虑到生活垃圾的增长趋势，各国纷纷认为减少生活垃圾进入处理设施的数量十分迫切，生活垃圾减量也随之被提上议程。

经济水平和市民生活条件较高的地区，垃圾中可回收利益成分占很大比

重，因而国内外各大城市均将垃圾减量的重点落实在可资源化垃圾部分，要求通过产生源控制和资源化回收减少垃圾的清运量。例如，在日本、德国等国家构建的促进垃圾减量和回收利用的法律体系中，大多数条款是针对包装容器、电子垃圾、食品垃圾等可进行再生利用的垃圾制定的。

2. 建立与垃圾管理总目标相配套的分类回收管理目标

国外发达国家开展垃圾分类回收的历史较早，对分类回收管理目标的定义是从城市垃圾管理的总体目标出发的。例如，2000 年日本福冈市制定了垃圾减量目标，计划在 2010 年减量率达到 30%，其中居民源垃圾减量为 14%，非居民源垃圾减量率应大于 16%。1995 年美国制定的垃圾减量目标是到 2005 年至少 35%的生活垃圾被循环利用。英国提出在 2005 年约有 45%的城市垃圾被回收利用，2015 年约有 67%的城市垃圾被回收利用。

3. 构建健全的垃圾分类法律法规体系

以上国家和城市在生活垃圾管理立法方面前期以削减环境污染为主要目的，之后逐步开始意识到生活垃圾处理量的日益增大正在成为城市环境治理的重大负担，由此逐步开始了生活垃圾回收利用的立法和配套政策。例如，日本由于废容器和包装物数量在城市生活垃圾中约占 60%左右，加强废容器及包装物的再利用在城市生活垃圾污染防治和节约资源方面具有重要意义，因此日本政府于 1995 年出台了《容器包装循环处理法》《资源有效利用促进法》《家庭电器回用法》《日本家用电器回收利用法》《报废汽车再生利用法》等法律规范，要求企业、个人在源头开展垃圾分类收集和处理。

4. 重视与经济手段相结合

为了鼓励固体废物的回收利用，各国不约而同地采用经济手段对固体废物的产生者和处理者提供必要的财政补贴与资金援助，垃圾收费制度、押金返还制度以及环境税、生态税等都是国外发达国家在防治城市生活垃圾污染时普遍使用的经济手段。各种经济手段的合理利用不仅减轻了政府的财政负担，而且对生产者和消费者的行为产生经济威慑力，从而大大减轻了生活垃圾的排放量，有利于环保观念的形成。基于市场的经济手段能够在城市垃圾的管理中发挥很好的作用，如通过改变现行的商品价格以表现其环境属性，或者直接为某环保商品或服务制定价格。相对于传统的命令或强制的管理方法，运用经济手段能更为有效地减少垃圾产生量，实现废物综合管理，并且能以较低的代价到达预期的环境水准。

5. 强调公众宣传和严格执法

以上国家和城市在治理城市生活垃圾时，通过大量的宣传和立法，努力使环境保护成为一种社会公德，吸引公众积极参与污染防治。生活垃圾分类收集和处置不仅仅是政府的责任，更要调动起每个公民的环保热情，自觉减少生活垃圾的产生量，进行生活垃圾的分类回收。此外，美国、日本等国家的执法非常严格，罚款数额也很高，违法成本高昂，因而公民也逐步养成了减少生活垃圾、自觉维护环境的良好习惯。

五、完善西宁市城市生活垃圾分类回收法律的建议

随着社会经济的快速发展，生活垃圾产量剧增，世界各国的城市都面临生活垃圾处理的巨大压力。自 2015 年开始，西宁市在一些居民小区尝试推行生活垃圾分类试点工作，力争通过源头减量和资源回收实现生活垃圾处理的减量化、资源化与无害化。之后的几年里，西宁市人民政府有关部门相互配合，努力拓展垃圾分类回收试点单位，积极推进垃圾分类回收工作的稳步实施。除了不断增加生活垃圾分类回收试点单位之外，西宁市还应当积极开展生活垃圾分类回收的建章立制工作，使西宁市生活垃圾分类及回收工作迈向法制化、规范化的新阶段。

（一）垃圾分类立法遵循的原则

立法规范城市生活垃圾分类回收，可以有效地调节垃圾分类回收过程中产生的利益关系，使与垃圾分类回收相关的奖励与处罚机制的意义以立法的形式确立和实现。① 在对西宁市的垃圾分类回收进行立法时，应当处理好以下关系：一是需要与可能的关系；二是西宁市自身特点与其他城市经验的关系；三是垃圾分类立法与我国现行法律体系的关系；四是当前需要与目标适当超

---

① 苏州市环境卫生管理处. 城市生活垃圾分类收集与资源化利用和无害化处理——以苏州为例 [M]. 苏州：苏州大学出版社，2015.

前的关系。在综合考虑以上几个方面关系的基础上，西宁市的垃圾分类立法应遵循以下三个原则：

1. 循序渐进原则

垃圾分类立法要与西宁市的垃圾分类状况相吻合，西宁市的垃圾分类工作要由点到面、由易到难、由简到繁，逐步深入推行。第一阶段，深化垃圾分类教育，让垃圾分类走入社会。普及教育要将垃圾分类的社会试点和深入宣传相结合，让社会上更多人了解垃圾分类。针对现状，建议采取大分类的标准，待深入推广后再进行细化。同时，在不违背上位法规定的前提下，可出台西宁市垃圾分类的标准、制度或管理规定等层级较低、实效较高的规范性文件来规范这一阶段的分类行为；第二阶段，在基本建立完善的垃圾分类体系，全市生活垃圾基本实行减量化、资源化、无害化处理后，在垃圾分类知识普及率有了更大的提高后，再进行垃圾分类的专门立法，如出台符合西宁市特点的较高层级的地方性法规和规章等来规范分类管理与投放行为，建立完善的垃圾分类制度。

2. "扬弃"原则

垃圾分类的立法应在现实的分类基础上，对现行体系可保留的制度予以保留，对其他不利于分类推进的制度予以舍弃，制定符合西宁市特点的地方性法规或者规章。西宁市现阶段垃圾分类的现状是，存在着众多的废品收购站，它们实际上承担着资源回收利用的职能，而承担日常垃圾清运的是环卫部门，因此，对于这些废品收购站，我们要合理地加以利用，整顿回收产业，变无序状态为规范行为。在政府的指导和管理下，在制度和政策上加以引导、激励，促进主管分类的环卫部与已经在实施资源回收的废品回收部门相结合，实现优势互补、资源共享，取得分类效果的最大化。

3. 统一性原则

统一性原则是指在对西宁市的垃圾分类进行立法时，要遵循上位法的规定，以维护国家法制的统一。目前对垃圾分类有相关规定的上位法有《固体废物污染环境防治法》《循环经济促进法》《城市市容和环境卫生管理条例》《城市生活垃圾管理办法》等。根据宪法、立法法和地方组织法的规定，一切法律、行政法规和地方性法规都不得同宪法相抵触，下位法都不得同上位法相抵触，同位阶的法律规范应当保持和谐统一。这就要求西宁市的垃圾分类立法要与现有的上位法的法律、行政法规的规定和基本精神保持统一，构建地方性法规和规章的合理框架。

（二）突出西宁市垃圾分类立法的地方特色

西宁市生活垃圾分类回收的立法在充分借鉴兄弟城市先进立法经验的基础上，应该密切结合西宁市经济社会发展的实际，体现鲜明的地方特色，集中体现在以下四个方面：

1. 注重发挥行政指导的积极作用。近年来，西宁市在诸多行政管理领域大量采取行政指导的方式，取得了积极的成效。为此，生活垃圾分类的相关立法也应该积极融入行政指导的科学理念，充分发挥行政指导在生活垃圾分类工作中的积极作用。通过设立专章规定对生活垃圾分类的奖励措施，通过经费保障、文明评选、鼓励等非强制性措施，更好地推进生活分类工作的有序进行。

2. 充分发挥政社互动的积极作用。近年来，西宁市在诸多行政管理领域积极开展政社互动的试点工作，充分发挥各类社会组织的积极作用，取得了明显成效。为此，生活垃圾分类的相关立法也应该积极引入政社互动的先进理念，充分发挥各种社会力量在生活垃圾分类工作中的积极作用，展现西宁市社会管理创新的先进经验和地方特色。比如，可以在立法中专章规定奖励和考核措施，鼓励社会组织和志愿者参与生活垃圾分类活动，积极引导公众参与生活垃圾分类活动，还可以鼓励各类企业积极参与生活垃圾分类工作，培养企业的社会责任感。

3. 注重发挥宣传动员的引导作用。生活垃圾分类事关市民的日常习惯，需要采取多种方式加以引导。所以，生活垃圾分类的相关立法应将宣传动员放在主要位置，把宣传动员作为引导市民养成垃圾分类习惯的首要方式。比如，可以在立法中明确规定文化广电新闻出版行政主管部门和教育行政主管部门的宣传职责，通过报纸、电视、橱窗等载体积极进行生活垃圾分类的公益宣传，在全社会形成生活垃圾分类的新风尚。结合创建文明城市、环保和"清洁西宁"品牌建设，各区、各部门要强化舆论引导，开展经常性宣传活动，广泛推广生活垃圾分类理念、知识及做法，引导广大市民群众积极开展生活垃圾分类，逐步在全社会形成共建共享的良好氛围，让生活垃圾分类走进每家每户。

4. 充分发挥法律责任的督促作用。居民生活垃圾分类习惯的养成除了借助宣传动员的积极引导外，还需要建立必要的惩戒措施。为此，生活垃圾分类的相关立法应该规定逻辑严密且具有可操作性的法律责任体系，体现出软硬兼施的基本理念。比如，可以在立法中对生活垃圾分类各环节不同主体的违法行为规定相应的惩戒措施，体现出覆盖面广、层次感强的特点。

（三）西宁市垃圾分类立法制度的框架构建

西宁市垃圾分类立法制度的框架要在上述循序渐进原则、"扬弃"原则、统一性原则的指导下，逐步进行构建。鉴于上位法对垃圾分类已有了概括性规定，并且，西宁市对餐厨垃圾已出台了专门的规章，它们的收运、处置正逐步实现规范化，垃圾分类工作也已经有了一定的基础，在这种情况下，出台专门的垃圾分类的法律文件是促进垃圾分类工作前进的重要一环。

1. 建立明确的分类标准、标识制度

由于分类标准标识的不统一，使得市民在分类时产生混乱，因此在垃圾分类回收立法中应当对相关的分类回收技术标准进行规定。鉴于目前西宁市的垃圾分类现状，一方面，建议西宁市采用餐厨废弃物、建筑垃圾、有害垃圾、可回收物和其他垃圾的大分类标准，实现初步分类，待大分类标准取得一定实效后，再逐步将标准细化，实行更严格的分类。另一方面，统一分类回收容器和颜色标识，完善分类标准，如采用不同颜色的垃圾桶分别回收。垃圾桶上注明回收垃圾的类别，通过建立统一的标准、标识制度，进一步规范西宁市的垃圾分类工作。

2. 建立明确的政府责任制度

政府责任的有效落实是生活垃圾分类工作顺利开展的重要保障。明确政府各部门的责任，一方面有利于清晰划分责任，防止在职务履行过程中出现推诿扯皮情况；另一方面也能够引起政府各部门对生活垃圾分类工作的高度重视。如可规定政府主导的基本原则，同时用列举的方式规定政府各部门在生活垃圾分类工作中的具体责任。

3. 建立生产者责任制度

这里的生产者既包括产品的生产者也包括消费者。要从目前被动的末端处理转变为对策迁移，对直接关系人民群众生活和切身利益的商品，要在满足产品基本功能的前提下按照减量化、再利用、资源化的原则，对商品包装进行规范，引导企业在包装设计和生产环节中减少资源消耗，降低废弃物产生，方便包装物回收再利用。如可规定由商品生产者负责回收商品包装，这样生产者会主动选择使用材料少、容易回收的包装设计，从而从源头上减少垃圾的产生。同时，根据"谁产生、谁负责"的原则，引导消费者选择简单包装的物品，并建立一定的责罚制度，明确相关主体的义务和责任，对违反法定义务的主体进行处罚。

4. 建立完善的设施设备保障制度

长期以来，由于一直没有建立完善的垃圾分类处理机制，西宁市的垃圾分类陷入了有的居民分类收集，相关部门或单位却集中运输、统一处理的粗放式管理怪圈。正因为如此，垃圾分类活动倡导和实施多年来没有取得明显成效，也挫伤了一些公众进行垃圾分类的积极性。因此通过立法来保障设施设备的完善势在必行，一是建立政府财政保障制度，对垃圾分类设施设备提供经费保障；二是规定适合各区需求的垃圾分类清运车辆和分拣人员的数量，为分类工作提供硬件保障；三是制定终端分拣、处置设施的建设规划，逐步完善终端处置设施。

5. 建立垃圾分类回收市场准入制度

资源的回收需要对现有的环卫资源和回收市场进行规范整治，审核回收企业和从业人员的资质，做好环卫部门与现有回收企业的衔接；同时，政府可鼓励民间资本和外资组建起点高、规模大的垃圾分类回收公司，实行回收营业许可证制度。在立法中明确倾斜型产业政策，着眼于竞争，强调发挥市场的作用，为各类回收利用投资者创造公平竞争的法律环境，使回收产业结构的调整顺应市场需求发展的趋势，让回收企业在政府的有效监督下发挥最大的效能。

6. 建立政府、行业、社会"三位一体"的监管制度

政府监管是监管的最高层次，垃圾的分类处理涉及公共利益，单靠市场

机制是不可能完全解决的，必须有政府公权力的介入，对违反法律规定的行为进行相应的制裁。同时，政府要倡导加快垃圾分类处理利用设施的研发和建设，加大市容环境卫生等市政设施的资金投入。而且还必须强化行业协会的监督、协调职能，通过协会订立自律守则及时发现存在的问题，并寻求解决问题的途径，开展垃圾分类的推广活动。同时，扩大宣传力度，通过新闻媒体、市民社会舆论来实现对垃圾分类的有效监督。"法从社会中生产，又回到社会对社会进行调整"，只有建立起政府、行业、市民三位一体的监督网络，才能有效地实现垃圾分类，才能更快地实现垃圾的减量化、无害化和资源化。

参考文献：

[1] 杨解君，等. 面向低碳未来的中国环境法治研究 [M].上海：复旦大学出版社，2014.

[2] 苏州市环境卫生管理处. 城市生活垃圾分类收集与资源化利用和无害化处理——以苏州为例 [M].苏州：苏州大学出版社，2015.

[3] 戚道孟. 循环型社会法律研究 [M].北京：中国环境科学出版社，2008.

[4] 冯之浚. 循环经济立法研究——中国循环经济高端论坛 [M].北京：人民出版社，2006.

[5] 吴文伟. 城市生活垃圾资源化 [M].北京：社会科学出版社，2003.

[6] 江源，刘运通，邵培. 城市生活垃圾管理——推进循环经济的前沿领域 [M].北京：中国环境科学出版社，2004.

[7] 翁史烈，罗永浩. 大型城市生活垃圾可持续综合利用战略研究 [M].上海：上海科学技术出版社，2016.

[8] 孟秀丽. 我国城市生活垃圾分类现状及对策 [J].中国资源综合利用，2014，32（07）：32-34.

[9] 吴文伟. 德国垃圾焚烧管理途径分析 [J].城市管理与科技，2008（02）：68-71.

[10] 北京市市政管理委员会. 透视国外垃圾分类 [J].北京观察，2009

（04）：48.

　　[11] 谷树忠，胡咏君，周洪. 生态文明建设的科学内涵与基本路径 [J]. 资源科学，2013，35（01）：2-13.

　　[12] 陈效卫. 推进生态文明建设美丽中国 [J]. 环境保护，2012（23）：13.

　　[13] 周宗强. 大中型城市生活垃圾分类收集的思考 [J]. 环境卫生工程，2011，19（02）：18-20.

　　[14] 黄小洋. 城市生活垃圾分类现状及对策建议 [J]. 绿色科技，2012（04）：218-220.

　　[15] 熊辉，林伯伟，程晓懿，等. 中小型城市垃圾分类管理模式探讨 [J]. 环境卫生工程，2011，19（01）：35-37，40.

　　[16] 王琪. 我国城市生活垃圾处理现状及存在的问题 [J]. 环境经济，2005（10）：7，23-29.

　　[17] 郝薇. 城市生活垃圾分类收集势在必行 [J]. 天津城市建设学院学报，2001（02）：114-117.

　　[18] 李露一. 日本垃圾分类 [J]. 社区，2010（9）：59.

　　[19] 孟帮燕，唐龙. 日本、德国的垃圾分选模式及其启示 [J]. 重庆科技学院学报（社会科学版），2010（11）：65-67.

　　[20] 周素文. 德国城市生活垃圾回收处理体系详解及启示 [J]. 环境科技，2011（1）：91-94.

　　[21] 彭德雷. 城市生活垃圾分类回收的法律规制——基于对澳大利亚城市的考察 [J]. 政法学刊，2011，28（03）：86-91.

　　[22] 尚敏. 西宁市生活垃圾管理问题研究 [D]. 西宁：青海民族大学，2015.

　　[23] 侯世蕾. 垃圾分类探索"西宁模式" [EB/OL]. 青海新闻网，2017-04-24.

　　[24] 吴亚春. 推进生活垃圾利用率 西宁3小区成分类首批试点 [EB/OL]. 搜狐网，2015-12-09.

城市生活垃圾分类回收法律问题研究

刘东赫①

内容摘要：生活垃圾是城市生活中不可避免的产物，随着我国城市化程度的不断提升，城市生活垃圾如何进行处理成了一个重要课题。对城市生活垃圾进行分类回收处理是解决这一问题的重要途径。我国目前针对城市生活垃圾分类回收的立法主要集中在地方层面，存在立法不够系统、体系不够健全、执法不够严格等问题。同时，公民法律意识淡薄也影响着相关法律的实施。本文对我国城市生活垃圾分类回收现状及存在的法律问题进行了系统分析，并提出了相应的法律对策，以期对完善我国城市生活垃圾分类回收法律制度有所帮助。

关键词：生活垃圾；分类回收；法律对策

近年来，我国加速推进城市生活垃圾分类回收工作的进程。2017 年 3 月 18 日，国家发改委、住建部发布了《城市生活垃圾分类制度实施方案》②。该方案要求到 2020 年年底要在直辖市、省会城市、计划单列市、住房城乡建设部等部门确定的第一批生活垃圾分类示范城市实施生活垃圾强制分类。自此开始，城市生活垃圾分类在全国范围内由点到面逐步启动、成效初步得以显现。在此过程中，北京、上海、深圳先后就城市生活垃圾分类回收通过地方立法、制定规范性文件等方式，在细化垃圾分类种类、明确相关管理责任，

---

① 作者简介：刘东赫，男，青海民族大学硕士研究生。
② 该法案于 2017 年 3 月 18 日经国务院同意，由国务院办公厅转发。

开展宣传教育等方面进行了具体规定。

大力发展循环经济是抓住重要战略机遇期、实现全面建设小康社会战略目标的重要要求。党的十九届四中全会明确指出中国将坚持节约资源和保护环境的基本国策，会议通过的《中共中央关于坚持和完善中国特色社会主义制度推进国家治理体系和治理能力现代化若干重大问题的决定》① 明确要求在全国范围内普遍实行垃圾分类和资源化利用制度。在这一背景下，如何通过法律途径促进该制度落实成为社会热点问题。

一、城市生活垃圾分类回收的科学意义

（一）城市生活垃圾分类回收的概念及其特征

城市生活垃圾分类回收是指对城市生活过程中所产生的废弃物进行分类收取②，城市生活垃圾的本质是废弃物，即针对其使用者丧失使用价值而由其所有者抛弃之物。对城市生活垃圾进行分类回收是根据其本身性质划分种类从而进行回收，为进一步充分利用其剩余价值或节约处理成本做准备。

随着现阶段我国对该项目的实践逐渐推进，城市生活垃圾分类回收空间范围大、专业性强、收效缓慢等特征逐渐显现。改革开放以来，我国城镇化速度显著加快。据相关学者统计显示，我国当前常住人口城镇化率由中华人民共和国成立时的 10.9%上涨至 59.6%③。城市常住人口的增多使得城市生活垃圾这一必然衍生品也在加速增加，城市土地的扩大和城镇常住人口的增加使得城市生活垃圾分类回收的所需覆盖的空间和人口范围也随之变大。与此同时，科技的快速发展使得城市生活垃圾的多样性大幅度增强，生活垃圾分类回收操作难度大、专业性强等特征也在这一过程中显著增强。我国在全

---

① 《中共中央关于坚持和完善中国特色社会主义制度推进国家治理体系和治理能力现代化若干重大问题的决定》，由中国共产党第十九届中央委员会第四次全体会议于2019年10月31日通过。
② 刘建伟，李汉军，田洪钰. 生活垃圾综合处理与资源化利用技术［M］. 北京：中国环境科学出版社，2018：14.
③ 潘家华，单菁菁. 城市蓝皮书 中国城市发展报告 No. 12 大国治业之城市经济转型［M］. 北京：社会科学文献出版社，2019：6.

国范围内提倡垃圾分类回收这一举措已经有较长一段时间了，但由于立法层面的缺失，我国的城市生活垃圾分类回收一直成效不大。

（二）进行城市生活垃圾分类回收的重要性

随着城市不断发展和人们生活水平的提高，生活垃圾种类日益繁多，其中不乏可用于回收以二次利用之物和需要使用特殊方式进行处理的有毒有害之物。若不对其进行分类回收则大概率会导致生活垃圾中有回收利用价值的物质不能得到相应处理；若选择在后期对已经混合回收的生活垃圾进行人工分拣，又会投入相当大的人力、物力，与提高资源利用率的初衷不符。

因此，在初次回收环节对城市生活垃圾进行分类，除了有利于提高垃圾处理的效率与效果之外，其相应的处理成本也将得以大幅下降，充分利用可回收垃圾的剩余价值以提高资源二次利用率。

（三）进行城市生活垃圾分类的必要性

分类回收是通过无害化技术对城市生活垃圾进行处理的基本要求。众所周知，城市生活垃圾中包含多种复杂成分，其处理方式、处理方法均存在很大程度上的差异。尤其是厨余垃圾、电子垃圾等，若混合堆放不仅会使得其中的可利用部分毁损，更有可能导致化学反应从而增加其毒性，进而造成环境污染。因此，从保护环境、促进循环经济的角度而言，对城市生活垃圾进行分类回收很有必要。

二、城市生活垃圾分类的现状

（一）城市生活垃圾分类在现阶段的开展情况

1. 城市生活垃圾分类立法现状

《中华人民共和国环境保护法》①（以下简称《环保法》）在其"防治环

---

① 《中华人民共和国环境保护法》由中华人民共和国第十二届全国人民代表大会常务委员会第八次会议于2014年4月24日修订通过，自2015年1月1日起施行。

境污染和其他公害"一章中明确规定要对包含城市生活垃圾在内的所有污染物进行防治，防止其污染环境、损害公众健康。根据《中华人民共和国立法法》①（以下简称《立法法》）所确立的相应立法基本原则，《环保法》中的规定是针对城市生活垃圾进行管理以及其可能造成的污染进行防治等立法的基础。除上述条文之外，《环保法》还在第三十八、三十九条中对政府和公民在进行城市生活垃圾分类回收过程中的权利与义务进行了初步的明确。②

2007 年由原建设部发布的《城市生活垃圾管理办法》③（以下简称《办法》）第一次以法规的形式对城市生活垃圾分类投放、处理原则以及单位和个人进行生活垃圾分类的具体做法等问题进行了明确。

2017 年 3 月，国家发展和改革委员会、住房和城乡建设部联合发布的《生活垃圾分类制度实施方案》中提出要在包含直辖市、省会城市、各计划单列市等在内的 46 个重点城市率先推行生活垃圾强制分类制度，并提出了要在 2020 年年末基本建立相对完善的相关法律法规体系、形成可复制并进行有推广可能性的模式的主要目标。该方案除明确要求对城市生活垃圾分类回收所需要的配套体系进行加强之外，还要求对城市居民进行相应的引导以提高其自觉意识。

在地方性法规、规章层面，2019 年 12 月之前，我国已经有部分城市结合其自身的现实情况及需求，颁布了一些相关的地方性法规以及政策性文件。比如上海、广州、深圳等地先后根据该地的突出问题颁布了《深圳市城市垃圾分类收集运输处理实施方案》④《广州市城市生活垃圾分类管理暂

---

① 《中华人民共和国立法法》于 2015 年 3 月 15 日由第十二届全国人民代表大会第三次会议修改。

② 《中华人民共和国环境保护法》第 38 条规定：公民应当遵守环境保护法律法规，配合实施环境保护措施，按照规定对生活废弃物进行分类放置，减少日常生活对环境造成的损害。第 39 条规定：国家建立、健全与健康监测、调查和风险评估制度；鼓励和组织开展环境质量对公众健康影响的研究，采取措施预防和控制与环境污染有关的疾病。

③ 《城市生活垃圾管理办法》于 2007 年 4 月 10 日经建设部第 123 次常务会议讨论通过，自 2007 年 7 月 1 日起施行。

④ 《深圳市城市垃圾分类收集运输处理实施方案》于 2002 年 5 月 10 日经深圳市政府同意并印发。

行规定》①《上海市生活垃圾管理条例》② 等规范性文件（详见表1）对城市
生活垃圾中的部分操作细节以及相关的管理责任进行了明确。

表1　我国部分城市针对生活垃圾分类回收问题的法规

城市	实施时间	法律位阶	名称
北京市	2012.03.01	地方性法规	北京市生活垃圾管理条例
上海市	2019.07.01	地方性法规	上海市生活垃圾管理条例
广州市	2018.07.01	地方性法规	广州市生活垃圾分类管理条例
杭州市	2015.12.01	地方性法规	杭州市生活垃圾管理条例
沈阳市	2016.07.01	地方性法规	沈阳市生活垃圾管理条例
长春市	2019.05.01	地方性法规	长春市生活垃圾分类管理条例
武汉市	2020.07.01	地方政府规章	武汉市生活垃圾分类管理办法
深圳市	2015.08.01	地方政府规章	深圳市生活垃圾分类和减量管理办法
厦门市	2017.09.10	地方政府规章	厦门经济特区生活垃圾分类管理办法
重庆市	2019.01.01	地方政府规章	重庆市生活垃圾分类管理办法
苏州市	2016.07.01	地方政府规章	苏州市生活垃圾分类促进办法
南京市	2018.12.10	地方政府规章	南京市生活垃圾处置监督管理办法
合肥市	2019.03.15	地方政府规章	合肥市生活垃圾管理办法
兰州市	2019.02.01	地方政府规章	兰州市城市生活垃圾分类管理办法
福州市	2019.05.01	地方政府规章	福州市生活垃圾分类管理办法
大连市	2019.05.01	地方政府规章	大连市城市生活垃圾分类管理办法
吉林市	2003.08.10	地方政府规章	吉林市城市生活垃圾管理办法
西安市	2019.09.01	地方政府规章	西安市生活垃圾分类管理办法
西宁市	2017.10.25	地方政府规章	西宁市城市生活垃圾分类工作实施方案

---

① 《广州市城市生活垃圾分类管理暂行规定》于2011年1月14日经广州市政府第13届
130次常务会议讨论通过，自2011年4月1日起施行。
② 《上海市生活垃圾管理条例》于2019年1月31日由上海市第十五届人民代表大会第二
次会议通过，自2019年7月1日起施行。

2. 城市生活垃圾分类回收执法现状

最早在立法中就垃圾分类设定行政处罚的法律责任的是前文提到的由原建设部在十余年前发布的《城市生活垃圾管理办法》。但由于对其宣传工作的不到位，使得公民对于城市生活垃圾分类的必要性、重要性不甚理解，而城市生活垃圾投放存在量大点多的特点，这便导致对垃圾投放行为进行监督管理缺乏明显的现实可能性，根本无法得以实施。

现阶段我国在推进城市生活垃圾分类回收管理制度的进程中处于起步阶段，政府在执法的过程中存在着主体不明、内容不明、适用法规不明等诸多问题。以重庆市为例，根据《重庆市生活垃圾分类管理办法》① 第六条的有关规定，城市管理部门、生态环境部门、教育主管部门、商务部门、住建部门、发展改革部门、财政部门等分别负责垃圾分类回收的一个环节，很难做到统筹安排。此外，该办法仅要求严格执行有关法律法规，但并没有对何种问题适用何种法律法规进行明确，适用法律的不明确直接导致了执法活动无法开展。

3. 现阶段社会公众对于垃圾分类回收的意识

通过调研发现，社会公众对于垃圾分类的政策理解在当前阶段还存在着较大差异。在《生活垃圾分类制度实施方案》中提到的 46 个城市中的大部分地区，基于当地出台的较为严格的规定影响，居民对城市生活垃圾的分类较为自觉。而其他中小城市或偏远地方的居民在城市生活垃圾分类回收方面的意识则与这些大城市中的居民有着较大的差别②，可能由于宣传不到位而对垃圾分类回收政策不甚了解甚至无视。

（二）现阶段城市生活垃圾分类的效果

在当前阶段，城市生活垃圾分类回收的效果明显存在着地区之间发展严重不均衡的现象。基于政策的要求和配套设施的建设，城市生活垃圾分类回

---

① 《重庆市生活垃圾分类管理办法》经 2018 年 11 月 1 日市第五届政府第 30 次常务会议通过，2018 年 11 月 16 日公布。

② 赫林."四分法"普推下城市居民垃圾分类意识及实际行为研究［J］. 金华职业技术学院学报，2019（2）：20-24.

收政策得以在《生活垃圾分类制度实施方案》中明确提出的 46 个城市中有效推进。如在北京、上海等地，均有专人负责对垃圾的分类回收进行指导和监督，这就使得政策得以有效推行。而在没有强制推行该政策的城市则鲜有成效，以西宁市为例，城西区的力盟商业巷已经作为试点设置了符合城市生活垃圾分类回收需求的垃圾箱，但是根据调研显示，该设施远没有发挥其预想效果。以星巴克纸杯为例，杯子的主体与盖子属于不同类型的垃圾，而装有液体与没有液体的纸杯也属于不同种类的垃圾，但在调研过程中发现绝大部分市民依旧没有在丢弃纸杯的环节对其进行分类。①

除上述情况外，大部分城市由于配套系统的不完善，没有建立完整的回收体系，故而没有对已经进行分类回收的生活垃圾按照相应的方式进行处理，只能依照传统的处理方式对其进行混合填埋处理，不仅预期效果尚未达到，反而使得民众负担不断增加。

三、现阶段城市生活垃圾分类回收中存在的法律问题

（一）法律制度建设严重不足

虽然我国已经初步制定了一些相关的法律法规，但是还依旧存在三个方面的问题：

一是现行法律法规体系不健全。我国当前没有针对城市生活垃圾分类的专项法律，尽管已有部分城市出台了相应的地方性法规，但其法律位阶较低，适用范围小。且在全国范围内，已经对城市生活垃圾分类进行立法的地区仅是少数，无论在行政区划数量还是其覆盖地域面积在全国占比均较小。

二是法律规定不具体，对实践不能进行充分指导。在我国现行法律法规体系中，对于城市生活垃圾分类回收鲜有具体化要求，大部分的地方性法规未对具体的操作层面制定明确的方案进行指导，这一情况直接导致了城市生活垃圾分类回收这一问题在操作层面无法可依。

---

① 2020 年 1 月 4 日在西宁市城东区力盟商业巷以走访形式获得的调研结果。

三是对法律责任的归责与界定依旧模糊且不具有强制性。在各地已经颁布的相关法律法规中鲜有对权利义务进行明晰规定的条款，且现有的各城市涉及城市生活垃圾分类的立法对进行城市生活垃圾分回收问题多数仍停留在倡议的层面。以北京市为例，在《北京市生活垃圾管理条例》中并没有对市民进行垃圾分类的强制性要求，仅仅是提出了奖励办法，因此仍然缺乏强制性。①

（二）城市生活垃圾分类法律法规执法责任不明确

由于在立法中还存在着对于监管责任分配不明确的现象，即在既有的立法体系之下，不同的法律法规赋予了不同的部门不同的执法权限。就以前文中提到的重庆市为例，该市对于城市生活垃圾分类回收过程中的由多个部门对不同环节、不同行业进行分别管理，看似分工明确，实则令出多门，各部门均无法掌控城市生活垃圾分类回收的全过程。在实践中，各部门或基于全盘考虑而致使实际行动无从下手，或基于自身角度出发制定相关政策导致法规冲突，除无法有效推进城市生活垃圾分类回收的法律落实之外，还在一定程度上导致了行政资源的浪费。

（三）社会公众垃圾分类法律意识亟待提高

目前，全社会范围内公众城市生活垃圾分类回收的法律意识亟待提高。从笔者调研的情况来看，在包含西宁市在内的一些中小型城市内并没有感受到城市居民对生活垃圾进行分类的自觉性，在这些城市中普遍存在着包括学校、企业等诸多单位在内的社会主体没有在日常学习、生活、工作中对垃圾分类回收政策进行宣传的情况，宣传的缺失导致对城市生活垃圾进行分类回收这一政策长期停留在书面上，没有得到真正落实。在宣传缺失的情况下，民众对相关法律不甚了解，垃圾分类回收也就没有得到应有的重视，没有发挥其应有的价值。

---

① 《北京市生活垃圾管理条例》第 11 条规定：本市对在生活垃圾管理工作中做出突出贡献和取得优异成绩的单位和个人给予奖励。

四、城市生活垃圾分类回收中存在法律问题的原因分析

（一）法律制度不完善

前文中提到，我国目前在城市生活垃圾分类回收方面没有专门的法律法规。当前，我国关于城市生活垃圾分类的规范散见于多个位阶的不同法律法规中，比如《环境保护法》《固体废物污染防治法》①和《循环经济促进法》②，但这三部法律仅规定了原则性条款而未配套具体条例；我国目前垃圾分类回收的若干问题主要适用《城市市容和环境卫生管理条例》和《城市生活垃圾管理办法》以及各地方颁布的法规、规章甚至是某些红头文件进行。然而，根据《立法法》所规定的立法原则，作为下位法的地方性法律法规在设置义务时不能够超越作为上位法存在的《环保法》所规定的义务范围。这就致使在现阶段的法律法规框架下，城市生活垃圾分类并非城市居民的应尽义务，故而该政策明显缺乏法律强制力。

究其原因，实属我国当前仍处于垃圾分类回收的改革试验期，相关经验的缺乏导致着力点尚不明确，而法律本身固有的滞后性则致使我国在大多数情况下不能在有关问题显现之前针对该问题通过立法对其进行规范。此外，我国幅员辽阔、人口众多，各区域之间的人口密度、生产力发展水平均不尽相同，其他发达国家的经验不能照搬照抄，纵使在一国之内，城市生活垃圾分类回收也不能采取一刀切的方式进行立法，进行法律移植也明显缺乏现实可能性。

（二）执法主体不明确

我国目前法律法规体系中针对垃圾分类回收这一问题的管理主体分工尚不明确，现有的法律法规多为针对解决既有问题设置。因此，各部门、省份

---

① 《中华人民共和国固体防治法》于 2016 年 11 月 7 日由第十二届全国人大代表常务委员会第二十四次会议对其第四十四条第二款和第五十九条第一款做出修改。

② 《中华人民共和国循环经济促进法》于 2018 年 10 月 26 日经第十三届全国人民代表大会常务委员会第六次会议修正，自公布之日起施行。

甚至地区根据自身处理某些问题的需要制定了各自的法规，这就导致了不同的法律法规赋予了不同的政府机构在城市生活垃圾分类回收过程中对于不同问题的管理权限，致使在处理具体问题中各部门职能模糊甚至相互推诿，从而出现了前文所述重庆市的情况。

在执法的过程中，没有明确的部门进行监管这一情况导致没有明确的专项法律法规作为执法依据，及时准确高效的推进法律执行的难度也随之加大。

综上所述，没有对执法部门、适用法律法规进行明确是导致在城市生活垃圾分类回收这一过程中执法困难的主要原因。

（三）相关法律法规宣传不到位

目前我国对于推进城市生活垃圾分类回收政策的宣传环节还存在明显缺口，主要宣传阵地局限于电视、报刊和学校教育。但目前，随着城市生活压力的加大和短视频的火爆，负责家庭主要生产生活的中青年人以电视、报刊作为主要获取信息来源的人数较十年前甚至五年前有明显下滑。加之企业基于其自身经营成本的考虑，很少在工作场所设置分类回收垃圾箱。在这些因素的综合作用下，一方面使得生活垃圾不能得到分类回收，另一方面也使得中青年群体在工作中没有形成对生活垃圾进行分类回收的意识，对其重要性知之甚少。

宣传的不到位和企业社会责任的缺失致使政策与落实脱节，进一步导致对城市生活垃圾进行分类处理的主要人群对城市生活垃圾分类回收政策的不理解。

五、完善城市生活垃圾分类回收的法律对策建议

（一）加快立法，形成相对完善的法律体系

前文提到，我国当前涉及生活垃圾分类回收问题的法律法规散见于多个不同位阶的法律法规之中，而我国当前在推进城市生活垃圾分类回收的这一进程中仍处于初步的调研与探索阶段。因此，在现阶段出台单独的法律较为困难，且并非必要。

日本在推进城市生活垃圾分类进行的诸多立法活动有效推进了其本国政策的落实。自 20 世纪 70 年代以来，日本先后对食品、汽车、家电的分类回收进行了立法①，经过多年的推行，日本的生活垃圾分类效率显而易见。②

我国在可以效仿日本进行立法活动，但正如前文所述，立法流程长、成本高、难度大，推进过程中存在诸多困难。因此，建议有关部门出台类似于司法解释的规范性文件对现有法律法规进行汇总并提出相应的指导意见，查漏补缺，对相冲突的法条进行取舍，进而形成相对完善的规范从而指导工作，也为各地结合自身工作实际，因地制宜地制定相关工作方法提供依据，从而在实践中不断完善和发展法律体系。

（二）加速整合，建立科学有效的执法体系

针对诸如前文中提到的重庆市的情况，建议对城市生活垃圾分类回收的有关职能进行整合，将对城市生活垃圾回收全程的监督交由单一部门负责。

我国不断在多个领域推行大部制改革、简政放权等措施，明确了执法单位、有效提高了行政效率。我国可以将对行政机构职能的整合范围拓宽到环境保护领域，解决在环境执法方面的管辖冲突问题，从而建立科学有效的执法体系。

整合行政职能的举措将有利于更好地做到统筹兼顾，使得监管部门可以从全局角度出发考虑解决实际问题的方法，既可以有效地避免政令的冗杂，又能够明晰责任部门，便于执法。同时，还可以在失职、渎职情况发生时，便于纪检监察部门有效追责，从而实现惩前毖后，更好地推进政策贯彻落实。

（三）加强引导，在全社会普遍形成守法意识

城市生活垃圾的主要处理者是中青年群体，因此，政策的宣传要结合中

---

① 相关法律主要有《固体废弃物管理法和公共清洁法》《食品回收法》《家用电器回收法》《促进建立循环社会基本法》《资源有效利用促进法》《食品再生利用法》《家电再生利用法》《绿色采购法》等。

② 中国物资再生协会. 日本城市垃圾分类与回收利用体系解析［J］. 中国资源综合利用，2016，34（08）：24-26.

青年群体获取信息的途径来制定。

当前我国中青年群体生活压力大，工作与处理生活琐事占据了生活中的绝大部分时间，而在其工作生活的闲暇之余，较大一部分人选择利用短视频填补生活空白并获取部分知识。因此在对城市生活垃圾分类这一政策进行宣传时有以下几点建议：

一是通过企业进行相应引导，建议企业在日常办公中对生活垃圾分类进行更多的宣传，在企业垃圾处理中实行垃圾分类，便会在潜移默化中对中青年群体产生影响，从而使其形成垃圾分类的意识，我国已经于 2018 年在中央单位、驻京部队率先推行垃圾分类，成果显著①。二是加大对抖音、快手、微视等短视频平台的宣传投入，以取得更好的效果。三是在学校教育中充分发挥法律的教育价值。在这方面可以借鉴日本的部分经验，在教学中融入对垃圾分类意识的培养，从而促进普法宣传。

在我国部分地区的实践过程中，通过教育促进政策宣传已在部分地区初见成效。以调研中发现的天津市河西区的一家社区幼儿园为例，该幼儿园通过游戏等方式对儿童的垃圾分类意识进行培养，并让家长在教育教学过程中进行协助，这一举措在广泛程度上促进了垃圾分类意识的形成，从而推进了该社区的生活垃圾分类进程。②

六、结语

综合来看，我国城市生活垃圾分类回收存在的主要法律问题有以下几点：一是在立法层面，缺乏明确的针对性法律法规规定相关问题的权利义务；二是在执法层面，由于职能划分的过于细致导致政令出自多门，或由于职能划分的过于模糊导致"谁来执法"这一问题并不明确；三是在社会层面，城市居民由于没有有效接收到关于城市生活垃圾分类回收的宣传而导致意识欠缺。

---

① 2018 年 6 月 29 日，住房和城乡建设部举行的新闻发布会介绍城市生活垃圾分类工作进展情况时指出：134 家中央单位、27 家驻京部队已开展垃圾分类，134 家中央单全部通过了验收，并建立了 11 个示范单位。

② 2020 年 1 月 18 日在天津市河西区利民道景福里走访所得，文中所涉及幼儿园为天津市河西区第八幼儿园。

城市生活垃圾分类回收并非单纯的政府部门工作，更是全体社会成员的共同责任，在此过程中离不开完备的法律体系作为支持、离不开企业承担更多的社会责任、离不开每个公民的自觉意识。因此解决问题，需要对症下药，在现阶段明晰立法，厘清法律位阶关系，确定明确的主管部门，结合中青年群体的喜好进行宣传，可以有效地推进城市生活垃圾分类回收政策的落实。

参考文献：

[1] 中国再生资源回收利用协会. 共享绿色世界两网融合与垃圾治理探索 [M]. 北京：人民邮电出版社，2018.

[2] 邢静，陈东菊. 城市废弃物循环利用与标准体系研究 [M]. 广州：华南理工大学出版社，2018.

[3] 刘建伟，李汉军，田洪钰，等. 生活垃圾综合处理与资源化利用技术 [M]. 北京：中国环境出版集团，2018.

[4] 吴宇. 中国固体废物的资源化：政策与法律 [M]. 北京：中国环境科学出版社，2018.

[5] 潘家华，单菁菁. 城市蓝皮书 中国城市发展报告 No. 12 大国治业之城市经济转型 [M]. 北京：社会科学文献出版社，2019.

[6] 李晶. 城市生活垃圾分类回收工作的现状及对策研究——以长治市为例 [J]. 长治学院学报，2019，36（03）：15-18.

[7] 杨海霞. 城市生活垃圾分类现状分析及改进对策 [J]. 城市建设理论研究（电子版），2019（04）：181.

[8] 张劲松. 城市生活垃圾实施强制分类研究 [J]. 理论探索，2017（04）：99-104.

[9] 王静，华承鑫. 强制分类下武汉市生活垃圾收集模式研究 [J]. 再生资源与循环经济，2018，11（02）：21-25.

[10] 邹雄，许成阳. 日本"沼津模式"借鉴：我国垃圾分类的实现路径 [J]. 河南财经政法大学学报，2019，34（03）：148-156.

[11] 冯林玉，秦鹏. 生活垃圾分类的实践困境与义务进路 [J]. 中国人口·资源与环境，2019，29（05）：118-126.

［12］贺旭娟. 国内垃圾分类回收处理现状及对策［J］. 资源节约与环保, 2018（12）: 102-103.

［13］王泗通. 破解垃圾分类困境的社区经验及其优化［J］. 浙江工商大学学报, 2019（03）: 121-128.

［14］应雁. 生活垃圾分类的地方立法研究——基于12城市立法的比较［J］. 中共宁波市委党校学报, 2019, 41（04）: 120-128.

［15］仇永胜, 王储. 推动我国城市垃圾分类法治化探讨［J］. 理论导刊, 2017（08）: 101-104.

［16］刘佳. 论城市生活垃圾分类的法律制度研究［J］. 湖北经济学院学报（人文社会科学版）, 2017, 14（05）: 92-93.

后 记

　　生态环境保护法治研究是青藏高原环境资源法学重点研究基地的根本使命。自基地成立以来，在各方的大力支持和研究团队的共同努力下，相关研究工作稳步推进，《生态环境保护法治建设研究：以青藏高原为视角》即基地研究成果之一。本书出版之际，诚挚地向为本书的出版付出努力的各有关单位及个人表示深深的谢意。感谢国家民委批准设立的青藏高原环境资源法学重点研究基地，基地提供的良好科研条件和学术环境，对推动青藏高原生态环境法治保障起到了重要作用。感谢青海民族大学对青藏高原生态环境法治建设的高度重视，感谢青海民族大学法学院对历届青藏高原法治论坛的组织，感谢青海民族大学法学院领导对本书的出版给予的鼓励和帮助，感谢法学界同仁对青藏高原环境资源法学的关注与支持，感谢法学院各位老师及同学的不吝赐稿，是大家的努力才使青藏高原生态环境法治研究工作得以有序开展并取得较多的学术成果。感谢光明日报出版社学术出版中心的张金良老师和王佳琪老师，两位老师热情细致的工作作风，认真负责的工作态度值得我们学习，为本书的顺利出版提供了很大的帮助和支持。感谢为青藏高原法治论坛及本书的编辑出版付出辛勤工作的研究生同学，他们帮助进行了文稿整理、格式排版及文字校对等工作，在此一并致谢。

　　本书是各方合作的成果，也希望这只是合作的开始，我们期待大家能有更多合作的机会，期待能有更多高质量合作成果问世，共同为青藏高原生态环境法治研究和建设做出努力和贡献。

编者
2021 年 3 月 30 日